SANJIN SHIHUA CONGSHU
《三晋史话》丛书

三晋史话·长治卷

主编 王辅刚

山西出版传媒集团
山西人民出版社
三晋出版社

《三晋史话》丛书编委会

编委会主任　胡苏平
编委会委员　李高山　王　蕾　杜学文
　　　　　　刘英魁　尹天五　董晓林
　　　　　　朱新才　吕芮宏　王宇鸿
　　　　　　梁宝印　琚林勇　陈河才
　　　　　　马　斌　陈义青　张敬平
　　　　　　黄耀春　杨永生　王辅刚
　　　　　　张志仁　黄翠莲　于　波
编　　务　　崔　力　武献民　谢振中
　　　　　　高小勇　赵　玉

丛书总主编　胡苏平

《三晋史话》丛书学术顾问

渠传福　山西博物院研究员

赵瑞民　山西大学历史文化学院教授

李书吉　山西大学历史文化学院教授

王灵善　山西出版传媒集团重点出版工程办公室主任、编审

降大任　山西省社科院研究员、三晋文化研究会特聘专家

高春平　山西省社科院历史研究所副所长、研究员

巨文辉　中共山西省委党史办公室副主任、研究员

《三晋史话·长治卷》编委会

主　　编　王辅刚
副 主 编　王　耀
编　　委　张越德　韩征天
撰　　稿　郭生竑　郭俊明　马书岐　赵　鹏

总 序

中共山西省委常委、宣传部长

胡苏平

近年来,越来越多的人走进山西,领略表里山河的壮美风光,感受一脉相承的历史文化。山西这块古老而厚重的土地,充满了神奇。如何为这些远道而来的客人们提供帮助,给他们留下一个简要、生动而又难忘的记忆,这就促使我们萌发了编撰一套介绍山西历史文化丛书的想法。

经过大家的努力,《三晋史话》丛书终于和读者见面了。这套书总体成套、分体成册,图文并茂,好看、好记、好用也好带,能够把山西最具历史文化价值、最想告知读者的精华展示出来,让朋友们能够在较短的时间里对山西的历史文化有一个大致的了解。

参与编撰的各位作者和专家以严谨认真的态度,对历史负责、对民族文化负责的精神,精心设计,反复研讨,认真修改,完成了这套12卷200余万字的丛书。这是我省文化建设的又一重要成果,也是向社会宣传介绍山西悠久历史与文化贡献的珍贵典藏。

在此，我向参与丛书编撰、出版工作的同志们表示由衷的感谢！

山西表里山河，物华天宝，历史悠久，人文荟萃，是中华文明的重要发祥地。省委书记王儒林同志将山西历史文化的特色概括为"三个一"：一是"一缕曙光"，即距今约4500万年前，山西垣曲就有被专家称之为"类人猿亚目黎明时的曙光"的曙猿存在，它不仅证实了人类远祖很有可能起源于中国，并且把类人猿出现的时间向前推进了1000多万年；二是"一堆圣火"，大家知道火的使用是人类历史的开端，而距今约180万年前，山西芮城西侯度就出现了古人类活动的身影，先民们在这里点燃了第一把圣火，留下了中国最早的人类用火遗迹；三是"一座都城"，近40年的考古探明，距今4300年左右，尧帝在山西襄汾陶寺建都，陶寺就是尧都，山西南部所在的"中土之国"是"最早的中国"，"古中国"正是从这里走来！

在中华文明发展的历史进程中，山西作为中原农耕文明的核心区域，早在人类揖别洪荒之初，神农炎帝就在晋东南高平羊头山一带播五谷、尝百草，实现了从渔猎到农耕、从游牧到定居的重大历史转折，开创了延续几千年灿烂的农耕文明。尧都平阳、舜都蒲坂、禹都安邑凸显出"古中国"的遥远和厚重；夏县及周边丰富的夏文化遗存、垣曲及周边确凿的商文化遗存，生动展示了夏商时期河东大地在文化演进中扮演的不可替代的角色。西周春秋时期，晋国延续600余年，对推进华夏文明的进程发挥了主导和引领作用。战国时期，韩、赵、魏都源出山西，胡服骑射、围魏救赵、长平之战等重大事件，都直接影响着中国的发展进程。秦汉以降，山西始终发挥着民族熔炉的作用，谱写了中华民族大融合的辉煌篇章。宋元时期,山西新的经济、文化发展元素不断滋生,杂剧演出繁荣兴旺,成为中华戏曲的摇篮。明清时期,晋商把山西人的智慧与勇气推向了极致,让世人认同了"无西不成商"的历史事实。抗日战争时期,党领导的八路军三大主力在山西创立晋察冀、晋绥、晋冀鲁豫三大敌后根据地,成为全国抗战的重要战略支点,为民族解放和新中国的诞生,建立了不朽功绩。

山西历朝历代的杰出人物灿若星辰,影响深远。炎黄二帝、尧舜禹等英雄先祖,奠定了中华民族的人文精神与基本价值体系。后世山西,名人辈出,诸如称霸中原的晋文公,胡服骑射的赵武灵王,抗击匈奴的卫青、霍去病,经营西域的班超,忠义仁勇的武圣关云长,推行改制的冯太后,杰出女皇武则天,再造大唐的郭子仪,精忠报国的杨家将……仅闻喜裴氏一门就有宰相59人,大将军59人,正史立传者600余人,名垂后世者不下千余人,七品以上官员多达3000余人。还有狄仁杰、司马光、杨继宗、傅山、于成龙、陈廷敬、栗毓美、祁寯藻、徐继畬等一大批廉吏能臣,卫夫人、法显、王通、王绩、王勃、王维、王之涣、王昌龄、王翰、柳宗元、白居易、卢纶、温庭筠、米芾、马远、元好问、关汉卿、郑光祖、罗贯中等名垂青史的文化名人。

山西多样性的历史文化具有不断变革和进步的鲜明特色,许多影响中华文明的改革,首先是在山西地区孕育、展开,进而推动了社会进步。著名的"曲沃代翼",为晋国的全面发展掀开了崭新篇章;"郭偃之法",为晋国称霸中原提供了思想源泉;三家分晋、李悝变法、魏文侯改革,顺应了历史潮流。以子夏、荀子为代表的儒家,以李悝、韩非子为代表的法家,以吴起、尉缭子为代表的兵家,以公孙龙、惠施为代表的名家,以苏秦、张仪为代表的纵横家,在中国思想史上写下了浓墨重彩的篇章。秦汉以后,均田制及全面"汉化"的政策,从根本上改变了天下政治的格局和发展方向。隋唐以后的一些著名政治人物如柳宗元、司马光等,致力于社会改革与改良运动,为中华文明进程的延续提供了动力,也为后人留下深刻印记。

山西这块土地上留存着多姿多彩的文化遗产,是观瞻5000年中华文明的"金色名片"。目前,山西境内已发现各类不可移动文物5万余处,其中有五台山、平遥古城、云冈石窟3处蜚声中外的世界文化遗产。全国重点文物保护单位有452处,数量居全国第一。旧石器文化遗址有464处,早、中、晚期自成序列,为全国仅有。新石器时期各种文化类型在我省都有发现。最值得注意的是,全省现存各类古建筑共计28000余处,时代连续,品类齐全,全国仅有的四座唐代木结构建筑都在山西,元以前的木结构建筑占到全国存量的75%左右,素有"中国古代建筑博物馆"之称。全省现存古壁画24000余平方米,彩塑12000余尊,素有"东方艺术博物馆"美誉。全省现存大小石窟石刻1112处,东汉以来各类碑碣5万多通,在全国占有重要地位。全省现存古民居、古城池9300余处,高平中庄村元代姬氏民居是我国现存最早的民居实例,襄汾丁村民居、灵石王家大院、祁县乔家大院、太谷曹家大院及定襄阎锡山旧居等,集中反映了我国明、清和民国时期北方民居的建筑艺术特色。全省现存历代长城1400多公里,涉及战国、汉、北魏、东魏、北齐、隋、宋、元、明、清等多个朝代,是我国保存长城朝代跨度最大的省份,其中东魏、北齐、隋、宋4个朝代的长城为我省独有,雁门关、宁武关、偏头关、娘子关、平型关等关隘至今仍回荡着战争的声响。全省现存革命旧址和纪念建筑1466处,武乡八路军总部旧址、五台白求恩模范病室旧址、晋绥边区政府旧址、平型关战役旧址、百团大战旧址等承载着抗战胜利的伟大记忆。经国家有关部门认定,山西有国家级历史文化名城6座、历史文化名镇8个、历史文化名村32个。四大梆子、民间歌舞、锣鼓艺术等国家级非物质文化遗产116项,国家舞台艺术精品工程8部,均居全国前茅。山西荣获中国戏剧大小梅花奖的演员有217位,在全国遥遥领先。文化产业蓬勃发展,山西文博会已成为在全国具有很高美誉度的知名展会。

山西从北到南,根据各地文化遗产的禀赋和特点,分为五大特色文化区:北部(大同、朔州、忻州)边塞佛教文化区,通过充满沧桑的边关、长城,见证中华民族融合的历史风云;透过享誉世界的云冈石窟、应县木塔、悬空寺、五台山,体悟博大而深邃的佛学文化。中部(太原、晋中)晋商文化区,通过闻名遐迩的乔家大院、王家大院、曹家大院、渠家大院、常家庄园等晋商大院展示晋商的辉煌;透过一间间店铺、一座座票号、一本本字据等实物遗存展示诚信的魅力。南部(临汾、运城)根祖文化区,通过西侯度、匼河、丁村、陶寺等重要考古遗址,领略文明源头的震撼;透过德孝天下的尧舜文化、义薄云天的关帝文化和荡气回肠的大槐树文化,品味华夏血脉的传承。中西部(吕梁山脉及沿黄地带)黄河民俗文化区,通过悠悠的临县碛口古渡、河津龙门古渡、芮城风陵渡、永济蒲津渡等古镇、古渡口,追溯逝去的华章;透过娓娓的民歌、民舞和民间技艺等非物质文化遗产,倾听历史的回声。东南部(长治、晋城及阳泉）太行生态文化区,通过王莽岭、太行大峡谷、皇城相府、沁河古堡、娘子关等自然人文景观,见证迷人的太行风光;透过女娲补天、精卫填海、后羿射日、愚公移山、神农尝百草等神话传说领略历史的变迁。也正是依托这些厚重绚丽的文化,山西逐渐形成了华夏之根、黄河之魂、佛教圣地、晋商家园、边塞风情、关公故里、古建瑰宝、太行神韵八大文化品牌,立体式、全景观地展现了华夏文明看山西深厚的文化内涵。

　　行走在三晋大地,你随时随地都能感受到山西悠久的历史、灿烂的文化,也能感受到山西人民淳厚善良、忠义仁勇、坚韧执着、乐于奉献的优秀品格与崇高精神。回顾并梳理山西的历史文化,可以从一个极为重要的角度了解中华文明及其对人类文明的伟大贡献,找回民族文化之根,延续优秀文化之脉,增强我们创建现代文明的自信心与自豪感;特别是弘扬源远流长的法治文化、博大精深的廉政文化、光耀千秋的红色文化,能使我们从中汲取强大的精神动力与无穷智慧,对我们展示山西形象,促进富民强省,建设小康社会,具有十分重要的现实意义。

　　是为序。

2016 年 5 月于太原

概　论

　　长治,古称上党,位于山西省东南部,因其"居太行之巅,地形最高,与天为党"而闻名遐迩,其地理位置历来具有独特的战略意义。长治的地形特点是东太行,西太岳,东西最宽处150公里,南北最长处140公里。中间平阔,海拔高度在1000—2000米之间,形成高原地形,通称沁潞高原。其中平原占16.7%,丘陵占31.3%,山地占52%。平原主要分布于襄垣、屯留、长子、潞城、黎城之间的长治盆地,丘陵主要分布于武乡县西部及沁县、沁源、襄垣、长子、屯留、长治县一带,山地主要分布于壶关、平顺及周边的各县山区。

（一）

　　长治多山,千岩耸峙,万岭起伏;长治多水,河奔溪湍,千回百折。太行山雄浑、富饶、博大;漳河水秀美、委婉、宽容。雄山秀水,相映生辉,演绎了中国最古老的神话、养育了英雄的人民、铸造了灿烂的文化。

　　长治是一片古老的土地。据考古证明,目前已发现沁源县花坡、义和,黎城县猫崖洞,潞城县黄龙洞,武乡县楼则峪等5处旧石器中晚期文化遗址,而内涵丰富的新石器时代文化遗址,则遍及长治市全境,随处可见,已知的有100余处。另外还有7处2亿年前的古树化石群,属全国罕见;有数十处古动植物化石遗址,并出土过大批古生物化石等。

绚丽多彩的历史文物,也是长治古老文明的见证。全国现存有宋、金以前的木结构建筑154处,长治市境内就有70余处,其中有全国重点文物保护单位66处,不但数量多,而且具有很高的历史价值和艺术价值。长治还有12项国家级非物质文化遗产,这些都折射出生活在这片土地上的古代劳动人民的勤劳与智慧。

长治密集的远古神话则又从另一个角度证明了长治历史的悠久。在长治这块土地上,如此集中地汇聚了中华民族众多的优秀神话,诸如女娲补天、神农尝百草、精卫填海、羿射九日、大禹治水等,充分说明了长治的古老文明有多么深厚。

殷商时期,商民们在境内活动频繁,今长治一带有商王朝分封的黎侯地——古黎国;潞城微子镇是商纣王庶兄微子的封邑。后来周伐商,"西伯戡黎"事件发生地,也在今天的长治市境内。春秋时,这里是赤狄之地,炎帝的后裔潞子婴儿在此立国。春秋末期,晋国在境内设立上党郡。战国时,上党郡先属韩,后属赵,再归秦。赵襄子曾筑城于漳河之畔,其地方得名"襄垣",在这里曾发生过豫让三刺赵襄子的故事。秦始皇为千古一帝,统一六国后,分天下为三十六郡,上党亦为其一,治所就在今天的长子县西。到了汉朝,承袭秦朝旧制,仍为上党郡,但管辖范围却比秦朝要大。北周建德七年(578),分上党郡置潞州(是为潞州建置之始),上党郡归潞州所辖。隋一统中原后,废上党郡,开皇十六年(596),从壶关县分置上党县,大致相当于今天的长治县。大业元年(605),改潞州为上党郡,治壶关(今长治市区)。唐武德年间(618—626),改上党郡为潞州,并置都督府,迁壶关于高望堡(今壶关县西七里村)。开元十七年(729),因唐玄宗李隆基称帝前曾在潞洲任别驾,潞州为其发祥地,置大都督府,与并、益、荆、扬并称为全国五大都督府,并置上党郡,辖上党、壶关、长子、屯留、潞城、黎城、涉、铜鞮、武乡等10县。此后的千百年中,郡州府相沿,辖区代有盈缩。

北宋灭亡后,南宋与金国南北分治,潞州为金国所辖。元代,潞州属晋宁路。初为隆德府(行都元帅府事)。元太宗三年(1231),复为潞州,隶平阳路,辖上党、壶关、长子、潞城、屯留、襄垣、黎城7县。明嘉靖八年(1529)二月,陈卿起义失败,明统治者升潞州为潞安府,设潞安兵备,分巡冀南道,治潞安,增设长治县和平顺县,取"长治久安、平平顺顺"之意,长治之名由此而来。清沿用明制,潞安府治今长治城。民国元年(1912),实行省、道、县3级,废潞安府,原潞安府所领各县均属冀宁道。同年4月,于今长治市置潞泽辽沁营务处。民国13年(1924),撤销营务处。民国19年(1930),撤销冀宁道,各县直隶山西省。民国26年(1937),山西省政府置第三、第五专区。三专署驻沁县,五专署驻长治城。抗日战争时期,中国共产党以太行、太岳山为依托,建立了抗日根据地。

长治是民族融合之地。春秋到战国,赤狄各部多被晋及韩、赵、魏逐步融合、同化;秦汉时期,长治处于北方匈奴、羌等各族和中原汉族接触频繁的地区,是民族交汇融合的重要地点。魏晋南北朝时期,匈奴羌人继续南下东迁。此时有大批羌人进入上党地区,与匈奴等民族混杂,有氐、羌、羯族等称号,统称为杂胡,广泛分布于太行山西麓。唐朝末年,原系突厥的沙陀部族进入山西,晋王李克用及其子后唐庄宗李存勖曾长期占据潞州一带。上述数千年的长治历史,就是一部多民族的融合史。各民族在长治这块土地上,相互渗透、融合。

(二)

上党,这个被传诵了两千多年的古老地名,给人最突出的印象就是此地极高,与天为党,形胜之地,得上党而望中原,向为兵家所必争。

其实,所谓与天为党,主要是就其地理位置而言。上党位于太行山之南端,下太行即是中原,落差近千米,站在中原仰望太行,势如黑云压顶,有巍然挺拔之感。太行山绵亘800里,是山西与河北、河南的天然界山,山之东及南,即是坦荡无边的华北平原,海拔在100米以下。而上党作为太行山南端的一块台地,俯瞰中原,若顺势而下,夺中原而兼得天下,如同探囊取物。这就决定了上党在军事上极为重要的地位。

在中国古代,大部分朝代的都城都位于上党的周围,如长安、洛阳、汴梁(今开封)、许昌等。就骑兵的速度,由上党而至,也就是几天的路程。所以,历代帝王、军事家、历史学家都十分重视上党的战略地位。春秋末期,上党作为军事重镇,晋国在此设立上党郡。秦始皇一统后,分天下为三十六郡,上党仍为其一,以后相沿多朝。唐玄宗升郡为大都督府,是仅次于中央的地方最高军事机构;宋徽宗于潞州置昭义军,辖泽、沁、仪、磁、洺、赵、怀、卫、河阳、郑、陈、颍等十二州,遥制二三千里;元初为隆德府,行都元帅府事;明设分巡冀南兵备道,辖泽、潞、沁、辽、汾五个州府。东汉初,冯衍在给上党太守田邑的信中写道:"上党之地,据天下之肩脊,当河朔之咽喉","有四塞之固,东带三关(井陉关、壶口关、天井关),西为国蔽"。唐玄宗李隆基称潞州为"晋之东南绝境,一夫当关,万夫难越,我出则易,彼来则难"的"最胜之地"。唐代做过昭义军节度使的李抱真说:"一旦山东发生变乱,上党常是兵将互冲之地"。明计富说,上党"跨太行之巅,居天下之脊。负太原,履蒲津,带汾河,袨伊洛"。因此,历朝历代都把占据上党、夺取上党看作是保卫国家、庇护京师的大事要事。而每逢国家或政权到了关键时刻,上党又常是兵刃血火之地。历史上,在上党这块土地上发生过的大小战事达400多起。

西伯戡黎是上党历史上最早凸显其军事战略地位的一次战争,为周灭商奠定了基础;长平之战,在中国军事史上最为惨烈。主战场虽在长平(今高平与长子之间的丹河河谷),但在赵国老将廉颇与秦国对峙的两年多时间里,在长子的丹朱岭筑长城,大军驻守在长城以东,即今长治辖地。只可惜赵孝成王中了秦国的奸计,改换赵括为帅,才有了四十万赵卒被坑杀的悲剧,秦国也是因为夺取了上党,取得了一统天下的先决条件;秦王政上党平叛,巩固了秦国在上党的根据地,尔后出兵攻破邯郸,继而灭六国,登上始皇宝座;三国时的曹操太行征高干,用三个月的时间收复上党后,北征乌桓,取得胜利,统一中国北方;东晋晚期的潞川之战,前秦灭前燕,统一北方,被称为中国古代战争史上以少胜多的经典战例;台壁之战,后燕灭掉西燕,慕容垂统治了北方大部;夹寨之战,李存勖夺得潞州,之后,灭后梁,即帝位,建立后唐;巴原之战,赵匡胤解潞州之围,奠定了以后宋朝的大一统;张确守潞州,守城将士全部血战而死,金军占领上党,直指汴京,掳徽钦二帝,北宋就此灭亡;韩店大战,朱元璋据上党而有山西,与北京联为一体,开创了明朝近三百年的帝国江山。纵观上党的军事史,可知"上党为天下之中坚,天下倚上党为磐石",此言诚不虚也。而战争一旦结束,这块地方又能以物华天宝、土厚民勤而奋起勃发,恰如今日之形势。

大文豪苏东坡有一句诗说:"上党从来天下脊。"这"脊"就是脊梁,是支撑天下的风骨所在。祖祖辈辈生活在这方水土之上的人们,汲取了这山之灵、水之秀,养成了刚烈、骁勇、强悍、旷达的秉性,人才辈出,世代相望,或英名盖世,或正气凛然,或为国家栋梁,或有经世之才,皆彪炳青史,为后人敬仰。

(三)

上党多出慷慨悲歌之士、精忠报国之人。每逢国家有难,他们总是奋勇当先,用鲜血和生命保卫国家的尊严和人民的安全。西汉时的上党人冯奉世,在一次出使西域途中,遇上边境叛乱,冒着被杀头的危险而"矫制违命",利用手中皇命的象征——节旄,调动周边军队,平息了叛乱,威震西域各国,以他的胆识和勇敢而成为西汉名将;宋朝时,金兵南侵,金兀术统领50万大军进犯中原,兵临隆德府(亦称潞州,即今长治市)。当时隆德府知府张确,率上党军民,同仇敌忾,扼守关隘,据咽喉之险,捐血肉之躯,力战而死,以身殉国。在这国家遭受大难之时,民间出现了许多抗金队伍。王彦就是这支队伍中出类拔萃的将领之一,他在太行山上组成了"八字军",将士们个个面刺"赤心报国,誓杀金贼"八个大字。王彦率领着这支部队英勇作战,所向披靡,使金兵闻风丧胆;比起王彦来,任环可能要幸运一些,他与俞大猷、戚继光被并称为"明朝的三大抗倭栋梁",受命于危难,救民于水火,在苏州一带,倭寇一听到任环的名字,纷纷望风而逃。但凡英雄,尤其是民族英雄,永远都会受到人民的爱戴,冯奉世、张确、王彦、任环只是亿万民族英雄中的一员,他们是上党民情民性的代表,他们保家卫国的光辉业绩,永远镌刻在历史的纪念碑上。

上党人坚韧、顽强,有一种百折不回、矢志不移的性格。其中最著名的代表是东晋高僧法显。法显是东晋襄垣人,佛教高僧,也是中国著名的旅行家、翻译家、地理学家。在他62岁高龄时,矢志西行取经,徒步跋涉,经沙漠,过雪山,历经千辛万苦,用了将近5年的时间,终于到达佛教发祥地印度,比玄奘取经还要早200多年。法显在印度住了6年,学习和翻译了大量佛教经典。法显西行前后十五年,行程二万多公里。

崇尚气节,行侠仗义是上党人的又一个性格特征,千百年来,上党侠义之士层出不穷。长平大战之时,赵括盲目出兵,潞州八个义士以死谏赵,因有"八义士谏赵处"。隋朝末年的潞州二贤庄,单雄信义结秦琼,为朋友两肋插刀的义气之举成为千古佳话。

上党人的身上还有一种岩石一般的坚硬和耿直。西汉时的"壶关三老"令狐茂,为辩太子之冤,挺身直谏汉武帝;在明朝的"靖难之役"中,连楹与暴昭,不畏强权,以死抗争,被誉为"上党双忠",从一个侧面印证了上党人刚正不阿、与天同党的坚强性格。

上党之地还孕育过三个皇帝。一个是从奴隶到皇帝的石勒,以"十八骑"起义,南征北战,最终建立后赵,拥有了淮河以北的大片江山;一个是西燕军中小将慕容永,在率部东归途中,看到长子山明水秀,有帝王之气,遂以西燕之国定都长子,长达八年之久;李隆基在唐朝动荡的年代,以临淄王的身份,别驾潞州,在这里广揽民心,招贤纳士,完成了登上大宝的前期准备,而后回到长安,即帝位,开创了著名的"开元盛世"。

至于文人雅士、学界精英更是不胜枚举。隋代大儒文中子王通虽说不是上党人,但却在上党沁县的铜鞮山设帐授徒,培养了一大批栋梁之材;明朝的"前七子"之一王廷相,既是哲学家,又是诗人。他的诗沉雄博大,音韵气和,但他的主要成就是在哲学方面。他认为天地没有产生之前,只有元气。元气具备了,就能造就天地万物。因此,"元气之上,无物、无道、无理",批判了朱熹"理先于气"的唯心观点;清朝曾当过康熙朝首席大学士的吴琠,以他"耕读传家"的思想,影响了数百年的上党人……

明朝时,在中国的经济舞台上,活跃着两大商业集团,一支是以安徽新安商人为首的徽商,一支就是以山西平阳和泽潞商人为首的晋商。万历年间谢肇淛在《五杂俎》卷四中说:"富室之称雄者,江南则推新安,江北则推山右(山西)。……山右或盐或丝或转贩或窖粟,其富甚于新安。"沈思孝在《晋录》中则进一步明确指出:"平阳、泽、潞,豪商大贾甲天下,非数十万不称富。"临汾、晋城、长治一带的大商人在明朝为天下第一,没有数十万不敢说个"富"字。

潞商的崛起,首先得益于明初实施的"开中法"。为了安国靖边,明王朝在沿北部长城一带设立了许多兵站,为解决这些兵站的军需和粮食供应,朱元璋让商人把粮食送到指定兵站,然后发给商人"盐引",准许其经营盐业贩运,这就是所谓的"开中法"。山西因为地理近便,在开中法中捷足先登。当时的泽潞商人是这批盐商中的一个行帮。通过开中法得到了巨大实惠的潞商,又把上党的产品带到了全国各地,从而形成了自己独特的商业特色和商业理念。

明朝时候的上党,以潞州为中心,手工业相对发达,潞绸、铁货和药材是潞州的三大特色产品。此外还有潞盐、潞瓷、潞麻、潞酒、潞铜等一系列潞字牌的产品,全靠着一代又一代的潞安百姓倾力打造,铸就了一个我们今天引以为自豪的行帮——潞商。正是潞商们把这些产品变成商品,才使潞商成为真正意义上的商人。潞商成功的根本原因,还在于潞商讲诚信,奉行义中取利;团结是根本;吃苦是精神;勤俭是美德。在潞商的观念中,勤勉是致富的第一要谛,即使真的富了也不显摆。好多家财万贯的富翁,仍然是粗茶布衣,并将这作为家训传于子孙后代,以至成为一种民风。

(四)

长治是一块红色的土地。1926年,这里就有了共产党的组织。1937年的"七七"事变,抗日战争全面爆发,太行山的上党迎来了一次最为浓烈的血与火的考验,为了和平,为了正义,为了民族和人民,八路军东渡黄河,挺进太行,最高指挥机关八路军总部和中共中央北方局先后在长治的沁县、长治市郊区、潞城和武乡等地安营扎寨,朱德、彭德怀、左权、刘伯承、邓小平等中华民族的精英们,在这里运筹帷幄,指挥若定,开创了抗日根据地,建立了民主政权,营造了人民战争的汪洋大海,振奋了民族精神,挺起了中华的脊梁。

共产党领导的八路军进入上党后,把自身所蕴含的先进性深深扎根于这片肥沃的土壤,吸取了上党山水丰富的养料,就如同一株生机勃勃的大树,顶天拔地。"工农兵学商,一齐来救亡"。成千上万的群众,在中国共产党全民抗战路线指引下,组织起各种抗日救亡团体。1939年春天,仅太行区工、农、青、妇组织起来的成员,就达到了140万人以上。这些抗日群众组织,大部分都建立了自卫队,成为抗日游击战争的武装力量和八路军的后备力量。

八年抗战,长治抗日军民在这里对日军展开了神头岭之战、长乐滩之战、关家垴之战、黄崖洞保卫战、百团大战、沁源围困战等诸多著名战斗,创造出了地雷战、窑洞战、急袭战、伏击战、围困战、破袭战等多种战法,打出了中国军民的威风,打击了侵略者的嚣张气焰,撑起了上党的一片蓝天。

八年抗战,共产党、八路军在这里建起了广泛的抗日民主统一战线,发动人民群众当家做主,使祖祖辈辈在这块土地上备受剥削和压迫的人民第一次有了自己的民主政权。

八年抗战,长治抗日军民在这里共度灾荒,恢复经济,发展生产,共同开展大生产运动,在建立革命政权、发展边区生产方面创造了许多新经验。

八年抗战,长治在战火与硝烟中铸造了独特的红色根据地文化,它与军事武装、劳动大军一起构筑了根据地牢不可破的铜墙铁壁,对于根据地的巩固、壮大和发展起到了决定性的作用。

抗日战争胜利之后,面对国民党反动派发动内战的阴谋,刘伯承、邓小平又在这里指挥了著名的"上党战役",拉开了解放战争的序幕。

上党战役胜利之后,长治由抗日根据地率先成为解放战争的大后方。1945年10月建市,成为共产党领导下的最早的城市之一,随即投入了轰轰烈烈的土地改革运动。土改短短的几年中,使数千年来饱受封建剥削和压迫的人民翻身做了主人,中国农民实现了"耕者有其田"的千年梦想。于是,长久积淀的那种沉闷终于爆发,变成了冲天的干劲和力量。长治人民以饱满的政治热情和无私的奉献精神支援全国的解放战争。他们将自己的优秀儿女源源不断地送到为新中国而战的战场,还有几十万民工加入了送军粮、抬担架、运弹药的行列。男人们走了,家里留下的妇女儿童便挺直腰杆,撑起了大后方的蓝天。她们组织起了变工队、互助组,把生产搞得有声有色。长治以解放区的姿态迎来了15个兵工企业,迎来了白求恩国际和平医院,迎来了北方大学……一批又一批的优秀干部从这里走向全国,一批又一批战争物资从这里运到战场,长治再一次成为中国革命棋盘上的一颗重要的棋子。

而今,闪着红色光辉的旧址和纪念地遍布全市。这一处处遗址和建筑,不但是历史的见证,也成为人们游览、观赏、缅怀历史和接受爱国主义教育和革命传统教育的重要基地。

在长期的革命斗争中,在太行山上的这块战略要地,孕育并形成了伟大的太行精神——不怕牺牲、不畏艰难,百折不挠、艰苦奋斗,万众一心、敢于胜利,英勇奋斗、无私奉献。太行精神是一种民族精神,它不仅在战争年代发挥了巨大的作用,而且将在社会主义建设中发挥更大的作用。

平顺县虹霓村

目 录

总序
概论

 第一章　远古文明　曙光初现
（上古时期）

概述 / 001
长治古地理的演变 / 003
长治旧石器文化 / 007
长治新石器文化 / 010
长治夏代文化 / 014
天台山女娲补天 / 015
炎帝神农氏在上党 / 017
发鸠山精卫填海 / 027
炎帝后裔封古潞 / 032
三嵕山羿射九日 / 034
尧、丹朱的传说及遗迹 / 037
浊漳河畔大禹治水 / 039

第二章　诸侯并立　列国争雄
（商周至秦代）

概述 / 043
长治商代方国与商代文化遗址 / 045
西伯戡黎 / 049
长治现存西周、春秋方国文化遗址 / 051
断梁、垂棘两次会盟：
折射出晋国称霸的历程 / 055
铜鞮宫及铜鞮伯华 / 058
三家分晋后晋都屯留 / 061
阏与之战及阏与古城址 / 062
长平之战及"八义谏赵"故事 / 065
屯留成蟜兵变 / 068

第三章　慷慨毅武　名贤辈出
（两汉魏晋南北朝）

概述 / 069
汉高祖铜鞮平叛 / 071
"巫蛊之祸"中的壶关三老令狐茂 / 074
威震西域的冯奉世 / 075
清白正直的"鲍氏三司隶" / 078
刘秀降服鲍永与田邑取上党 / 081
曹操征高干，北上太行山 / 083

石勒起义建后赵 / 085

高僧佛图澄潜隐南神山 / 088

法显天竺取经 / 089

以少胜多的潞川之战 / 092

西燕建都长子 / 094

两燕"台壁之战" / 096

北魏后燕的"潞川之战" / 098

北魏迁都在长治的遗留痕迹 / 099

沁县南涅水石刻造像与羊头山石窟 / 101

长治县《赠代郡太守程哲碑》造像碑 / 104

第四章　风云际会　盛世辉煌

（隋唐至宋元）

概述 / 107

二贤庄与单雄信的民间传说 / 109

李隆基别驾潞州 / 111

壶关走出的宰相苗晋卿 / 115

驰骋泽潞的李抱玉、李抱真兄弟 / 116

李贺客居潞州 / 119

夹寨之战 / 120

宋太祖平定潞泽 / 123

李孟三入中书 / 125

皇家贡品：紫团参与松烟墨 / 127

长治现存唐代建筑 / 131

法兴寺、崇庆寺宋塑的艺术价值 / 142
八义窑红绿彩瓷器 / 144

第五章　余晖凝聚　百业皆兴
（明清时期）

概述 / 147
明初泽、潞移民 / 149
明朝沈藩的兴衰 / 151
雄山三老 / 154
潞安"双忠" / 157
明代最卓越的哲学家王廷相 / 159
抗倭英雄任环 / 161
陈卿起义与"长治"的由来 / 162
"天下廉吏第一"的程启南 / 167
傅山隐居武乡 / 168
受傅山雅重的魏光绪 / 170
刘芳亮攻占沈王府 / 172
顺治"国师"王常月 / 173
清初四大家之一的"诗伯"程康庄 / 176
清朝重臣吴琠 / 178
清代"上党三绝"之书法家冯士翘 / 180
明代潞商的崛起 / 181
"明塑之珠"——观音堂悬塑艺术 / 183
上党戏剧的兴盛 / 186

第六章　太行深处　西风渐拂
（晚清民国时期）

概述 / 191

太平军北伐转战潞安 / 193

著名革命家石璜 / 195

潞安革命成功 / 198

阎锡山镇压"干草会"与"天门会" / 199

上党官僚资本家裴宝堂 / 201

长治巨商陈慎德 / 203

长治"自盛李记"堆花 / 207

第七章　巍巍太行　民族脊梁
（抗日战争与解放战争时期）

概述 / 215

长治早期党组织的建立 / 217

牺盟会在长治 / 220

川军长治抗战记 / 223

八路军总部在晋东南 / 225

中共中央北方局在晋东南 / 230

敌后撑持百世功 / 235

"小东岭会议" / 241

一二九师首战晋东南 / 245

反日军"九路围攻" / 249

血战关家垴 / 257

八路军的"掌上明珠" / 261

决死队在太岳 / 266

沁源围困战 / 270

华北书店 / 274

抗日根据地的文艺作品 / 276

太行群英会 / 279

上党战役 / 283

长治建市 / 286

牺牲与奉献 / 288

故县铁厂 / 291

"长江支队" / 294

参考文献 / 298

后　记 / 301

编后记 / 303

第一章

远古文明 曙光初现
（上古时期）

■ 概述

  长治是一方亘古屹立的神奇厚土。神奇的喜马拉雅造山运动，形成了今天的太行山系与长治盆地。

  长治市位于山西省东南部，地处黄河中游，雄踞太行山脉南段峻险高绝处，西北又有太岳山系的余脉延伸至境内，地势高峻，"与天为党"，古称"上党"。我国最早的地理专著《山海经》载："北次三经之首，曰太行之山。"宋代理学家朱熹说："太行山，河北诸州皆旋其趾，潞州上党在山脊最高处，过河便见太行在半天，如黑云然。"太行山古老雄伟、文明厚积，亦名大形山、五行山。《潞安府志》说："潞地居天下之脊，山以太行为宗，群山皆其脉络；川以漳水为大，诸水为之汇归。洵乎钟灵毓秀，为宇内大观也。……府境内四面皆山……大约皆在太行山上，古称上地，良有以也。"古上党地区的范围，除基本包括今长治市、晋城市两个行政区域外，还包括周边河北省西南部、河南省东北部、晋中、晋南等邻近省、市的一部分地区。

  长治是中华民族发祥和繁衍生息的重要地区之一，也是华夏文明的最早发祥地之一。从远古至今，先人们在这块古老的土地上开拓耕耘,繁衍生息,创造了光辉灿烂的文化,留下了极为丰富珍贵的历史遗产。其史前远古文化源远流长,目前已发现旧石器时代文化遗址5处,新石器时代文化遗址100余处。长治新石器时代属于仰韶与龙山时期的文化较为发达,属于中国黄河流域文化中心范畴。考古资料还进一步表明,长治可能是人类农业文明起源较早的地区之一。

由于得天独厚的地理环境,长治发现了许多的古生物化石。有十余处古动植物化石遗址,并出土过大批古生物化石;有7处二亿年前的古树化石群,全国罕见。

长治自古流传着许多有关鸿蒙创世的史前神话传说,如天台山为"女娲补天"处,三嵕山为"羿射九日"处,百谷山、羊头山、黎岭为神农氏尝百谷、教农耕、建"耆"国处,发鸠山有"精卫填海"的传说等。这些神话传说,虽然幻怪迷离、神奇夸张,并不可当作真实的历史来究考,但它蕴含的文化信息是今天我们了解史前远古历史风貌的重要途径。因此,这些神话传说的流传与存在,不容忽视。

长治地区流传的史前神话传说,内容众多,较为有序,其源流之原始、分布之集中、内容之详备,尤其是历代相沿不断、循序而下的特点,及存世的大量赋托着各类传说的遗迹、遗存等,是全国其他地区无法比拟的。

长治地区的远古神话如此密集,是和当时古人类在此繁衍生息、进化昌盛密切相关的,这些神话传说一定程度地映现着历史的影像,反映着本地当时的历史情形及文明程度,是我们古老历史不可忽略的有力佐证。

岁月久远,长治地区流传的史前神话传说,深埋于历史的尘埃之中,面目模糊而令人迷茫。随着考古研究工作的不断发展,众多古文化遗迹日渐显露,正不断地穿透历史的尘封和岁月的障蔽,放射出灿烂的光辉。

长治古地理的演变

长治坐落于天下之脊的太行山脉南段山巅。

太行山,北起北京西山,南达黄河北岸,绵延于京、晋、冀、豫之间,呈东北—西南走向,北高南低,大部分海拔在1200米以上,西坡和缓,东坡为急陡的断层构造,相对高差达1500—2000米,是中国陆地地形第二阶梯的东部边缘地理界线,古人谓其"天下之脊"。山西高原东部河流多切过太行山进入河北平原,汇入海河水系,横切太行山的谷地,成为沟通太行山东、西的孔道。长治段太行山中多雄关,著名的有东阳关、玉峡关、虹梯关、壶关、上党关、天井关等。今天的黎城东阳关是山西省通往河北省的重要隘口,途经潞城、黎城、响堂、磁山,直探华北大地。

古人云"上党从来天下脊",但长治这块古老的地区并非从来就是超出四周、高高在上的。大约6亿年前,长治地区曾是一片汪洋大海,后来经过了频繁的地壳活动,地面有升有降,海水时进时退。当海退时,这里沼泽广布,气候温暖潮湿,生长着茂密的森林,千百万年来,这些林木由于地壳的变动不断地被埋入地下,长期与空气隔绝,并在高温高压下,经过一系列复杂的物理化学变化,形成了今天长治地区丰富的煤炭资源。发生在新生代的喜马拉雅造山运动(约2350万年—78万年前)使太行山强烈隆升,经过数百万年的锤炼以及一次次地壳活动,约在240万年前逐渐形成太行山,而山前的华北平原则相对下沉。与此同时,长治盆地也大规模断陷,形成大湖,四周的太行山、太岳山、中条山则更大幅度地隆起成为盆地边山,到晚更新世(约12.6万年—1.1万年前)湖泊消亡,沁河、清漳河、浊漳河发育形成,太行山与东面的华北大平原断裂,形成太行东部陡峭、西部徐缓的地貌形态格局。神奇的造山运动,造就了天下之脊太行山,也造就了今天神奇的长治地势。

1977年春,在长子县城西南10公里南陈乡团城村、苏村、壑则村

长子县城西南 10 公里发现的中生代三叠纪树化石

一带发现了裸露出地表的古树化石群 7 处,有 100 余株。经有关专家初步鉴定,这些古树化石属于地质学中的中生代三叠纪范畴(约 2 亿 2 千 5 百万年—约 1 亿 8 千万年前)。当时的长治地区,气候温暖而湿润,植物繁盛,恐龙开始出现。一些高大的树木在地壳运动中被倾倒埋藏后,细胞壁中的水分迅速被地下水中的硅所替代,形成了硅化木,也就是现在看到的古树化石。像这样大规模的树化石群,在我国极为罕见,引起了许多专家、学者的高度重视。

武乡县大部分地区是黄土丘陵地带,贮藏着大量的古脊椎动物化石。武乡县城西十五公里处的楼则峪、石北、张村一带发现的三叠纪二马营统以中国肯氏兽为主的动物群化石,以及武乡县全境发现的新生代第三纪(约 7000 万年—240 万年前)以三趾马为主的哺乳类动物化石。1965 年 5 月 24 日,被山西省人民政府公布为山西省第一批古脊椎动物化石重点保护单位。

这些古代动植物化石的发现,对于古生物、古气候、古地质地貌以及古人类生存环境的研究,具有重要科学价值,也是人类探索自身诞生之前地球变化过程及物种起源、演变等科学研究中难得的实物资料。

有关长治更新世古地理变迁的大概情形如下:

早更新世时期(约240万年—73万年前),湖泊广泛发育,榆社、武乡、沁县一带沿浊漳河及其西侧主要支流为水深15米以内的浅水湖,到150万年前湖泊消亡,由河流、沼泽和一些暂时性湖泊替代;长治盆地、屯留县中村、八泉、余吾等地沿绛河及其主要支流也为湖泊。这一时期气候的总特征是湿润而温凉。榆社、屯留、沁水一带为森林草原动物群,古脊椎动物化石发掘地有屯留西村、武乡石北、楼则峪、张村、张家沟等地。西村出土有鳖科、龟科、桑氏水獭、三趾马、长鼻三趾马、披毛犀、山西轴鹿、华丽黑鹿、斑鹿、狍、裴氏转角羚羊、野牛等化石。植物为温带—暖温带森林草原植被,榆社至武乡一带以落叶阔叶林为主,含有亚热带成分。孢子、花粉、植物化石出土地点有武乡张村等。

中更新世(约73万年—12.6万年前),早期湖泊继续发育,后期基本消亡。长治盆地逐渐变为河湖相间的沼泽,最后形成盆地中的堆积平原。这一时期气候比早更新世气候更冷更干。屯留一带为森林草原动物群,古脊椎动物化石发掘地有屯留小常村、武乡张家沟、长治市区等地。小常村出土有大河狸、丁氏鼢鼠、变异狼、西藏黑熊、德氏猫、原齿象、三门马、披毛犀、李氏野猪、轴鹿、野牛等化石。植物为森林草原植被,榆社至武乡一带以落叶阔叶林为主,含有亚热带成分。

晚更新世(约12.6万年—1.1万年前),湖泊消亡,地理环境更加接近现代。浊漳河发育形成,水系格局与今天基本一致。这一时期气候比中更新世气候更加寒冷干燥,并且越来越冷越干,包括气候期上的末次间冰期和末次冰期。榆社、屯留、长子、沁水一带为森林动物群,古脊椎动物化石发掘地有屯留细窑、西莲、长子岚水、长治市区等地。森林草原植被渐变为草原植被。孢子、花粉、植物化石出土点有长子岚水等地。屯留、长子一带有破隙杉、苏铁属、柏属、虎儿草、禾本科、兰科、菊科、蒿属、毛球藻属、水龙骨科、指纹蕨等。

风成黄土堆积是更新世古地理的主要事件之一。长治黄土堆积主要分布在武乡、沁县、襄垣、壶关一带和黎城县城周围一带。早更新世保存下来的黄土在晋东南一带的叫作"R红土";中更新世黄土堆积较厚,

屯留县采集的侏罗纪贝壳化石

屯留县出土的第四纪猛犸象腿骨化石

统称离石黄土；晚更新世黄土堆积厚10米左右，遭受侵蚀后形成今天的各种黄土地貌。

沧海桑田，对于太行山的形成，中国古代学者很早就做过研究考察。唐颜真卿、北宋沈括、南宋朱熹等都以山顶、山崖中所见的螺蚌壳为证据，阐述过海陆变迁的观念。

北宋著名科学家沈括（约1031—1095）在《梦溪笔谈》卷二十四《杂志一》中说："予奉使河北，遵太行而北。山崖之间，往往衔螺蚌壳及石子如鸟卵者，横亘石壁如带。此乃昔之海滨，今距东海已近千里。所谓大陆者，皆浊泥所湮耳。"沈括考察太行山，见山崖之间，往往衔着螺蚌壳化石及鹅卵石，在石壁上横亘如带，从而推断太行山为昔日之海滨，华北平原乃泥沙淤积而形成，现代地质研究证实了他的论断。

《朱子语类》卷九十四载朱熹说："常见高山有螺蚌壳，或生石中，此石即旧日之土，螺蚌即水中之物。下者却变而为高，柔者变而为刚，此事思之至深，有可验者。""今高山上多有石上蛎壳之类，是低处成高。又蛎须生于泥沙中，今乃在石上，则是柔化为刚。天地变迁，何常之有？"这是对上引沈括《梦溪笔谈》之说的引申，朱熹在化石成因和岩层固结上的论述，比沈括更明确，从而更好地阐述了沧海桑田的成因，为此李约瑟评述说："这段话在地质学上的主要意义在于朱熹当时就已经认识到，自从生物的甲壳被埋入海底软泥当中的那一天开始，海底已经逐渐升起而变为高山了。但是直到三个世纪以后,亦即一直到达·芬奇的时代,欧洲人还仍然认为,在亚平宁山脉发现甲壳的事实是说明海洋曾一度达到这个水平线。"

长治旧石器文化

近年来史前考古发掘研究表明,长治地区属于黄河中游文化的重要组成部分,也是中华民族古代文明与灿烂文化的重要发源地之一。

人类约诞生于 300 万年前,这一时期约相当于地质学年代中的早更新世。石器是人类以石头为原料而制作的工具,人类使用石器为主的阶段称为石器时代。旧石器时代是指人类开始以石器为主要劳动工具的文明发展阶段,是石器时代的早期阶段,一般划定此时期为距今约 260 万年或 250 万年(能人首次制造出石器)至 1.2 万年前(农业文明的出现),地质时代属于上新世晚期至更新世。考古学上将人类诞生至距今 13 万年前划为旧石器时代早期,再到距今 10 万年前左右划为旧石

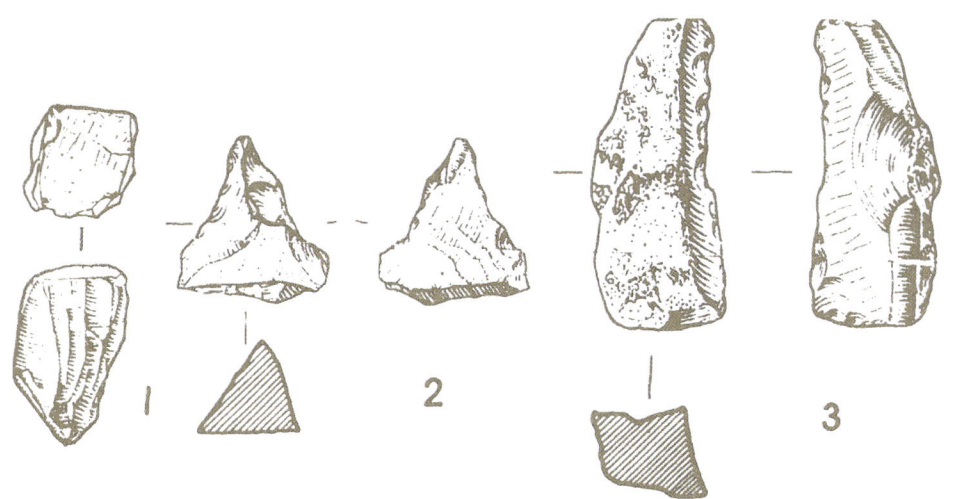

沁源县花坡、义和旧石器时代遗址发现的标本

长治市黎城县西井镇猫崖洞旧石器时代文化遗址

器时代中期,直到距今 1.2 万年前左右划为旧石器时代晚期。

旧石器时代的人类通常以原始族群的形式聚居在一起,并通过采集植物和猎取野生动物维持生活。尽管在此时代内人类也使用木质和骨质工具,但旧石器时代的典型标志是石质工具,石器制作方法以敲击打制为主,石器的种类主要有石片石器和石核石器两大类。

整个旧石器时代的时间范围,约同步于地质学中的早、中、晚更新世。这时候人类主要生存于湖滨或河流附近。整个更新世时期,长治盆地周边的太行山、太岳山等一直处于不断抬升的状态,同时不断地遭受着侵蚀。长治盆地则处于沉降堆积状态,逐渐形成平原,成为古人类和我们现在活动的主要场所。

经考古调查,长治旧石器时代文化遗址,目前已发现沁源县花坡、义和,黎城县猫崖洞,潞城县黄龙洞,武乡县楼则峪等 5 处。

义和旧石器文化遗址位于沁源县王陶乡义和村西南 1 公里处的火石疙瘩。1987 年 9 月下旬,山西省考古研究所与沁源县文物馆,对其进行了考古调查,采集到标本数十件,均为燧石质,其中一部分人工打击痕迹明显,为小型石器类。花坡旧石器文化遗址位于沁源县花坡乡花坡村东南约1.5公里处的山坡上,在地表采集到的燧石质石片、石块中,一部分具有明显人工打击痕迹,尺寸较小。这是两地发现的旧石器时代晚期的古人类遗物。

黎城县猫崖洞,也是属于旧石器时代晚期的古人类遗址。猫崖洞位于山西省黎城县城北25公里处的茶棚滩村东北约1公里处,海拔高度900米,洞口朝向西南,挂于距地面约50米的西两寺沟右侧山腰,洞口宽7.5米,高约8米,洞内最宽处23米,最深处距洞口约10米,是一处洞穴遗址,其中发现400余件人工石制品及少量动物化石碎片,其石制品文化以继承传统为主,缺少时代特色的类型与技术,与太行山北段的旧石器晚期文化联系密切,属于同一文化类型。附近的白玉港村白云洞内也发现一批动物化石,经专家初步观察,其中有披毛犀上臼齿和赤鹿角之残段,同时洞内曾发现一件石球及用火痕迹。

黄龙洞遗址位于潞城合室乡合室村东2公里处的笔架山,遗址留存于一天然洞穴中,保存较好,洞口处于悬崖峭壁间,东边悬崖上有条

潞城市合室乡黄龙洞旧石器时代文化遗址

险道,单人攀缘方可进入洞内。洞深 30.5 米,高 1.4 米,宽 4 米,洞内发现有火烧痕迹、石核打击器和不规则石片等。1987 年 3 月 6 日,长治市文物普查时从洞内捡拾回 30 余件打制石器,经山西省考古所鉴定,为旧石器时期人类生活遗物,从而确定黄龙洞为一处旧石器时期人类生活遗址。黄龙洞遗址和武乡县楼则峪遗址所属的时期目前尚未确定。

这些遗址的存在,说明最迟在一万年前的旧石器时代,就有人类繁衍生息在长治这块古老的土地上。由于目前尚未全部发掘,其详尽的文化内涵,有待于随着今后的不断发掘而逐步揭示。

长治新石器文化

距今约 1 万年前,原始人由打制石器时代进入磨制石器的时代,人类历史也就进入了新石器时代。

这一时期长治地区的气候同华北广大地区一样,已逐渐变暖,森林草原环境出现,四季分明,温暖湿润,最暖时估计年平均气温高于现代 2 摄氏度,人类走出岩洞,从山麓高地转向平原地带,在湖畔、河边二级阶地,营建聚落,定居生活。

新石器时代最根本的标志是出现了原始农业和畜牧业,特别是原

新石器时代磁山文化遗址出土的石磨盘、石磨棒

始农业的出现,被称为"新石器时代革命",在人类进化史上有着划时代的意义。

新石器文化遗址,长治市已发现100余处,密布全市境内各县区,可谓随处可见,且早、中、晚期类型俱全。

1984年,省考古研究所在长治市武乡县石门乡牛鼻子湾一带,征集到新石器时代石器工具石磨盘、石磨棒各一件,俱由粗红沙石制成,磨盘为圆角长方形,底部置横圆柱状盘足,形制与"前仰韶时期"的代表性文化类型磁山文化遗址中所出土的同类器物十分相似,明显属于磁山文化的基本范畴。石磨盘、石磨棒的发现,是当时采集天然谷物加工成粮食的信息,说明此时的农业生产已经进入"锄耕农业"阶段。反映了原始采集经济向原始农业经济过渡的先兆,代表了我国黄河流域粟作文化的先声,从而也证明了长治市漳河上游广大地区同样是新石器时代早期原始农业的最为发达的地区之一。当时的环境为疏林草原与荒漠,人类食物严重不足,在此特定环境压力下,人类才开始培植禾本科植物。当然,漳河谷地肥沃平坦的地势也为其提供了良好的场所。

小神村遗址,位于长治市西北5公里郊区小常乡小神村西北面,西北临漳泽水库,面积约2万平方米。遗址发现于20世纪50年代,破坏严重,1986、1988、1989年省考古所晋东南工作站和长治市博物馆联合对其进行三次抢救性发掘。总计发掘面积600余平方米,发现了仰韶至周时期六个文化层的文化遗存。其中第一层为表土,二层为拢土,出土有商、周时期陶片,厚度为50厘米。三层为商周文化层,厚20—50厘米,有兽骨、贝壳、陶片出土。四层为"东下冯类型",属夏文化范畴,厚

长治市东关出土的新石器时代龙山文化绳纹敞口陶釜

新石器时代庙底沟类型彩陶残片

35—65厘米,出土有夹砂陶、泥质陶的高领鬲、罐、盆、瓮等,纹饰主要为绳纹,陶色主要为灰陶。五层为龙山文化房址和一条灰沟。六层为龙山文化层,厚40—80厘米。其五、六文化层中有半地穴式房址2座、灰坑40个、土坑竖穴墓8座。其遗物有石、骨、蚌、陶器等。陶器以泥质灰陶为主,夹砂陶次之,另有少量褐陶和磨光墨陶。纹饰以绳为主,另有方格纹、堆纹、弦纹等。制法有轮制、模制两种。器形有杯、盘、碗、豆、鬲、甑等,其饮食用具较为完备,自成体系。此遗址是本地区唯一正式发掘过的遗址,为研究长治原始文化揭开了序幕。

新石器时代,石器制作方法主要以磨制为主,并发明磋磨、钻孔等新技术。随着原始农业和畜牧业的产生,石器种类以斧、铲、刀、耜、镰、磨等生产工具为主。

陶器出现于新石器时代,它的发明与人类开始定居生活及火的使用有密切关系。原始制陶方法,说法不一,大致有捏塑法与贴敷法等,新石器时代中期出现了泥条盘筑法和轮制成型法,并逐渐普及。仰韶文化是新石器时代黄河流域一种较为发达的定居农耕文化,处于母系氏族制繁荣至衰落的时期,距今7000年到5000年,陶器中通行红陶,装饰中注重红色。紧随其后出现的是更为先进的龙山文化,黄河中游龙山文化的共同特征是大量使用灰陶,同时已经开始使用轮制技术。

中国玉器制作技法精湛,造型纹饰典雅丰富,是中国古代文明的一

潞城合室新石器时代遗址发现的标本

项重要内容和标志。"石之美者"为玉,中华民族有着浓厚的爱玉、尚玉的文化传统。其制作起源于新石器时代早期的石器加工,至今已绵延八千多年。玉器的制作在新石器时代的中晚期,就已经达到相当高的水平。

长治所发现的龙山文化晚期玉器,以1963年黎城县后庄广志山出土的两件龙山晚期玉戚为代表。其中一件高20.6厘米,宽13.1厘米,为黑褐色软玉磨制而成,片状、斧形,上端平直,下端为刃,正中有一个对钻圆孔,戚上部正背两面线刻神人半侧面头像,纹饰精细,左右边缘依纹饰形成凹凸不齐的齿牙。神人半侧面头像为线刻,神人头戴羽冠,披拂长发,眼眉清晰可辨。

线刻神人头像是研究龙山文化晚期玉器的重要资料,山西是首次发现,填补了山西龙山文化晚期玉器无重器的空白。

龙山文化时代神面纹青玉戚

长治夏代文化

夏代（约公元前21世纪—约公元前17世纪初）文明的探索，是以考古资料为主、后代间接史料为辅的，综合考古学、历史学的研究成果，我国夏代已初步进入信史时代，夏人活动的地域主要是黄河流域。考古学家认为"二里头文化"为夏文化（以河南省偃师县二里头遗址命名）。山西夏县东下冯遗址的1—4期，即被定为二里头文化东下冯类型。

长治西距晋南不远，夏代文化遗址发现不少。除见于前述的北石槽、小神村遗址的文化层中的外，还在长治市郊区交漳、壶关县固村、平顺县西沟、黎城县李庄与路堡、长子县东龙头、沁源县王家元等地发现了夏代文化遗址。重要的还有长子县北高庙文化遗址。此遗址文化层内涵丰富，从采集的陶片标本分析，地层中包含有从二里头夏代到二里岗早商时期的文化遗存。

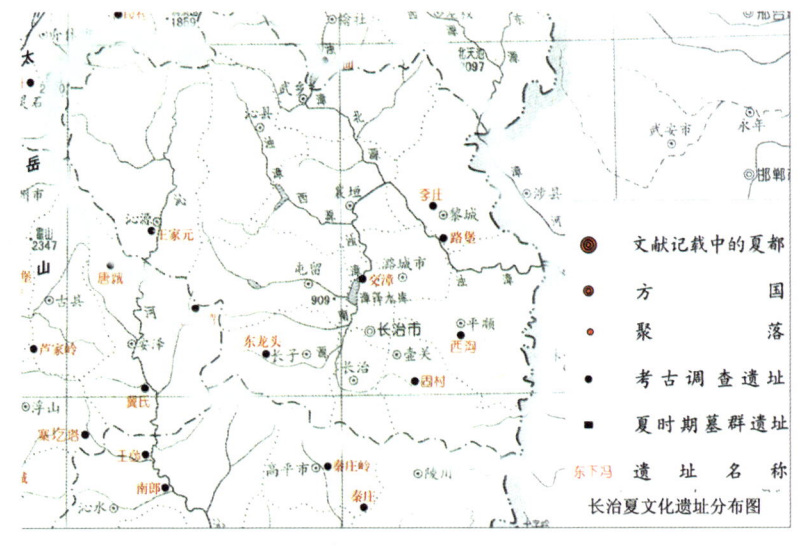

长治市主要夏文化遗址分布图

天台山女娲补天

长治县上郝村天台无影山,是传说中的女娲炼石补天处。关于女娲在长治的神话故事,流传久远。

女娲,风姓,是我国远古神话传说中伟大的女神。《淮南子》中就有记载,说她"化万物"、"抟土作人",创造了人类,"为女媒、置婚姻",为皋媒之神;炼五色石补苍天、正四极、平冀州、救民于水火。

天台山位于长治县城西北 13 公里处的郝家庄乡上郝村西北。天台

襄垣仙堂山娲皇宫

长子县南漳镇中漳村伏羲庙正殿献亭

山的山峰酷似馒头，巍然成丘，相传为女娲炼石补天时，将鞋内积土磕在此处而成，俗名"无影堆"。

日出入无影，是天台无影山的一大奇景。每年夏至这一天中午，山上任何一个地方都没有阴影。明清方志中对女娲补天的长治县天台山，多有记载及咏赞，而且长治境内还建有多处娲皇宫庙。如清代程之玿诗："莫怪此乡风最古，补天原有圣人台。"清代于公允诗："望儿台上回风驭，始信娲皇握巨灵。"清代鲁兆嵩诗："世俗相传天是补，娲皇炼石有谁知。"清代蔡履豫诗："闻道娲皇曾炼石，阴阳调燮著神功。"

长治境内历代建有多处娲皇宫庙。现存的主要有潞城市戚里店娲皇圣母庙、襄垣仙堂山娲皇宫、襄垣城关镇娲皇庙、平顺中五井乡堡沟村娲皇圣母庙、东寺头乡井底村娲皇庙、阳高乡鹞坡村东北娲皇宫，黎城平头乡岚沟村三皇圣母庙、广志山巅娲皇梳妆楼、武乡韩北乡下合村娲皇圣母庙等。

说女娲，自然就联系到伏羲。传说伏羲风姓，是其母华胥氏履雷泽大人迹而生，蛇身人首。伏羲创八卦，有圣德，代燧人氏而王天下，虽有姓但却知母而不知其父,这正是我们的母系氏族社会的一种记忆。"华胥生男子为伏羲、女子为女娲",传说他们兄妹姻合而通婚。兄妹通婚,是前氏族社会时期血缘婚的晚期形式。血缘婚沿袭时间甚久,到母系氏族早、中期可能还存在,甚至近代一些民族地区,还保留着血缘婚的部分残余。

炎帝神农氏在上党

炎帝神农氏文化在上党文化中地位十分突出。长治地区今长治市区、郊区、长治县、长子县、壶关县、潞城市、黎城县、沁县、沁源县、武乡县一带有很多关于炎帝神农氏活动的遗址遗迹以及祭祀性建筑的碑碣记载等。其中反映尝百谷、得嘉禾、兴农业等的遗迹,主要分布在百谷山和羊头山两处。羊头山又有炎帝陵的遗迹;反映"建耆国"于长治的遗迹分布在黎岭(羊头岭)附近。长子县发鸠山和潞城县古潞子国遗址,则有关于炎帝少女女娃和炎帝之后参卢的传说遗迹。概括讲,遗址类有羊头山、百谷山、黎岭、潞子婴儿墓地、发鸠山五大区域共19处遗迹;祭祀性建筑有北齐庙址及唐、宋、元、明、清、民国历代建筑20余座,碑碣有北齐、隋、唐、宋、元、明、清及民国时期共20余通。这是全国其他有炎帝神农传说的地区难以比肩的。

中国历史上神农氏属"三皇"之一。"三皇"时代的传说,传颂了我国古人类摩擦取火、织网渔猎、农业种植等方面的重大发明创

古人绘炎帝神农像

长治县黎岭炎帝塑像

造,反映了我国古代从用火取火、采集渔猎到农业生产的三个连续发展的社会历史阶段。神农氏时代是我国原始农业的形成、发展时期,相当于考古学上仰韶文化时期,处于母系氏族社会的鼎盛期和衰落期。古籍中讲的神农氏尝百草、试水泉、制耒耜、始教民耕种五谷、创医药、开市交易、制琴作乐等,为民族的发展做出了巨大贡献。

炎帝是古史中"三皇五帝"时期的人物。五帝时代则距夏朝不远,在4000多年前。一般认为"五帝"是黄帝、颛顼、帝喾、唐尧、虞舜,而炎帝几乎与黄帝同时而略早。与其同时代的人物有蚩尤、太暭、少暭、共工、祝融、鲧等。炎帝所处的时代,相当于考古学上的仰韶文化晚期,处于母系氏族社会向父系氏族社会过渡初期阶段。有关"五帝"的古籍记载所反映的时代,相当于我国原始社会末期或从原始社会向阶级社会过渡的阶段。

据说炎帝部落原居于黄河流域的姜水一带(今陕西宝鸡境内)。《国语·晋语》载:"黄帝以姬水成,炎帝以姜水成,成而异德,故黄帝为姬,炎帝为姜。"后顺渭水东下向东向南扩展,逐渐迁移发展到了中原地区。曾先后在河南洛阳、山西长治、河南淮阳、山东曲阜等地"建国设都",最早形成定居的部落集团,融合华夏,凝聚四方,奠定了中华民族统一之基础。炎帝神农氏的部落正是在长治地区首先进入并完成了从采集、渔猎到定居、农耕的历史发展阶段。

前代学者虽然考证耆或黎在今长治市一带,但其确切位置却未确定。主要有以下几种考证结论:在上党东北;在潞州黎城县东北十八里;在汉之上党郡壶关治所黎亭;在长治县西南黎侯岭下等。这些考证结论,都未出上党地区的范围。

位于今长治县城北黎岭村西的黎岭,俗称羊头岭,为土质丘陵。其上林木茂盛,周围则为沃野平畴。黎岭古称为黎侯岭,被认为是商周时期古黎侯国所在。今黎岭顶上,残存有炎帝庙遗址。该庙原为三进院,规模宏阔,新中国成立初期被人拆毁。创建年代不详,废墟中可捡拾到宋、元瓦当和明琉璃等碎片。1986年,孙舒松在《炎帝在上党始兴稼穑》一文中,认为相传炎帝所建"耆"国,即在黎岭附近,并认定炎帝神农氏在上党"尝百谷、制耒耜、教民耕种,首先实现了人类历史上一个重大转折"。文章考证虽有疏略之处,但从此开启了对上党地区炎帝神农氏文

长治县黎岭炎帝庙

化的全面发掘研究工作,并逐渐受到世人的关注。

百谷山,流传有炎帝创立农耕文明活动踪迹的传说与遗迹。

百谷山,亦名柏谷山、北珏山,俗称老顶山,位于长治市区东北5公里处,是潞城、壶关、平顺、长治市区交界的地方。这里山脉蜿蜒起伏,磅礴跌宕,气势雄壮,方圆约40平方公里,海拔最高点1378米,有高低山峰40余座,大小岩洞30余个,名胜古迹遍布,自古为长治一方胜地。百谷山是一个有关炎帝神农氏尝百谷的文化传说及遗址、遗迹分布高度集中的地点。北宋《太平寰宇记》载,百谷山与太行、王屋皆连,风洞泉谷,崖壑幽邃,最称佳境,昔神农尝百谷于此,因名山建庙。明马墩《潞州志》载:"百谷山,在州城东北一十三里,与太行相连,多产赤白石脂。昔神农尝百谷于此,故建庙祀之,因名山。"由上述可知,百谷山得名是由历代相传的炎帝神农尝百谷于此而来。

《太平寰宇记》中所提"名山建庙"的炎帝神农庙,今滴谷寺村仍保存有其庙残址。《潞州志》中载:"神农庙,在城东北一十三里百谷山上,北齐后主武平四年(573)建。世传神农尝百谷于此山,因立庙焉。国朝登载祀典,洪武四年正神号曰'炎帝神农氏之神'。五年,知州竺克仁建祠,正统七年知州刁正修理,有碑记存。岁久倾圮,弘治五年重修。"可知庙创建于573年,比乾德五年(967)创建的湖南炎帝陵要早394年。宋治平二年(1065),秘书监知军府事陈述古曾游该庙并作诗记游,诗中有"潞子国头销白日,神农祠畔辗朱轮"句。这座创建于北齐的神农庙,历经重修补葺,历唐、宋、金、元直至明清时代,一直延续保存下来,惜于20世纪40年代不幸毁于战火,我们今天只能看到其残址了。庙中唐、宋等历代碑刻,亦同时毁散殆尽。

在滴谷寺村神农庙前不远,现存有古寒泉一处,据说是炎帝选育嘉谷之地,称为神农井、百谷井或神农泉。相传炎帝选育嘉禾感动天地,神而化之,山隙不断滴出谷粒,于是炎帝"始教民艺五谷,而农事兴焉"。及至后人祭祀建寺,仍有谷粒滴出,故名滴谷泉、滴谷寺。后来,一寺僧为屯谷,用棒去捅泉眼,结果从里面飞出两只白鸽,从此不再滴谷,改为滴水,成为百谷寒泉,曾是长治八大古景观之一。今天看到的泉眼已被石砌券洞护住,洞额题有楷书"古寒泉"三字。泉口上雕有石龙嘴以出水,下承圆形石凿小井一眼。观其雕造风格,应属清代所建。此古寒泉,即百谷泉,亦即神农井,或称百谷井。明《潞州志》载:"百谷井,在百谷山神农庙前,深一丈,方广三尺,其味首美,虽旱不涸。"清《潞安府志》载:"百谷

长治市百谷山古寒泉

羊头山清化寺

泉,在百谷山神农庙前,砥石涌泉,寺僧引为伏流,注为塘,由螭口飞下大壑,注石子河,味甘,虽旱不涸。一名神农井。"

古代百谷山,居住在周围的人们,年年在山上祭祀炎帝神农,历代也多有文人学士游览祭拜,并留有许多赞美炎帝神农氏的诗文。宋代的陈述古在《游百谷寺》中说:"潞子国头销白日,神农祠畔辗朱轮。"明王铎在《过百谷山偶题》中说:"太行来脉中天近,炎帝神功万世尊。"明刘崧在《游百谷山》中说:"奠基永感前王禹,粒食难忘古帝炎。"不胜枚举。

羊头山又称羊山、老羊山、首阳山。位于长子、高平、长治县三地交界处,海拔最高1297米。山势高大蜿蜒,古谓"羊头山在太行之北……众山最高处,俯视太行犹在下矣……危峰秀拔,势凌霄汉。日夕诸山俱瞑,而此峰返照犹光,故俗传此山比天下名山高三尺。"在羊头山,也流传有大量反映炎帝神农氏尝百草、种五谷以及死后葬于此山的传说和遗址、遗迹。

山顶羊头石西南有神农庙五间,创建时间无考,明代尚存,今已成为废址,遗留有石台阶、屋基、石柱、石碑、石柱础、水井等物,考其形制,当建于北朝之前。在庙的北面和西北面,有一小一大两块坪地相连,大坪上今存古城废墟,俗称为神农城。考察时曾于其上拣拾到秦汉时的砖瓦残片。神农庙下西面不远的山坡上，又有黑白二龙泉，相距不远，称为神农井或神农泉。其下坪地名为井子坪，相传神农得嘉谷于此，始教播种，又称为五谷畦。这些现存的有关炎帝神农氏的文化遗迹，在汉、晋、唐、宋、元、明、清的史志与碑碣中，都有具体的记载。晋程玑《上党记》中载："神农庙西五十步，有石泉二所，一清一白，味甘美，呼为神农井。"北魏《风土记》载："神农城在羊头山，其下有神农泉，山有古城遗址，北有谷关，即神农得嘉谷处。"唐乡贡明经牛元敬撰并书《清化寺碑记》讲道："此山炎帝之所居也。……遍涉群山，备尝百草，居斯一所获五谷焉。……于是创制耒耜，始兴稼穑。调药石之温毒，除瘵延龄；取黍稷之甘馨，充虚济众。人钦圣德，号曰神农，历代崇恩，峰亭享庙。"宋《太平寰宇记》引《后汉书·郡国志》云："羊头山有神农城，山下有神农泉，南带太行，又有散盖。即神农尝谷之所也。"明朝律学家、历学家朱载堉《羊头山新记》说："神农泉下地名井子坪，有田可种，相传神农得嘉谷于此，始教播种，谓之五谷畦焉。"

在羊头山神农庙东南面不远处的山坡平地上，有清化寺的废址一所。此寺始建于北魏孝文帝太和年间，初名定国寺，北齐改名宏福寺，隋末毁，唐武则天天授二年重建，改名清化寺。新中国成立初期寺又毁。寺中现存唐乡贡明经牛元敬撰并书石碑。碑载："此山炎帝之所居也。昔者摄提幻岁之后，燧人化火之前，穴处巢处，茹毛饮血，爰逮炎皇御宇，道济含灵。念搏杀之亏仁，嗟屠戮之残德。寻求旨味，以替膻腥。遍涉群山，备尝百草。居斯一所获五谷焉。记此灵奇，显其神异。石类羊首，遂立为名。于是创制耒耜，始兴稼穑。调药石之温毒，除瘵延龄；取黍稷之甘露，充虚济众。人钦圣德，号曰神农。"

羊头山经数千年风雨剥蚀，神农城早已坍塌，只留下几根斑驳残柱和几段碎裂的石阶，供今人凭吊。山麓四周则有色头炎帝庙、庄里炎帝陵、五谷神庙、故

羊头山明代炎帝陵碑拓片

关炎帝行宫、贾村神农中庙等。

炎帝陵在羊头山下东南高平市团池乡庄里村，有炎帝陵遗址和炎帝庙各一座，陵在庙后。庙中有元代以前的断残碑块和雕有元以前风格图案的石建筑构件保存至今。其东厢房内现有明万历年间所立"炎帝陵"楷书大字碑，高95厘米，宽66厘米，座基长90厘米，左边上方刻有"万历三十九年孟夏吉旦"立石纪年。正殿脊顶琉璃上亦有"炎帝神农殿大明嘉靖六年"的题记。北宋《太平寰宇记》载"羊头山东南相传为炎帝陵，石甃尚存"，即指此。明代著名学者朱载堉曾对此处作过考查，留下一段详细记述："（羊头）山之东南八里曰故关村，村之东二里曰换马镇，镇东南一里许有古冢，原址东西广六十步，南北袤百步。松柏茂密，相传为炎帝陵。有石栏、石柱存焉，盖金元物也。"庙内存残碑载："炎帝神农氏陵庙，历代相传，载在祀典，其形势嵯峨，林木深阴久矣，吾邑封内胜迹。"

1989年，在羊头山北麓长治县石窝沟村曾发掘出一块元延祐元年题刻的诗碑，其中有"神农遗迹在羊山，祠宇重构在此间"句。联系到元大德九年皇帝曾遣官祭祀羊头山炎帝陵的记载，我们可确知，元代曾对羊头山一带遗存下来的有关炎帝祭祀、纪念性建筑遗址等，进行较大规模的修葺，说明炎帝葬于此的传说至迟在元代，仍有很大影响。炎帝陵虽然近年重被发现，其实，明代史学家朱载堉在《羊头山新记》中早有确凿、详细的考察记述。只是在随后的岁月里，不知何因，渐渐黯淡无光，不为世人所知了。

长治地区现存的有关祭祀、纪念炎帝神农氏的祠庙建筑及碑碣等遗存，数量众多，延续久远，分布较广。这些祠庙、碑碣等遗存中，现考

黎城县隋代《宝泰寺碑》拓片

长治市关村炎帝庙大殿及香厅

查明确无误的最早的祠庙有百谷山北齐武平四年重修的神农庙遗址；最早的碑碣有现在黎城文博馆的隋开皇五年所立《宝泰寺碑》。现择其主要者分别列述于后。

1.长治市百谷山神农庙。其庙址所在，即是世传神农尝百谷的地点。庙之创建年代不详，北齐武平四年（573）、明洪武四年（1371）、正统七年（1442）、清顺治十二年（1655）曾多次重修。原庙为一进院，坐北向南。正殿广深各三间，前出廊，廊柱浮雕龙凤图案。殿内中央设一方台，塑炎帝坐像于其上，赤身，腰系树叶，肩背五谷穗，高约3米，两侧各立一侍童。四壁通绘炎帝神农尝百谷、采草药、制耒耜、教民耕种等反映其一生功绩的壁画。院内西为厢房，东为碑廊，立有约4米高的碑四五通。20世纪40年代，百谷山神农庙毁于战火，现仅存庙院残址。四周有残碑断碣，其中一残碣之上有"百谷山主祀炎帝神……为炎帝栖神之所"等字迹。

2.长治市关村炎帝庙。创建年代不详，坐北向南一进院，为明、清建筑风格。正殿深广各三间,悬山顶,前有卷棚式顶献亭三间。左右各有角殿三间,亦为悬山顶。东西两侧有廊房各三间。

3.长治市柏后神农庙。坐北向南,原为三进院,现存中院、后院二院。中院正殿三间,悬山顶;献亭三间,卷棚顶;东西角殿各三间,硬山顶。殿壁上嵌有清咸丰九年(1859)五月所立《重制神农庙社物碑记》、清同治十二年(1873)立《重修布施碑》两块碑碣。后院现存正殿三间,悬山顶;东西角殿各三间,硬山顶。东西配殿各四间,硬山顶。

4.壶关县东长井村炎帝庙。清康熙五十九年(1720)重修,现存为清代建筑风格。坐北向南一进院,保存完整,戏楼、正殿、朵殿、耳殿、廊房等俱存,占地面积835平方米。其正殿广三间、深二间,悬山式顶。碑载:"世传帝尝百草经此,里人德之,建庙岁祭。"

5.长治县北呈乡北和炎帝庙。现存正殿面阔三间,进深两间,悬山顶。元代建筑风格,清道光十五年(1835)重修。

6.长子县色头村炎帝庙。庙坐北向南,保存完好,呈明、清建筑风格。戏台、献亭、正殿、配殿一应俱全,占地面积1854平方米。其中正殿

长子县色头镇色头村炎帝庙献亭及大殿

面阔七间,进深四间,硬山顶。清道光五年(1825)、咸丰三年(1853)、同治五年(1866)三次重修。

此外,尚有长子熨斗台炎帝庙、石窝沟炎帝庙、长治市郊区李村沟炎帝庙、庄里五谷庙和炎帝陵、故关炎帝行宫、下台神农中庙、城内神农下庙等古迹遗址。

上党地区在新中国成立后,经考古发掘和调查,发现存在大量的旧、新石器时代文化遗址,其内容包括从约2.4万年至1.6万年前的沁水下川旧石器遗址、约公元前8000年至公元前2000年的仰韶文化遗址、龙山文化遗址等类型。这些文化遗址的时间延续范围,充分地涵容了炎帝神农氏的活动时代的范围。所有这些,都为我们今天探究炎帝在上党活动的可能性,提供了较为可信的基础。然而,古史对炎帝神农氏的记载加进了很多神话传说的成份,有关他的种种传说仅仅是那段历史的一个模糊的影子。

发鸠山精卫填海

发鸠山自古即以炎帝少女女娃变为精卫鸟的故事而著称于世,代代相传,直至今日。《山海经》说:"发鸠之山,其上多柘木。有鸟焉,其状如乌,文首、白喙、赤足,名曰'精卫',其名自詨;是炎帝之少女,名曰女娃。女娃游于东海,溺而不返,故为精卫,常衔西山之木石,以堙于东海。漳水出焉,东流注于河。"《山海经》是我国早期重要的地理著作,其《山经》部分成书于春秋末、战国初。这段出自古老典籍《山海经》所记述的炎帝少女女娃的神话传说,其发生地点确指为长子发鸠山,目前没有人提出疑义。因此,这段出自古老典籍记述的神话传说,反映出上党地区是炎帝神话传说的原始所在区域之一的有力论据。

精卫栖息的发鸠山,又名鹿谷山、发苞山、方山,亦名西珏山,为古上党地区五大道教名山之一。这座山属太岳山脉中段东支,距长子县城

长子县发鸠山主峰

25公里,最高峰海拔1646.8米,蜿蜒二十公里,山势雄伟,苍秀挺拔,属太岳山系。主峰方山,列峰如屏,云烟出没,树木繁茂,景色奇秀。上有无风台、起云洞、女娲庙、女娲坟(皇姑坟),以及道教太阳、太阴宫,三皇、三清殿,上、中、下八洞、金星洞、汲碧堂、黑虎庙等历代古建筑。十八洞为道教上、中、下八洞仙府,皆为依山势地形拱砌或随石雕凿而成,百姓俗呼为"九窑十八洞"。山上散存有清乾隆六年(1741)、嘉庆六年(1801)等所立碑刻四通。

发鸠山流传着关于炎帝少女女娃的传说故事与遗迹。主峰附近山上现存有一处祭祀女娲的女娲祠;还有两处传说为炎帝少女坟的遗迹,一处在女娲祠前,名女娃坟;一处在主峰西北方向较远的山坡上,俗称为黄(皇)姑坟。

女娲祠位于峰顶东南,现存庙殿一座,面阔三间,为祭祀女娲之殿,残破不堪,名称不存,殿内塑像全无,砖砌供台尚存,上有烧制砖文"海水"或"海波"等数字残存,可与精卫故事互作印证。殿前有一残砖瓦砾沙石泥土聚成的大堆,上面杂草丛生,民间传说为女娲之墓。

在主峰之西北山坡密林里,有石雕砌做古坟一座,依山坡趋向,坐东南,朝西北,俯临山下杨家沟村。年代无考,百姓俗呼为黄(皇)姑坟,传说为女娃之墓,因女娃未嫁,属黄花闺女,故称黄姑坟。亦有说为炎帝

第一章 远古文明 曙光初现

长子县发鸠山金星洞

长子县发鸠山主峰之皇姑坟石刻文字

之女,称为皇姑坟。1976年被盗掘,墓顶全开,石雕墓室构建尚留存完整。墓室坐东南向西北,前设墓道,呈长方形单室结构,其左、右壁及后壁各设一小龛式耳室,前墓道门石额上题刻"视死如归",石门框刻有对联倾覆不能视;墓室后壁上嵌石质扇形匾额,题刻行书双钩"藏真"二字,旁有两竖石,阴刻草书联为:"难随河山留世上,别有天地非人间。"字体皆为摹王羲之行草体;墓前散有石柱二根,石横额一根,似原有牌坊之设。

发鸠山东麓脚下有清泉汩汩,为浊漳河之南源。《水经》:"浊漳水出上党长子县发鸠山"。《水经注》:"出鹿谷山,与发鸠连麓而在南。《淮南子》谓之发苞山,故异名互见也。……王鉴《禹贡考》:有四星池,是谓灵湫,为漳水之源。其山苍秀挺耸,诸峰四面如列屏然。鹿谷其别名也。"

乾隆版《潞安府志·庙学》载长子县的灵湫庙,在(长子县)西五十里发鸠山下,祀漳源神。灵湫庙发展到明清时代,周围建有摩天塔、上天梯、通天桥、南天门、八角琉璃井、四星池等建筑,庙宇规模宏大,建制完备,祭祀女娃精卫的原址仍存。正殿前原有木刻对联一副,内容为:女娃理水,南经北纬,汇集神泉出灵湫;漳源泻碧,西流东注,灌溉上党万顷田。灵湫庙附近,河水直泻,一片碧绿,是古潞州八景之一,谓之"漳源泻碧"。

灵湫庙即浊漳河源头古有的泉神庙,为祭祀炎帝之少女女娃所建,当地也有炎帝女为浊漳河之神的传说。其庙创建甚早,已不可确考,今查有确切年代的记载,是宋代政和元年(1111)长子县令王大定的《灵湫庙额记》:"县西四十里,有山曰发鸠,其麓有泉,漳水之源也。有神主之,庙貌甚古,岁时水旱祈祷,无不应验。政和元年,自春徂夏不雨,苗尽槁,秋种未播,人心惶惶。臣大定躬率吏民,祷于祠下,未二日,雨阖境沾足,

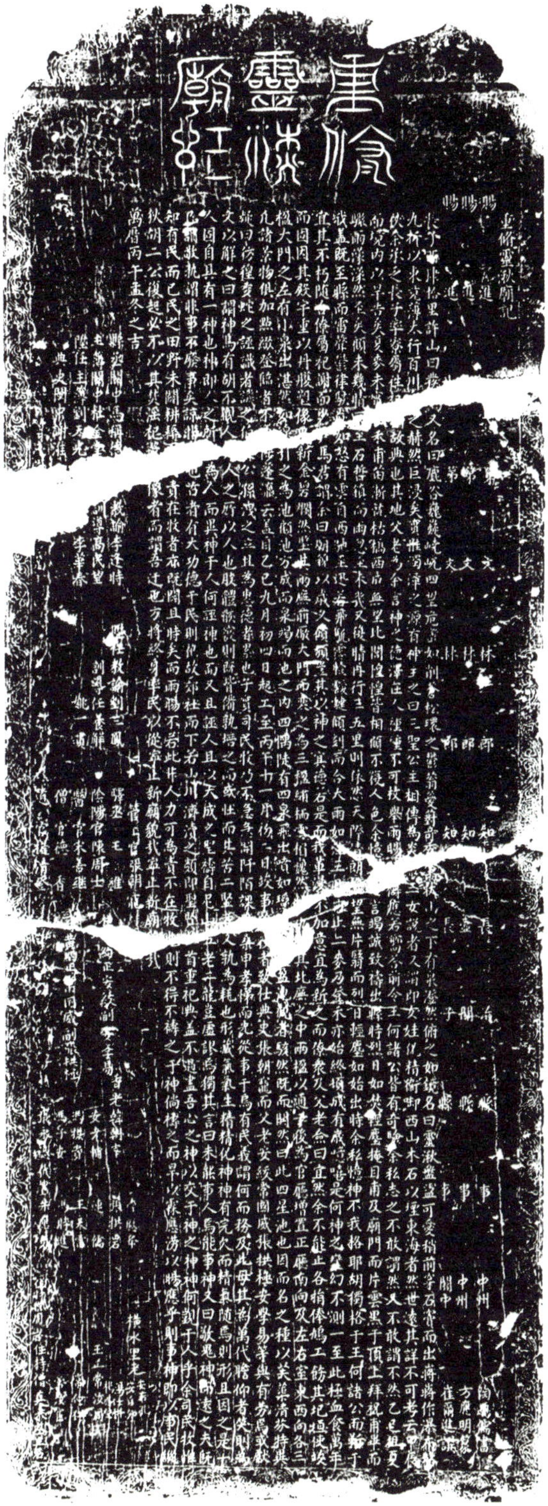

长子县发鸠山《重修灵湫庙》碑拓片

第一章 远古文明 曙光初现

031

邻封接壤,有隔辙而土不濡湿者,神之灵异也。荷神之休卒获有年之庆。以其事上闻,漕台考核不诬,以其状奏焉,天子敕名'灵湫庙',褒神利国惠民之功也。"明朱载堉《羊头山新记》中说:"发鸠山,山下有泉,泉上有庙。宋政和年间,祷雨辄应,赐额曰'灵湫',盖浊漳之源也。庙中塑如神女者三人,旁有女侍,手擎白鸠,俗称三圣公主,乃羊头山神之女,为漳水之神。漳水欲涨,则白鸠先见,使民觉而防之,不致暴溺。羊头山神指神农也。"此两段记述,明显可以看出是炎帝少女化为精卫的神话传说不断地在民间流传演变的结果。

精卫填海的古老传说,蕴涵着中华民族矢志不移、百折不挠的信念和精神,千百年来流传不息、咏叹不绝。晋代的陶渊明,唐代的岑参、韩愈以及后来宋、元、明、清等历代文人志士,屡有诗文咏赞。东晋诗人陶渊明的《读山海经》里有"精卫衔微木,将以填沧海"的感叹;唐代诗人韩愈有"渺渺功难见,区区命已轻。人皆讥造次,我独赏专精"的赞誉;岑参有"怨积徒有志,力微竟不成"的惋惜;王建有"高山未尽海未平,愿我身死子还生"的感慨;刘基有"山高海茫茫,心事金石在"的讴歌……诗人盛赞的无不是精卫那百折不挠、顽强不屈的意志和精神。这种精神激励着无数艰难困苦中的华夏儿女,坚持不懈地拼搏、奋斗,同时展示出了生命中抗争苦难的不朽风采,而发鸠山正是这段神话的起源依托之地。

炎帝后裔封古潞

古潞子国,据传为炎帝之后裔。明马墩《潞州志》载:"潞子国,赤狄别种,因水为聚,谓之赤狄,灭黎立潞子婴儿国。《左传》宣公十五年,晋侯伯宗数狄罪而灭之,复立黎国。"《通志略》载:"炎帝之后,黄帝封其支子于潞,即春秋潞子婴儿国是也。"明代朱载堉在《羊头山新记》中探究羊头山炎帝陵时亦曾对古潞子国作过如下的考述:"神农氏七十世有天下,轩辕氏兴,受炎帝参卢禅,封参卢于潞。守其先茔,以奉神农之祀。参

潞城春秋潞子婴儿墓"龙嘴圪堆"遗址

卢之后,政衰,其国浸削,至春秋时为晋之附庸焉。盖因国小无纲纪礼法,而民俗鄙陋,颇同夷狄,然以火王,犹知尚赤,故谓之赤狄潞。潞子婴儿娶晋景公之姊伯姬为夫人,其臣酆舒专政,虐伯姬而杀之。鲁宣公十五年夏六月,晋荀林父帅师灭潞。事载《左传》。今潞城县东北四十里有古潞城,即其国也。其国至神农冢一百六十里。"

古潞子国遗址,位于今潞城市东北25公里西流乡古城、潞河、续村一带,分古城址和古墓葬址两部分。古城址在古城村一带,古墓葬址主要集中在潞河村西一带,其在续村的大坟冢,据传为潞子国婴儿王之墓,俗呼"龙嘴圪堆"。考古发掘与调查表明,这一带为春秋时期赤狄潞子国的所在地。

古城村古潞子国城址,1935年山西省考古所曾做过调查,初步定为东周时期的城址。潞河、续村一带墓葬群经1983年考古发掘调查表明,分别属于春秋中晚期、战国至秦汉时代的墓葬群。

春秋中期,晋东南为赤狄五部的居住区,活动于今长治市附近一带区域的则为其中铎辰部。《国语》载史伯谓齐桓公曰"北有狄潞",《左传》宣公十五年六月癸卯"晋荀林父败赤狄于曲梁,辛亥灭潞",即指此。潞

长治市分水岭赤狄墓葬春秋青铜鸟首銎斧

子婴儿国属铎辰部，潞子婴儿应为赤狄氏铎辰部的一个首领。

20世纪80年代，在长治市北的分水岭，考古发掘过编号为M269、M270的两座春秋中期的墓葬。考古工作者将其明确定为赤狄墓葬。其中"铜器，尤其礼器方面，颇具中原地区特点，但M269中的羊首铜矩、鸟首衔蛇为内部的銎斧及矛、镞等为特点显明的地方因素"（详见《山西考古四十年》第180页）。这件具有"显明地方因素"的羊首铜矩器物的出土，对于探讨认定赤狄潞氏同炎帝姜、羌之族的源流关系，提供了重要的例证。

在位于古路子国城址西面不远的合室村旧石器、新石器遗址所在地附近，有山名羊神山。此山名由来久远，明显带有羊崇拜的倾向。如果赤狄潞氏为炎帝之后的说法成立，则此山名的得来，同前述赤狄墓葬中出土的羊首铜矩器物一样，都应是属于同一种解释，即二者同为上古炎帝姜、羌之族及其后裔赤狄潞氏所共奉的羊崇拜的反映和延续。沈平山的《中国神明概论》中说："自古及祭神农以羊祭，而不以牛祭。"或也与羊崇拜有着密不可分的关系。

三嵕山羿射九日

羿是神话中又一位深受人民爱戴的英雄，是发明弓箭的人。羿凭他威武勇敢的精神和神奇的射技，射日诛害，为民解忧，"尧之时，十日并出，焦禾稼，杀草木，而民无所食。猰貐、凿齿、九婴、大风、封豨、修蛇皆

三峻山风光

为民害。尧乃使羿诛凿齿于畴华之野,杀九婴于凶水之上,缴大风于青丘之泽,上射十日而下杀猰貐,断修蛇于洞庭,禽封豨于桑林,万民皆喜,置尧以为天子。"这是中国著名典籍《淮南子》中关于流传了千百年的神话"羿射九日"的记载。

屯留县三峻山相传是羿射九乌的地方。三峻山在屯留县城西北25公里处。三峻本为三峰所聚之意。这里的三座山峰一名麟山,一名灵山,一名徐陵山,其主峰麟山在东,为崇山叠峰之首,所以三峻山又名麟山。《古今图书集成·职方典》:"三峻山,一名灵山,一名麟山,在(屯留)县西北三十五里,三峰高峻,为县伟观,相传羿射九乌之所。"乾隆版《潞安府志》卷四《山川》:"三峻山,在(屯留)县西北四十五里,递高三十里,周三十余里,三峰巍峻,一名徐陵山,一名麟山,一名灵山。相传羿射九乌之所。"

关于羿的神话,在上党地区流传很广。漳河两岸祭祀羿的神庙遍布各村。上党民间俗称羿为灵贶王、三峻爷。又传说他姓张,名三峻,为一卖砂锅的人,在三峻山因十日晒化了他的砂锅,他便弯扁担为弓,折松枝为箭,射下九日。今屯留三峻山有射日台,当地人传为三峻射日之箭落长子县琚村村北的白松坡,化为坡上数十株白皮松,坡上也有祭祀羿

长治市郊区安昌三嵕庙正殿

的护国灵贶王庙,三进院落,规模很大,现已废。

古来民俗认为"三嵕山之神",可以管天地风雨,能致雨司雹,祷祀灵验,故长治及紧邻的河南地区多立有祭祀羿神的祠庙。但唯有屯留县三嵕山上的三嵕庙最为正宗。旧有《三嵕山碑》载:"石磴嵯峨,丹梯嶙峋,龙盘曲折,凤岭迂回。赤霞偕黄鹤齐飞,白云与青松叠峙。旧有庙,名三山之神。宋崇宁间,封显应侯。"每年农历五月初一和七月初七两次香会,善男信女朝山进香的如蜂如蚁,云集三嵕,磬声不断,金钟长鸣,敬唱大戏,祈雨还愿,盛况非凡,历代沿袭。抗日战争时期,三嵕山上的寺庙大多毁于战火。只剩有密檐式砖塔一座,孑然屹立。据考证,为金禅寺舍利塔,始建于唐代,高11层约16米,底层周长9.2米,高2.5米,底层南向辟一长方形门洞,内空直达塔顶,门两侧镶嵌直棂窗,东西北三面隐嵌门窗式样,结构简练,造型优美,

屯留县老爷山三嵕庙唐代密檐式砖塔

庄重古朴。1965年5月24日山西省人民政府公布为全省第一批重点文物保护单位。为老爷山之象征和标志。

尧、丹朱的传说及遗迹

相传,尧治平阳、舜治蒲坂、禹治安邑,他们的活动中心在长治西边的晋南地区。但与其有关的神话传说在长治地区也流传不少。主要分布在黎城县与长子县一带。

在地方志和民间传说中,黎城是尧王故里。明代《潞州志》载:尧乡在黎城。《山西通志·名贤辑要·帝王类》首篇曰:"尧为黄帝五世孙,生长居处于伊耆二地,即今山西黎城县也"。《中国古地名辞典》中对"耆"解释:即黎国也。故址在今黎城城北。唐代《康玠书经幢》记载:黎城县西北尧山乡……六井古社坛之……左临大路。今三皇垴山即属尧山乡范围,因其地理形势俱佳,为纪念尧帝的功德,后人在山顶修筑了三皇五帝庙,统称三皇庙,后毁于兵祸。六井古社坛,位于洪河村西的井上,此处约一亩地大的地方,有古井六七眼。由于年代久远,现只剩下两眼有泉水,一眼可用。其余几眼皆已废弃,但仍有井筒存在。据当地传说,此处是先有社坛而后有水井的,社坛是远古时候尧帝祭天的地方。相距不远的箕山洗耳河一带还有尧帝让贤的传说。尧帝年高,想把天下九州让位于当时的高人许由,于是去劝说许由,许由认为尧帝的话污浊了自己的耳朵,便到箕山下颍水河(黎城西井镇)洗耳,后人为纪念许由品德高尚,把颍水河改名为洗耳河,箕山上现存有许由冢。

黎城的民间传说,尧出生在黎城县西黄须村。黄帝升天时,他的随从、宫女,共七十人一齐跨了上去,黄龙冉冉起飞,一些没有福气的大臣,来得太迟,只能抓住已经飞离地面的黄龙的龙须,黄龙越飞越高,而那些手把胡须身悬天空的人也随着胡须脱落掉了下来,这些人掉下来的地方就是今天黎城县的黄须村。因为有的人落在一条沟东,有的人落在沟西,所以沟东叫东黄须,沟西叫西黄须,黄须村也因此得名。而尧帝就出生在西黄须村。尧帝名为放勋,是黄帝的五世孙。

地方志和民间传说中,长子也是尧王故里。"尧母庆都生尧于丹陵"的"丹陵",就是长子县南与高平交界的丹朱岭,死后就葬在长子城阳附近的潜山(今尧庙山)。帝尧把帝位禅让给舜,而封长子丹朱于今长子县一带,县名亦由此而来。传说长子城包括熨斗台即为丹朱所建,因此又别称为"丹朱城"。清光绪八年《长子县志》载"唐尧之世,封长子丹朱于境,故县名长子。"

长子县许多地名、水名、村名、庙名如丹朱岭、庆云山、尧山(也叫潜山)、尧水(即陶水)、陶唐村、西尧村、尧南村、尧神沟村、尧长沟、潜龙庵、城阳村、石棺岭、尧庙等,都与尧在长子的传说有关。明《山西通志》:"朱虚有丹山,丹水出焉。东丹、西丹两水近,有长坂远峻,谓之行军坡,古记传为丹朱迹。"《山西志辑要》:"丹朱岭,(长子)县南二十五里。旧志称丹朱陵。《山海经》:'吾苍之山,舜葬于阳,丹朱葬于阴。'或又曰:'岭

长子县熨斗台

土皆赤色,故名丹朱陵'。"《尚书》逸篇记载"尧子不肖,舜使居丹渊为诸侯,故号曰丹朱"。丹朱岭又名丹朱陵,俗传尧长子丹朱死后安葬于此。丹渊即丹水,今名丹河,发源于长子县与高平市交界处的丹朱岭,源从山阴流出,向东注入浊漳河。属于丹河的支流有三:马户河、尧水、西长河。

《山西通志》卷十九载:"(长子县)庆云山,在县东南五十里,递高一里半,南至高平界,连紫云山。相传尧时五色庆云见此。"清顺治《潞安府志》载:"唐尧时,有五色云现于长子县之南山,经日不散,因名其山为庆云。"《魏书·地形志》曰:"乐阳有尧庙,今长子有乐阳城。"清道光三年(1823)陶唐村土地庙《移修土地庙碑记》碑文载:"兹闻陶唐者,帝尧之国号,而长子又称古舜封,俗传为尧子丹朱受封之地,本村西土地庙即帝尧避暑乡。"此碑文中直说此处是俗传帝尧避暑的地方。

长子县有民俗"长子不出门",相传即是由于帝尧将大儿子丹朱封于长子老家而衍生。

浊漳河畔大禹治水

大禹是上古时期神话传说中炎黄部落联盟的首领之一,鲧之子,姒姓,亦称夏禹,传位于子启而建夏朝。以善治水、兴农业而著称,历代受到赞颂崇祀。禹治水十三年,行遍九州山川,战国地理文献《禹贡》载禹为导水,曾经过"壶口、雷首,至于大岳;底柱、析城,至于王屋。太行、恒山,至于碣石,入于海"。大岳即太岳山,余脉分布于长治西北境内,析城、王屋二山在晋城市阳城县境内,太行山则南段分布在长治东部边缘。因此可知,大禹治水的足迹履及长治,长治地区至今流传着许多关于禹的动人传说和"禹迹"。

平顺县奥治村西、赤壁村东的浊漳河南沿有错凿沟,相传为大禹治水的遗迹。《潞安府志·卷四》:"土人传鲧治水欲浚漳河南流,凿山势逆

平顺县奥治村西、赤壁村东浊漳河南岸错凿沟

平顺县阳高乡侯壁村夏禹神祠正殿

潞城市翟店村大禹庙

水不能下，被堙；禹乃改渠东流，始通。凿痕今存。"明徐元祉（泰州人，嘉靖十一年任工部郎中）《错凿遗渠》："天造漳流塞未通，重华遴选拜司空。鲧侯妄竭南山力，禹圣终收东海功。石上凿痕千古异，台端庙貌万方同。徘徊不尽伤心事，徒切联依千蛊风。"

潞城县三池南里有大禹泉。乾隆版《潞安府志·卷四》："相传大禹经此，相地穿井得泉焉。"潞城县大禹山，相传大禹治水曾经驻留于此，因以名山；山腰有洞，山巅有石砌大禹庙三间。乾隆版《潞安府志·卷四》："大禹山在（潞城）县南十里，高八百九十三丈，北连卢山，南连长治百谷山，上建庙。"

祭祀大禹的古祠庙，在长治地区也分布众多。乾隆版《潞安府志》中多有记载：潞城县"禹王庙，旧在县南大禹山，今移城内。春秋二仲有司致祭"。屯留县"禹王庙，在北三十里浮山巅。一在南十五里李坊村"。长治县"大禹庙在东十里壶口山之西，宋咸平中重修"。壶关县"大禹庙在辛村，元延祐六年建"。平顺县现存的还有北社乡北社村大禹庙、西青北村禹王庙；阳高乡奥治村禹王庙、后壁村东北禹王垴上禹王庙、任家庄东北禹王庙等。

第二章

诸侯并立　列国争雄
（商周至秦代）

概述

商朝时期的长治地区，在商王朝中央政权直接统治的"邦畿千里"之内，散布着多个诸侯国和方国部落。西伯戡黎事件就发生在长治。长治发现的商代文化遗址很多，主要集中于浊漳河及其三条河源流域内的壶关县、长治县、长子县、潞城县、长治市区一带，并且沿浊漳河北源向北延伸至榆社。长治发现的商代青铜器，大部分时代在商代晚期，一部分与二里岗、殷墟时期铜器风格一致，为研究长治市商代青铜文化提供了难得的资料。

西周（前1046—前771）时期，大规模分封诸侯，长治延续并新封了一些诸侯小国，如周文王曾封辛甲（西周初年史官，原为商臣）于长子应城（今为应城村，在长子县东南20公里）。另外，一些游牧于西北部的戎狄部落，被周征服后，有的徙至长治一带。长治的西周文化遗址，可确认的有30余处。西周文物，重要的有1975年在长子县晋义村出土的西周青铜铭文蟹鼎、鬲、铭文甗、铭文簋等。另外长子县西旺村在20世纪50年代，发现一处西周古墓葬，并出土有铜器、陶器等30余件。黎城西关村发掘92座西周墓葬，一对青铜壶和一个青铜鼎内发现铭文，初步印证了黎城为西周时期黎侯国所在地的可能性。

春秋时期(前770—前476),晋成为中原霸主。在长治有两次晋国与诸侯的会盟行动。当时的长治有诸侯小国、聚邑等多处,还有晋国所建的铜鞮宫(今沁县古城)。

战国时(前475—前221)的山西,初期仍为晋国据有,后为韩、赵、魏三国分据。从此"战国七雄"秦、楚、齐、燕、赵、韩、魏相互侵吞,彼此鏖战,合纵连横,群雄纷争。晋静公二年(前376),魏武侯、韩哀侯、赵敬侯灭晋而三分其地,晋静公被降为庶人,晋国历史告终,史称"三家分晋",山西因此被人称为"三晋"。战国末期,形成了秦、赵两国相互对峙的局面。阏与之战,是中国古代以少胜多、以弱制强的著名战例。长平之战,为秦始皇后来消灭六国、统一中国,打下了一定的基础。

春秋早期以前,长治戎狄势力强盛;春秋中期以后,晋国崛起,称霸诸侯,长治被完全纳入晋国版图,成为晋文化发展的重要区域。春秋、战国时期,长治地区出土的珍贵文物数量较多,充分表明了本地区的繁荣状况,对于当时青铜制造技术、古乐舞艺术、绘画雕刻艺术、审美意识等的研究,均提供了很好的实物资料。

商代、西周、春秋、战国时期,长治地区是当时政治、经济、军事、文化、艺术等方面比较发达的地区之一,留存有大量的文化遗存,种类繁多,瑰丽多彩。长治又是华夏各民族互相融合、中华民族形成时期的重要地区之一。

长治商代方国与商代文化遗址

商王朝(前1600—前1046),也称为殷商或者殷。长治地区距离商王朝历代定都的地点如商(今河南商丘),亳(音 bó,今河南濮阳、偃师),嚣(音 xiāo,今河南荥阳),相(今河南内黄),耿(今山西省河津市柴家乡一带),邢(今河北邢台),庇(今山东鱼台),奄(今山东曲阜),特别是商王朝中后期的都城殷(今河南安阳小屯村)等地都不远,当时长治一些地方,即在其中央政权直接统治的"邦畿千里"之内。

长治在商代有黎国(今长治县黎岭)、微国(今潞城县微子镇)、长子国(今长子县北高庙)等诸侯小国。有余吾(今屯留县余吾镇)等城邑。还有更小的部落余无戎(屯留北)。

黎国是商汤封的靠近王畿的同姓(商为"子"姓)国,为侯爵。

微国是殷纣王庶兄微子的封地,公爵,也是畿内国。

微子,殷商贵族,子姓,名启,因其封国名微,故称微子。汉代因避景帝刘启之讳,改启为开,后世因之或称为微子启为微子开。微子是商王帝乙之长子,纣王庶兄。微子在商代时的封国"微",在今山西省潞城县东北9公里处的微子镇一带,后又被迁到山东梁山西北,所以那里也被称为"微"。北齐魏收撰《魏书·地形志》说:"壶关县有微子城"(指

古人绘微子像

今天的潞城县东北微子镇一带,当时没有潞城县,属于壶关县管辖)。南宋罗泌撰《路史·国名纪》说:"微……纣徙畿内。……今故城在潞。"

到了周武王姬发灭商的时候,微子持商王室宗庙礼器,来到武王军营前,表示投降。武王将他释放,宣布恢复他原有爵位,以示宽厚。周公旦平定管蔡武庚叛乱后,以周成王的名义封微子于商丘,以示不绝殷商之祀,国号为宋,爵位为公,准用天子礼乐祭祀祖先。微子成为周朝宋国的始祖,在宋国(今商丘)也建有微子祠。

今微子镇流传有许多有关微子、箕子、比干的传说。人们为纪念微子而于微子岭上建立微子祠。微子岭,又名比干岭,在潞城东北9公里处,海拔1015米。唐元和六年(811),诏封微子为仁靖公,箕子为仁献公,比干为仁献忠烈公,称为"三仁"。乾隆二十九年(1764),任潞安知府的张淑渠作《微子庙》诗:"叠嶂婴儿国,寒烟微子祠。黍离纷上下,祭器列参差。岭亦名王子,坟仍说父师。三仁同庙食,靖献忆当时。"

目前发现的商代文化遗址很多,确认的有长治市小神村遗址等30余处,主要集中于浊漳河及其三条源流流域内的壶关县、长治县、长子县、潞城县和长治市一带,并且沿浊漳河北源向北延伸至榆社。考古调查也表明,相当于二里岗时期的商文化遗址主要分布在晋东南的黎城、潞城、长子一带。

长子县城北关北高庙遗址出土了不少的商代青铜器。1971年冬至1972年春先后两次发掘出鼎、罍、爵、甗、瓿、罍、鬲、戈、镞等19件。从数量上看,酒器的比重较大。这批青铜器较多地保持了二里岗时期的特点,推测时代在商代晚期的早段或中期向晚期的过渡阶段。长子西旺商、周古墓群,位于长子县城东南15公里的南漳乡西旺村北一带的台地上。1973年冬,县文物主管单位配合农田基本建设在此地进行了抢救性发掘,出土铜鼎、陶鬲、陶灶等一批珍贵文物。另外,潞城、武乡、屯留等地还陆续出土了一些零散的商代铜器。这些青铜器一部分与二里岗、殷墟时期铜器风格一致,为研究我市商代青铜文

商代徽记青铜戈

商代圜底三锥足双菌柱弦纹单耳鋬铜爵

商代饕餮纹双菌柱单柄铜斝

长子县北高庙出土的商代铜甗

商代三锥足兽面纹铜鼎

长治市郊区西白兔村出土的商代饕餮纹青铜壶

中国是世界上最早使用青铜冶铸技术的文明古国之一。一般认为,它始于公元前2000年左右。青铜器的出现是文明起源的重要标志,对社会进步产生了巨大而深远的影响,夏、商、周三代创造了中国历史上最为辉煌的青铜礼乐文明。

商代的青铜大多数用来制造礼器和兵器。这个时期已初步建立了以酒器为主的礼器体制,鼎、豆、壶、爵、觚是其代表器具。从铸造技术看,制范、合范、分铸技术的应用已较为成熟,为以后青铜艺术的高度发展奠定了基础。纹饰有了较大发展,一般都在颈、腹部及耳或足部饰有饕餮纹、兽纹、夔龙、夔凤等,饕餮纹面目常呈狰狞恐怖貌;出现了通体饰有花纹的礼器,三层花纹的青铜器极其典重优美;族徽和单体字铭文大量使用,几十字的长篇铭文也已出现。这些现象说明商代后期,由于社会经济的发展,铸铜手工业技术也有了很大提高。

黎城县商晚期绳纹陶鬲

西伯戡黎

"西伯戡黎"出自《尚书》,同一事件也见于司马迁《史记》的记述中。

黎国旧址,历代学者考证在今长治市一带,但其确切位置尚未确定,主要有以下几种考证结论:

《说文解字》:"黎,殷诸侯国,在上党东北。"

《括地志》:"故黎城,黎侯国也,在潞州黎城县东北十八里,《尚书》云'西伯戡黎'是也。"

《尚书正义》孔颖达疏:"黎国,汉之上党郡壶关所治黎亭是也。"

《大清一统志》:"黎国,本在长治县西南黎侯岭下。至晋立黎侯,或徙于今黎城县城。"

综观上述记载,黎国的位置都未出长治市的范围,诸说并存,毫不影响我们的判断:商周之际举足轻重的大事件"西伯戡黎",就发生在长治。

2006年,山西省考古研究所在上党东北的黎城县发掘了西周的黎侯墓,出土了黎侯即耆侯的青铜器铭。青铜圆壶在器口内和盖榫上铸有铭文"黎侯宰作宝壶永用",从而使得"黎侯国"位于今天山西长治市黎城县一说更具分量。

西伯,即周文王(前1152—前1056),姬姓,名昌,季历之子,商末周部落首领,商朝末年为西伯,故亦称"伯昌"。

周文王像

黎城县西周墓群黎侯青铜圆壶器口内铸有铭文"黎侯宰作宝壶永用"

他曾解决虞、芮两国的争端,出兵进攻犬戎、密须、黎、邘,又击灭崇,修建都城丰邑,并扩充势力到长江、汉水、汝水等流域,作灭商准备。文王临死时嘱其子姬发(周武王)早图灭商。

西伯戡黎的起因是"黎侯无道",所以文王伐而胜之,实际上是周为灭商而发起的前期战争之一。西伯戡黎的时间,大约为公元前1058年。

西伯晚年得到商王朝授予的专行征伐之权,连年征伐,传说其取得商王朝三分天下中的二分,攻破黎国是其中较为关键的一战。黎侯国为纣都朝歌之屏障,具有重要的军事地位和战略意义。"西伯戡黎"之后,周势力直逼朝歌,商王朝已经岌岌可危。宋代王应麟曾论其重要意义:"商都朝歌,黎在上党壶关,乃河朔险要之地,黎亡而商震矣。"

周武王姬发继位后,秉承父志,终于在受命十一年(约前1046),发兵朝歌,讨伐纣王。两军战于牧野,商军大败,纣王自焚于"鹿台",商朝灭亡。周朝建立,定都镐京(今陕西西安西南),周武王首先追封父亲为文王。

文王灭黎之后,《吕氏春秋》载:"武王封帝尧之后于黎",黎国一直存在,只不过

黎侯青铜圆壶

换了主人而已。

另外,商朝时河南睢县一带生活着一支擅长制作盂器皿的部落,称为盂部落(也称为邘方),就是在甲骨文的卜辞中所屡见的盂方,商朝中后期盂方为商所灭,商王武丁的一个儿子被封为邘侯,建立子姓邘国。商末,周文王伐黎,邘侯援黎被俘,迁于翟(今河南沁阳西北),周初国灭。

长治现存西周、春秋方国文化遗址

西周、春秋时期,长治是华夏与戎狄民族融合的重要地区。春秋前期,戎狄势力强盛;春秋中期以后,晋国崛起,称霸诸侯,长治被完全纳入晋国版图,成为晋文化发展的重要地域。在1987年前后的全市文物普查中,长治各县区均有西周、春秋文化遗址的发现。

西周初年大规模分封诸侯。当时长治有潞国(今潞城县古城)、黎国(今长治县黎岭)、徐国(今屯留县余吾镇)等诸侯小国。还有一些戎狄部落游牧于西北部,后被周征服,有的徙至长治一带。西周文化遗址,已确认的有30余处。

春秋时期,是各诸侯国相互兼并与大国争霸的时代。晋国在争霸过程中,不仅灭掉周围的20多个小国,还兼并了一部分戎狄部落,势力极盛时,据有今山西中南部、河北西南部、河南西北小部与陕西一部。晋文公重耳曾被周襄王以天子命册封为方伯(即诸侯长),晋成为中原霸主,延续一个世纪之久。故梁惠王对孟子说:"晋国,天下莫强焉。"

晋国为了统治被征服的广阔地区,在边远地区设郡,在内地设县,由国君直接统治。晋国的赵简子曾于公元前493年宣布:"克敌者,上大夫受县,下大夫受郡。"这是我国历史上推行县、郡两级制的地方行政单位的萌芽时期。据《左传》记载,当时晋国有县五十余,载有县名的有十二个。这个时候县的建制高于郡,但县与郡之间并无相统属关系。开始时,县和郡都是由国君派官驻守,后来为了扩大兼并和抵御外敌的需

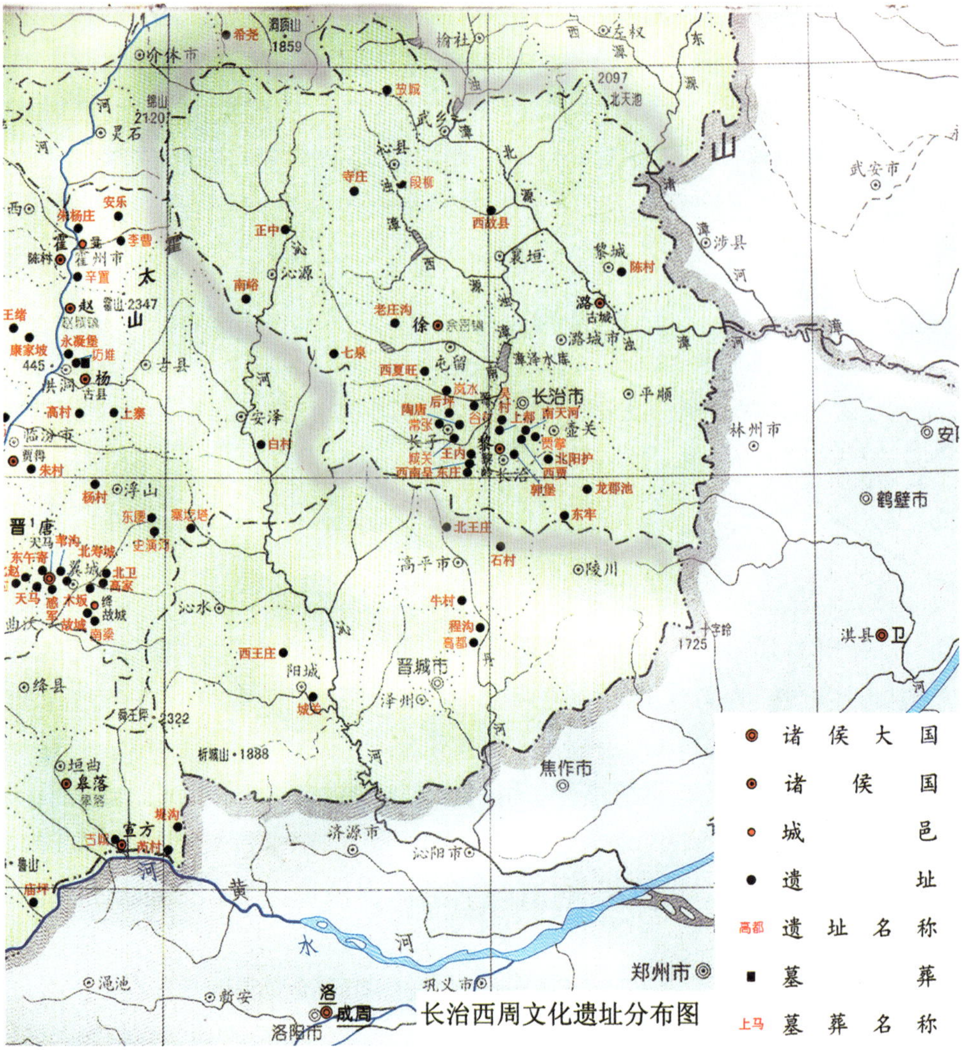

长治市西周文化遗址分布图

要,就成了固定的地方行政组织,有权应对边境的突发事变。发展到了战国时,随着边地日益繁荣,就在郡下分设若干个县,郡在建制上的地位高于县,并逐渐形成郡、县两级地方组织。

据《中国行政区划史》的考证,这些县主要分布在黄河(古称河水)与汾河流域,并远离都城,处于边地。当时长治地区有三县:长子县,晋平公三年(前555)设置,今山西省长子县;屯留县,设置年代不详,今山西省屯留县东南;铜鞮县,设置年代不详,今山西省沁县南。晋顷公十三年(前513)时,公室的最后一支力量——羊舌氏领地被掌权的世卿瓜分,羊舌氏之地被分为铜鞮县、平阳县(今山西省临汾市西南)、杨氏县(今山西省洪洞县东南)。

晋国强盛时的长治境内有黎国(今长治市黎城县)和赤狄所建的潞氏国(今潞城县古城)、甲氏国(今武乡县南)等诸侯小国。城邑有艾(今黎城古县)、曲梁(今潞城石梁)、垂棘(潞城市中部一带)、铎辰(今长治城区一带)、留吁(今屯留古城)、纯留(今屯留古城,晋国士会灭留吁后改此名)、余吾(今屯留余吾镇)、铜鞮邑(今沁县古城,当时并建有铜鞮宫)等。晋铜鞮邑即是卿大夫羊舌赤的封邑,又是直属于晋国君的别都,具有边防重镇的作用。

黎国传说源于炎帝建立的耆国,是华夏最古老的地方之一。在商王朝时期,尧的裔孙大由就被分封于古潞黎,其族被称为"潞黎"、"黎方"。到殷商晚期,大由的后裔传承之国被称为黎侯国,为殷商的附属国。商末"黎侯不从王命",于是爆发"西伯戡黎"战事,周文王得商纣王授命专行征伐之权,攻灭黎国。《诗·大雅·桑柔》说此事:"民靡有黎,具祸以烬。"《诗·大雅·云汉》也说:"周余黎民,靡有孑遗。"武王克商后又封帝尧之后于黎,赐爵为侯,并且仍然沿用黎国的名称。《吕氏春秋》载:"武王封尧后于黎。"春秋初周定王三年(前604)黎国为赤狄攻取,当时黎侯为黎庄公,夫人是卫侯之女。黎侯携臣僚宗族逃往卫国,希望得到卫人的援助,重新收复失地。但是当时卫国已是弱国,无力扶植黎君复国,只好将黎国君臣安置在卫东二邑(在今河南省范县),以避赤狄之锋。《诗经·卫风·旄丘》及《式微》二篇,传说就是黎国亡臣对于卫侯抒发怨望之情,以及对黎侯苟安他乡的讽谏。公元前594年,晋景公派正卿荀林父消灭了赤狄潞氏之后,又把失国一百余年的黎侯之后从卫国请了回来,在壶口关(即壶口故关,在今黎城东阳关之东2.5公里皇后岭下小口村,即今吾儿峪,山势至此约束若壶口,西南距黎侯城5公里)一带,复立黎国,于是黎侯重有其地。然而这时的黎,实际上不过是晋国的一个县邑了,不久即为晋国所吞并。黎侯城城址在今黎城县东北9公里,东阳关镇曲后之崖顶上,北魏太武初废,颓垣故址,一直延续至清中期。黎庄公夫人墓,清康熙《黎城县志》载:在黎城东10公里处,也就是现在的东阳镇火巷道村附近的土丘之上,称为皇后岭。

春秋早期,戎狄势力兴盛,北方各小国受到他们较大的威胁,就连晋、齐等大国也遭到他们的侵扰。戎与狄主要分布于黄河流域和北部边陲。

潞氏国,隗姓,是赤狄中仰慕华夏文明的部族,离狄内附,国君为子爵,以地称作潞子国。赤狄潞氏,亦称潞氏、潞或路氏。据传为炎帝参卢之后裔,民俗鄙陋,颇同夷狄,然以火王,犹知尚赤,故谓之赤狄潞。

古潞子国遗址,位于今潞城市东北25公里西流乡古城、潞河、续村一带,分古城址和古墓葬址两部分。古城址在古城村一带,1985年山西省考古所曾做过调查,确定为东周时期的城址。古墓葬遗址主要集中在潞河村西一带,其在续村的大坟冢,据传为潞子国婴儿王之墓,俗呼"龙嘴圪堆"。

潞氏在晋成公时期实力强盛,于周定王三年也就是晋成公三年(前604)灭黎侯而夺其地建潞氏国,并控制了翻越太行山的必要隘道壶口(今黎城东阳关一带)。晋成公为笼络他们,将长女伯姬嫁给当时的潞氏君主潞子婴儿为妻。但婴儿生性懦弱,大臣酆舒执政后,竟杀伯姬,又弄伤婴儿之目。伯姬之弟晋景公十分愤怒,周定王十三年(景公六年,前594)年夏六月,壮大起来的晋国以此为借口,命令荀林父率军攻打潞氏,两军交战于曲梁(今山西省潞城市石梁),潞氏大败,遂被灭,婴儿被

黎城县东阳关村北黎侯国北城墙遗址

俘至晋国,鄮舒逃往卫国,不久被卫人送至晋国而被杀。

晋灭潞子国后,潞氏故地成为荀氏的采邑,余民散入另一赤狄别部。第二年(前593),晋景公又派士会(范武子)灭甲氏、留吁、铎辰三部(见《左传·宣公十六年》)。景公十二年(前588),晋国郤克与卫国孙良夫联军扫荡赤狄残余势力(见《左传·成公三年》)。从此,赤狄的小国全部被晋国消灭了。赤狄人一部分被汉化,一部分北逃,成为后来汉代的高车族。

晋景公这次兴兵伐赤狄,灭潞吞黎,占据了今山西省长治县、高平市、屯留县、黎城县一带,尽收赤狄所占卫国河北故地一直到达了邢地(今河北邢台),并即刻经营邺邑(今河南省临漳)以与原有的南阳基地连成一片。由于疆土的向东扩张到达太行山以东黄河北岸之地,形成对于中原有利战略形势的控制,于是晋国遂成为中原北方的大国,与南方正在向东扩张的楚国形成对峙之势。这一战略形势的转变,实际上奠定了晋国霸业的基础,而为以后厉公、悼公承绍的凭借。晋景公此番扩大疆土与转变战略形势的举措得以实现,多为荀林父与士会之功。所以赏给荀林父狄族千家为奴,赏给士会瓜衍之县(今山西省孝义市北)为采邑。

此后晋又向东发展,最远到山东省东南一带,春秋五霸之首的晋国的霸业从此越来越辉煌兴盛。

断梁、垂棘两次会盟:折射出晋国称霸的历程

会盟,是诸侯间会面和结盟的一种仪式。

春秋时代,一些强大的诸侯经常召集会盟,利用自己的实力和影响,胁迫其他小国加入自己的阵营。另外,一些较小的诸侯国为了抵御大国侵略,联合作战,也会组织结盟。

春秋霸主之一的晋国与诸侯的会盟,发生在长治的有两次。

晋景公画像

一次是断道、卷楚会盟。公元前592年六月初,晋国为加强盟主地位,稳定局势,邀鲁、卫、曹、邾四国到晋国断道(晋地,今沁县东北之断梁城)会盟。十五日,晋景公与鲁宣公、卫穆公、曹宣公及邾国之君会于断道,盟于卷楚(一说即断道,一说为另一地,应当相距不远)。

断道会盟的背后,还有一段故事。

春秋中后期,随着晋、楚两国争霸,中原地区形成了晋、楚两极霸权的格局。春秋中后期的大战几乎都围绕着这两个国家,至少与一国关系密切。西边的秦国,在东进受阻后,向西方发展,暂时退出了中原角逐的舞台。而老霸主齐国,虽然国力下降,但是仍不失为东方大国,在晋楚争霸中扮演着制衡的角色,并且不时进行复霸运动。

晋景公讨灭上党赤狄之后,下一步就是联结齐国以打击楚国。当时的中原,已成为角逐之场,而秦楚久已结盟以对付晋国。唯有东方的齐国,还独立于三强之外,有举足轻重之势。晋景公于周定王十五年(前592)六月初,谋划与齐顷公作断道(今沁县东北的断梁城)之会,派郤克聘齐以窥其意,联络齐国。其间,发生了齐顷公纵容其母及侍者笑客之事,使晋景公联齐的策略受到重大打击。

原来齐顷公事母甚孝,而其母常落寞寡欢。同时在这时来齐聘问的，有鲁国的季孙行父，是秃头；卫国的孙良夫眇一目；曹国的公子首驼背；晋国的郤克跛一足。齐顷公想使其母欢愉，就让其坐于帷中而观四位畸形使者的同时入觐。齐母及其侍者见之不觉失声大笑，郤克因此大怒，认为这是极端侮辱之事，遂立即返晋，准备报复。齐国这一侮慢外交使节事件，成了后来晋、齐之间"鞌之战"的导因。

齐侯侮辱晋使，郤克的使命无法达成，郤克回晋后力主伐齐，晋景公没有同意，不过晋国还是采取了一些报复手段。

同年夏六月十五日，晋景公与鲁、卫、曹、邾之君在晋邑断道（今沁县东北的断梁城）举行盟会，齐顷公因对郤克失礼，恐遭惩罚，未亲来参会，遂派大夫高固、晏弱、蔡朝入晋出席盟会，晋国逮捕了齐国的三位使臣，本来想杀了他们泄愤，因为晋国大臣的劝谏，最后释放了。这三人中就有晏子的父亲晏弱。人虽然放了，但是齐国的反应很强烈，立刻退出晋国的联盟。

周定王十六年（前591）春，也就是断道卷楚会盟的第二年，晋、卫两国伐齐。齐顷公见晋军势大，就求和，与晋国盟于缯地（齐地，在今阳谷附近），并派遣公子强为质于晋，暂时脱离威胁。周定王十八年（前589），齐国兴兵伐鲁、卫，晋国就以救援鲁卫盟国为由，兴兵伐齐，遂有晋齐"鞌之战"。晋景公命中军元帅郤克率上、中、下三军战车800乘，会同鲁、卫、曹及狄人的军队进攻由齐顷公率领的滞留在卫国的齐军，诸侯联军在齐地鞌（今济南西北）击败齐军，迫齐背楚从晋。郤克也终于报了聘齐之辱。

鞌之战是构成晋景公争霸事业的一部分。经过鞌之战，晋国成功地打破了齐、楚联盟，而把齐拉到了自己一边。晋景公于"鞌之战"后，迅速进行联齐结吴以包围楚国，不仅树立了晋国霸业的基础，而且开了战国时代合纵连横、远交近攻的先河。

另一次是垂棘会盟。公元前586年八月，郑悼公与晋卿赵同盟于晋地垂棘（今潞城县北）。当时许灵公在楚国控告郑悼公，六月，郑悼公去楚国争讼，没有取得胜利。郑悼公回国以后，派遣公子偃到晋国求援。公子偃，姬姓，名偃，字子游，谥宣，是郑穆公的儿子，郑灵公、郑襄公的兄弟。秋季八月，郑悼公和晋国的赵同在垂棘结盟。赵同（？—前583），春秋时晋国大臣，嬴姓，赵氏。父亲赵衰曾随重耳流亡，兄长赵盾是晋国中军将(最高军政长官)。公元前585年春天,郑悼公亲自去晋国拜谢,公子偃辅助相礼,在东楹的东边举行授玉的仪式。

垂棘之盟加强了晋国对中原地区的控制,使晋文公建立的霸业得以勉力维持。

铜鞮宫及铜鞮伯华

在中国古代史上,进入春秋之世,社会生产力迅速发展,诸侯争霸日趋激烈,列国特别是大国,公室贵族奢靡风气日盛,当时最集中地反映在城郭宫室的营建上。晋国由于社会生产力的高度发达及其霸业的优势,其宫室建筑代表了当时列国建筑技术的最高水平。晋国见于文献记载而留有名字的宫室,最有名的是铜鞮宫和虒祁宫。

铜鞮宫是晋平公修筑的一处别宫,规模宏大,连绵数里。据《左传》记载,公元前542年已有此宫。《左传》襄公三十一年(前542)下记载,子产曰:"铜鞮之宫数里。"子产是当时郑国著名的政治家,他感叹说,铜鞮之地作为晋君的别宫就有数里长,由此可见其当年之繁华。虽然我们今天已经看不到铜鞮宫的面貌,但是在1955年长治市分水岭12号墓出土一块鎏金残铜匜片上,仿佛看到它的雄丽之姿:鎏金残铜匜片上镌刻着一

长治市分水岭出土的战国铜匜錾刻贵族居处的图案

幅贵族居处的图案,有动物鸟兽,有人来人往,有上下两层的楼宇,庑殿式屋顶,屋柱上端硕大,已具后世斗拱的雏形,是春秋时晋国贵族现实生活的真实反映,虽然是残片,仅凭一斑,也足以让我们产生全豹的联想。

宋代乐史《太平寰宇记》说:"威胜军铜鞮县……铜鞮城在县南一十五里,本晋铜鞮宫。"宋代铜鞮县治即今沁县治,春秋晋铜鞮宫及其所在的铜鞮城,在今沁县治南22.5公里处。

1995年至2008年,山西大学历史地理学教授靳生禾、《山西历史地图》主编谢鸿喜,多次到沁县野外考察,发现铜鞮宫遗址及其相关旧物。

铜鞮宫遗址位于沁县南22.5公里处南池乡古城村与带贤乡沙圪道村之间,北靠召则岭,南依杨安山,坐落于两河间台地上,白玉河自西向东流贯其北,待贤河北来环绕其南。周边古城夯土遗址尚有多处清晰可辨。铜鞮宫东南城角保存最好,遗存高6米,底宽10余米,略呈圆柱状;夯土层尚可辨识者高65厘米,计10层,每层厚6.5厘米。夯层为灰褐土,中有夹砂灰陶鬲足及陶片。这座城角遗址,传奇般地经历2500多年,成为铜鞮宫迄今最为显著的标识。

专家在现场考察时,于白玉河南岸亦即大约铜鞮宫城北垣处,还发

铜鞮宫遗址

现春秋后期至战国前期的3件云纹瓦当。古城遗址中，早期绳纹瓦残片、石球及各类石质建材，随处可见，俯拾皆是。

沁县古称铜鞮。《左传》昭公二十八年（前514）："分羊舌氏之田以为三县……乐霄为铜鞮大夫。"晋杜预注："铜鞮，晋别县，在上党。"由此可知，今沁县在春秋时叫铜鞮县，是晋国最早推行郡县制的诸县之一。

铜鞮邑本是晋大夫羊舌赤的采邑。晋《太康地记》云："铜鞮，晋大夫羊舌赤之邑，时号赤曰铜鞮伯华。"

羊舌赤是晋公室贵族，其始祖伯侨为晋武公之庶子，其祖父为羊舌大夫，做过晋献公的军尉；父亲羊舌职，晋悼公时为中军尉之佐，公元前570年殉职。羊舌职有子四人：羊舌赤为其长子，字伯华，代父秩为佐中军尉，其食采于铜鞮（今山西省沁县南五十里古城村），故又称铜鞮伯华，其余三子均有采邑。公元前514年，晋在六卿操控下，诛灭羊舌氏，全分其采邑为三县，由宗法食邑制改为县制，封乐霄为铜鞮县大夫，羊舌氏家族势力遂衰绝。

铜鞮伯华在当时声誉颇高，曾经得到孔子多次赞赏。当时的大思想家孔子闲居的时候，有一次对子路喟然感叹说铜鞮伯华"其幼也，敏而好学；其壮也，有勇而不屈；其老也，有道而能下人，有此三者，以定天下也，何难乎哉！" 又说："向使铜鞮伯华无死，则天下其有定矣！"又曾经对子贡说："其为人之渊源也。……国家有道，其言足以治；无道，其默足以生，盖铜鞮伯华之行也。"

乾隆版《潞安府志》记载，羊舌伯华墓在沁县南30公里处，今沁县古城村东1.5公里的太里村，传说是羊舌故里，有羊舌三贤墓。

清山西沁州人吴琠之长子吴时谦有《过羊舌大夫墓》诗：

夕阳冉冉即山扉，
吊古怀人望翠微。
旧史昔传宗党盛，
空井今见乌鸦飞。
平邱建斾心何壮，
绛水投壶事总非。
寂寞分田千载后，
谁凭孤冢说遗薇。

三家分晋后晋都屯留

晋静公二年（前376），魏武侯、韩哀侯、赵敬侯灭晋而三分其地，静公被降为庶人，晋国历史告终，史称"三家分晋"，山西以此至今被人称为"三晋"。

三家分晋后上党地区也被一分为三。北部的沁源、沁县、武乡、襄垣、黎城基本归赵；中部的屯留、长子、长治、高平基本归韩；南部的晋城、阳城、沁水、陵川等基本归魏。到了战国后期，韩都河南新郑，赵都河北邯郸，因而北部全部归赵，中南部全部归韩，上党为韩、赵两家所有。再到战国后期，则上党几乎全部归韩。韩、赵皆曾于此置上党郡，韩在上党更曾设置别都。战国时期长治有晋静公徙处屯留的诸侯小国晋国（今屯留古城）。

当时较有名的城邑有涅（今武乡故城），襄垣（今襄垣西故县），路（今潞城古城），阏与（今沁县西南乌苏），铜鞮（今沁县古城），长子（今长子县城）等。

"三家分晋"后，虽然晋

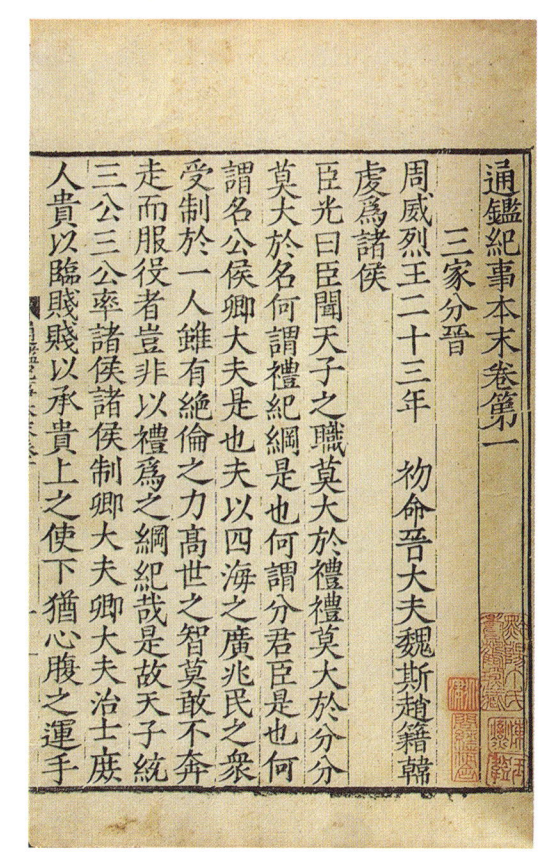

《通鉴纪事本末》所载"三家分晋"

国宣告灭亡，但晋作为公国，其孝公、静公仍在狭小的天地中存在了20余年。

晋静公，姬姓，名俱酒，是晋国的最后一代君主，晋孝公之子。孝公死后，静公即位，关于其年代，各家记载不同。《史记》载"孝公卒，子静公俱酒立"是齐威王元年（前356）；而《资治通鉴》载"晋孝公薨，子静公俱酒立"是周安王二十四年（前378）的事。

公元前376年（周安王二十六年），魏、赵、韩三家分晋，迁晋静公于端氏（今沁水县东22.5公里西城村）。

关于晋静公徙封端氏的年代，各家记载也有分歧，《史记·赵世家》记载：赵成侯"十六年（前359），与韩、魏分晋，封晋君以端氏（今沁水县东22.5公里西城村）"，而《资治通鉴》记载"魏、韩、赵共废晋静公为家人而分其地"是周安王二十六年（前376）的事。

关于晋君徙处屯留的年代，今按《史记·赵世家》记载，赵肃侯元年（前349），"夺晋君端氏，徙处屯留"，赵国夺取了晋君的端氏地，把晋君迁到屯留（今屯留县古城）安置。《史记·赵世家》从此年后再无晋君的记载。

屯留即今屯留县古城村，有专家考证从公元前370年到前359年，为晋国都城12年，建都时间较短，不足15年。今天的屯留古城、西李高、东李高、长子县鲍店一带遗存有大量的战国墓葬群，有可能与此有关。

阏与之战及阏与古城址

中国历史在群雄纷争的战国末期，形成了秦、赵两国对峙的局面。

当时，号称"战国七雄"的秦、楚、齐、燕、赵、韩、魏相互侵吞，谁都企图吞灭其他六国，统一中原。对于雄心勃勃的秦国来说，楚、齐虽经济、文化比较发达，但一个居南，一个位东，在地理位置与军事实力上都不足以构成威胁。而秦国要出函谷关，夺取天下，迎面而来的便是三晋的赵、韩、魏。特别是赵国，在山东各国屡遭强秦进攻，疆土渐失之际，却由于赵武灵王实行"胡服骑射"等一系列军事改革而逐渐强大起来，成为当时唯一有力量与秦抗衡的国家。秦、赵两国虎视眈眈，常有战事，其结果不论谁赢谁输，都将会直接影响中国历史的发展趋向。

赵惠文王二十九年（前270）至三十年（前269），秦伐赵，遣中更胡阳率大军围攻赵国要塞阏与（今沁县西南乌苏）。赵惠文王问计，廉

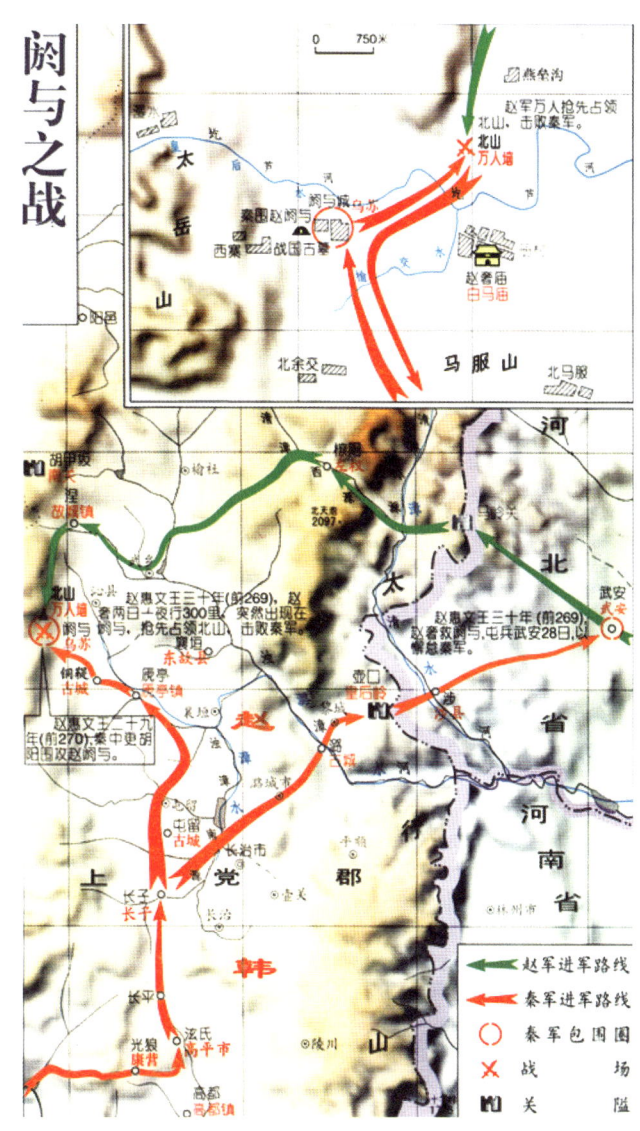

秦、赵阏与之战形势图

颇、乐乘皆以为"道远险狭，难救"；田部吏赵奢则以为"其道远险狭，譬之两鼠斗于穴中，将勇者胜"。赵惠文王遂遣赵奢驰援救阏与。赵奢率军由邯郸西上，行30里而停驻，下令将士全力构筑垒壁，一连28日不行，只是不顾一切地加固防御工事。秦军奸细潜入赵营，将赵军"怯战"而一味防守的动静洞察于心。赵奢送走秦军奸细，立刻下令轻装开拔，以二日一夜急行300里，赶到阏与前线，出敌不意，乘敌无备，分遣1万精兵

赵奢画像

抢占了制高点"北山"(今沁县乌苏北"万人垴")。秦军发现赵军时,争山已不可能。赵军居高临下,赵奢纵兵劈杀,大破秦军,遂解阏与之围。班师回朝后,赵惠文王封赵奢为马服君,地位与廉颇、蔺相如相当。

阏与之战的结果,大大振奋了赵国朝野抗击残酷兼并战争的士气,使秦遭遇到发动兼并战争以来从未有过的一次惨败,多年后仍不敢轻举妄动,恐怕重蹈阏与之覆辙。此战史称"阏与之战",是中国古代著名的出奇制胜战例。其精妙之处在于,通过超出常规的行动来调动对方,从而打破原来的格局,别开生面,使敌来就我,而我不必就敌。古代军事家的智慧在此真是表现得淋漓尽致、炉火纯青。

赵奢(生卒年不详):嬴姓,赵氏,名奢,战国时名将之一,赵括之父。生活在赵武灵王(前324—前299年)到赵孝成王(前265—前245年)时期。曾经亡命入燕,得到燕王信任,被任命为上谷守。赵奢墓今在邯郸市区西北十五公里处的紫山。赵奢被封为马服君后,今沁县乌苏村南的南、北马服村就是当年赵奢的食邑地。

阏与古城(东周)在沁县城西15公里处的册村、乌苏村周围。1958年山西省文物工作委员会考古队调查发现。遗址南北长890米,东西宽680米,总面积约60万平方米。1940年前后,因连年暴雨成灾,洪水冲刷严重,曾因地陷而发现多座战国时代的古墓葬。在墓室石刻拱额上曾发现雕刻有"阏与"字样的题记,并出土了大量随葬器物,惜年久无存。现存古城址遗址夯土层依稀可见。经省考古界专家多次勘察考证,确认系战国时期的一座古城遗址。1986年8月18日被山西省人民政府公布为省第二批重点文物保护单位。

长平之战及"八义谏赵"故事

长平之战的胜利,为秦始皇后来消灭六国、统一中国,打下了坚实的基础。尽管秦国在长平之战41年之后才消灭六国,建立了中国历史上第一个统一的多民族中央集权国家,但秦统一华夏之势在长平之战后便成定局。

秦昭襄王四十四年(前263),秦国举兵犯韩,秦将白起攻占了韩国

长平之战路线图

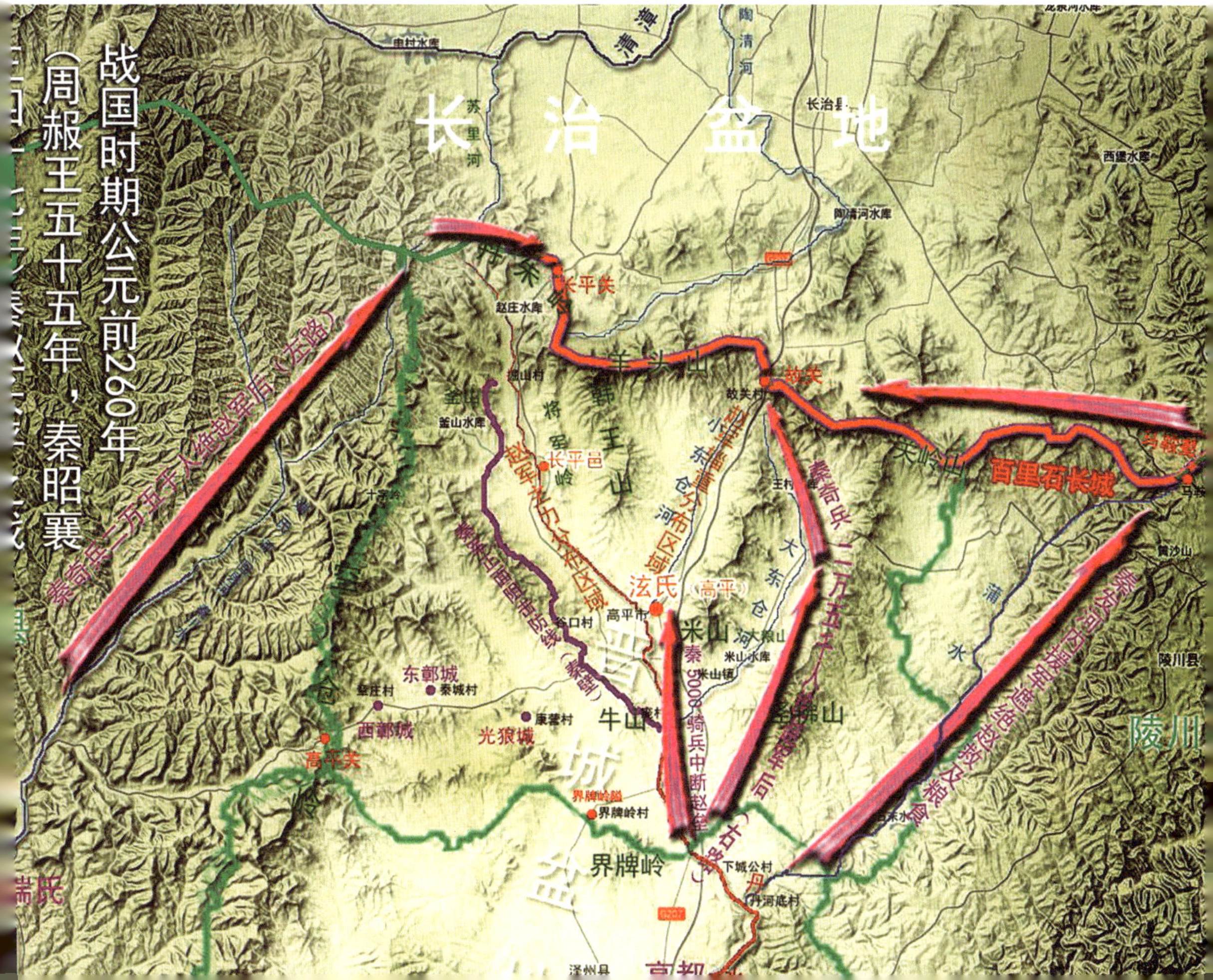

白起画像

太行道,翌年又占领了野王(今河南沁阳),完全切断了韩国本土与上党郡的联系。韩桓惠王被迫献出上党郡与秦讲和。当时,韩的上党郡治在长平(今高平长平村),韩上党郡太守冯亭拒绝降秦,遣使持书,将上党17城的地图献给了邯郸的赵孝成王。赵孝成王于是派平原君赵胜率兵五万往上党受地,封冯亭为华阳君,仍为太守,随后又令将军廉颇率军进驻长平。秦昭襄王令将军王龁率军攻打长平赵军,长平之战于此爆发。

初战,秦军攻陷赵军西垒壁(今空仓岭)防线。廉颇根据秦强赵弱的严峻形势,收缩兵力,作战略退却,而固守丹河东岸防线,与秦军长期相持、以图伺机反攻。秦军远途作战,补给困难,战局日益不利,长期相持将不战自溃。至秦昭襄王四十七年(前260),长平之战进入第三个年头,秦军始终处于求战不能,相持困难的尴尬局面,为摆脱困境,秦相范雎与秦昭襄王用重金行反间计,诱使赵王易将。赵孝成王不知军事,对廉颇"固军不战"的策略很不耐烦,便以缺乏实战经验而有"纸上谈兵"之癖的赵括替代老将廉颇为将。秦昭襄王亦暗用名将白起为上将军,代替王龁。

赵括来到长平,改变廉颇的战略,率赵军全线出击,致使赵军两翼及后方兵力空虚。白起见赵括中计,立即派出两支奇兵,一支奇兵25000人沿秦川水向赵军背后迂回、切断赵军与邯郸方面的联系;一支奇兵由5000骑兵组成,由赵军防线中部沿小东仓河谷突击,将赵军切割为南北两段,秦大军紧随两支奇兵之

高平县长平之战遗址

后,完成了对赵军的分割包围。至此,秦昭襄王更亲赴前已占领的河内(今河南省黄河以北),纠集15岁以上男子赶赴长平,将赵军重重包围于今丹河、小东仓河和百里石长城之间的有限区域,完全隔绝了赵军任何援军和粮草补给。赵孝成王六年(前260)九月,长平赵军被困围46天,粮草告罄,赵军中"内阴相杀食"。赵括多次组织突围均告失败,直至他本人中箭身亡。饥饿疲惫至极又失去主将的40万赵军,全部降秦。秦将白起下令,除将年幼的240人放还外,其余全部坑杀。白起还命令士兵按杀掉赵军首级的多少,来领功请赏。"杨谷之水皆变为丹",惨烈的长平之战就此结束。

长平之战,赵参战兵力为45万,秦参战兵力无确切记载。无论从双方参战人数及伤亡人员之众看,还是从战场范围之广、历时之久看,抑或从战况之惨烈,乃至对中国古代历史发展影响之深远看,长平之战都是中国古代史上几千年间战争规模首屈一指的大战役。由于秦国取得了长平之战的胜利,从而取得了统一六国的制胜权,中国历史上第一个大一统封建王朝秦朝将在不久后诞生。

在今天的长治县流传有八义士谏赵的故事。据说,公元前260年,赵括代廉颇之职到达上党前线后,因年轻气盛,急于取胜报功,立即废除了廉颇的固守相持战略,率赵军全线出击。兵行至羊头山下的故关附近,有八位义士拦住赵括苦谏,建议赵括不要改变廉颇的

长治县"八义士谏赵处"古碑

战法，不要轻易言攻，而疏于防守，要以士兵和百姓的生命为重。赵括哪能听进这些乡间野民的话。八义士眼看着将要大祸降临，生灵涂炭，遂自刎而死。后来，八义士就义的山便叫"八义山"，山下的河就叫"八谏水"，水东岸的村子就叫"八义村"，即今长治县八义镇的所在地。

屯留成蟜兵变

长平之战后，长治地区被秦控制，在屯留县也曾发生了一场兵变。

秦王嬴政八年（前239），政的弟弟、长安君成蟜和将军樊於期（於，读乌），奉了秦王嬴政和秦相吕不韦之命，来帮助蒙骜、张唐两位将军攻打赵国。他们从长安城出发，浩浩荡荡，直奔赵国而来。兵至屯留以后，樊於期煽动长安君成蟜兵变造反，发檄文讨秦，还攻占了秦国从赵国手中夺来不久的长子和壶关两座城池。蒙骜派张唐来催成蟜进兵，行至中途，得知兵变，便急忙赶回咸阳，向秦王和吕不韦做了报告。

秦王派王翦为大将，桓齮、王贲为左右先锋，率领了大批兵马来屯留围剿长安君。王翦的大军先攻破长子和壶关，他又派在长安君门下当过门客的屯留人杨端和送信给长安君，说明利害。长安君举屯留城归降，樊於期逃往燕国。长安君成蟜被囚禁了起来，数日后自杀于屯留。"军吏皆斩死，迁其民于临洮"，成蟜兵变遂告平息，杨端和也因功被提升为大将。此战后，秦国在长治的统治巩固了下来。

屯留县出土的战国时期青铜戈

第三章

慷慨毅武　名贤辈出
（两汉魏晋南北朝）

■ 概述

秦始皇二十六年（前221），把全国分成三十六郡，上党郡治长子（今长子县城附近），下辖11县：长子、壶关（今长治市区一带）、屯留（今屯留古城）、铜鞮（今沁县古城）、潞县（今潞城古城）、襄垣（今襄垣西故县）、涅县（今武乡故城）、泫氏（今高平市）、高都（今泽州高都镇）、端氏（今沁水西城）、濩泽（今阳城泽城）。

西汉初复置上党郡，治长子（今长子县城附近）。辖长子、壶关、屯留、余吾（今屯留余吾镇）、铜鞮、潞县、襄垣、涅氏、泫氏、高都、阳阿（今晋城市泽州县大阳镇）、谷远（今沁源县城）、沾县（今昔阳县城）、陭氏（今安泽县城）14县。《汉书·地理志》记载了汉平帝元始二年（2）上党郡人口资料，户数73798户，人口有337766人，面积为29389平方公里，平均每户四口以上。

东汉永和五年（140），上党郡统县减少到13县：长子、屯留、铜鞮、沾（今昔阳县、和顺县）、涅（今武乡县、左权县）、襄垣、壶关、泫氏、高都、潞、陭氏、阳阿、谷远。户数26222户，人口有127403人，面积为29228平方公里，平均每户六口左右。

汉献帝建安十八年（213），上党郡入冀州。三国曹魏黄初元年

(220),上党郡复归并州。三国时期上党郡领壶关县、潞县、屯留县、长子县、泫氏县、高都县、铜鞮县、涅县、襄垣县、猗氏县、谷远县11县,郡治今长子县。汉末董卓作乱,遂徙治壶关县(今长治市一带)。

西晋时上党郡隶属并州,郡治设在潞县(今潞城市古城)。辖长子(今长子县城附近)、壶关(今长治市区一带)、屯留(今屯留古城)、余吾(今屯留余吾镇)、铜鞮(今沁县古城)、潞县、襄垣(今襄垣西故县)、涅县(今武乡故城镇)、武乡(今榆社社城镇)、泫氏(今高平市)、高都(今泽州高都镇)10县。西晋太康初年,上党郡户数13000户,人口有65000人,平均每户六口左右。

东晋升平二年(358),上党郡治安民城(今襄垣县小堡底村一带),地属前燕。东晋十六国时期,上党郡先后属前赵、后赵、前秦、西燕、北魏、西魏,郡治徙迁数次后复治壶关城。北周宣政元年(578)分上党郡地置潞州(治今襄垣县南),上党郡改隶潞州。

刘汉时上党郡隶属并州。刘渊汉政权从305年到308年在长治古黎亭建都城共4年。

前秦时上党、武乡2郡隶属于并州(治晋阳)。

后燕时设雍州(治今长子),辖上党、建兴(郡治今泽州大阳镇)2郡。

秦、汉、魏晋、南北朝时期,是中国历史上中原汉族和少数民族之间斗争和融合的高峰期。长治处于北方匈奴、羌等各族和中原汉族接触频繁的地区,是民族交汇融合的重要地点,为北方各政权割据的要冲,战略地位显著。

汉高祖铜鞮平叛

西汉初始,淮阴侯韩信于公元前206年攻上党。《史记·淮阴侯列传》云:"今将军涉西河,虏魏王,擒夏说阏与……"此魏王即魏豹(?—前204),秦末人。原战国时魏国贵族,陈胜起义时立其兄魏咎为魏王。秦将章邯攻魏,魏咎被迫自杀,魏豹逃亡至楚,向楚怀王借兵数千人,攻下魏地二十余城,自立为魏王。项羽大封诸侯,改封西魏王,都平阳(今临汾市)。汉王刘邦定三秦,魏豹降汉。刘邦在彭城战败后,魏豹又叛汉归项羽。后汉王遣韩信击败并俘虏魏豹,全家人被刘邦俘虏。刘邦一面爱怜魏豹之勇,一面为了不失魏人之心,当时没有杀死魏豹,让他同御史大夫周苛守荥阳。汉王四年(前203),楚军围荥阳,周苛用"反国之臣,难与共守"的理由杀死了魏王魏豹。一代名将魏豹就这样结束了生命。韩信曾与魏王豹在五瓒山(今襄垣县西南35公里关上村)连战半年,最终俘虏魏王而得胜。公元前205年九月,韩信灭西魏,西魏国分入河东郡、上党郡。"阏与"是在今沁县西南三十里乌苏村,铜鞮山附近,淮阴侯韩信在这里生擒代相夏说,攻取上党,随即设置上党郡,以任敖为上党太守,后来到汉高祖十年(前197),代相陈豨反,攻上党,任敖坚守,封为广阿侯。

韩信画像

汉高祖刘邦六年（前201），匈奴单于冒顿率部30万，由北入山西，大举南下。韩王信降匈奴，且为匈奴所用，率军进占晋阳，山西大半为匈奴铁蹄蹂躏。

韩王信，也名韩信（？—前196。为避免与同时期同名同姓的淮阴侯韩信混淆，史书上多称其为韩王信。《史记·韩信卢绾列传》记载其事迹。）是原来韩襄王的庶出孙子，身高八尺五寸。汉高祖二年（前205），韩信平定了韩国的十几座城池，刘邦到达河南，就立韩信为韩王。此后，韩信常带领韩地军队跟随刘邦。汉高祖三年（前204），刘邦撤出荥阳，留韩信和周苛等人守卫荥阳。等到楚军攻破荥阳，韩信投降了楚军，不久得以逃出，又投归刘邦，刘邦再次立他为韩王，最终跟从刘邦击败项羽，平定了天下。汉高祖五年（前202）春天，刘邦就和韩信剖符为信，正式封他为韩王，封地在颍川。汉高祖六年（前201）春天，刘邦认为韩信雄壮勇武，封地颍川北靠近巩县、洛阳，南逼近宛县、叶县，东边则是重镇淮阳，这些都是天下的战略要地，内心有所不安，就下诏命韩王信迁移到太原以北地区，以防备抵抗匈奴，建都晋阳。韩王信上书说："我的封国紧靠边界，匈奴多次入侵，晋阳距离边境较远，请允许我建都马邑（今山西省朔州市朔城区）。"刘邦答应了，韩王信就把都城迁到马邑。在这年秋天，匈奴冒顿单于率兵包围了韩王信，韩王信多次派使者到匈奴处求和。汉朝派兵前往援救，但怀疑韩王信多次私派使者，有背叛汉朝之心，派人责备韩王信，韩王信害怕被杀，就和匈奴约定好共同攻打汉朝，起兵造反，把国都马邑拿出投降匈奴，并率军攻打太原。

汉高祖刘邦七年（前200），刘邦御驾亲征匈奴，倾全国之力，以32万人马由河东入上党。秋十月，刘邦在铜鞮（今沁县古城村、虒亭一带）击败韩王信，并将其部将王喜斩杀，韩王信亡走匈奴。《汉书·高帝记》载："七年（前200）冬十月，上自将击韩王信于铜鞮。"顺治《潞安府志》有载："虒亭驿，在襄垣县西北六十里，古铜鞮治，汉更名为虒亭。虒亭虽不甚凭山险，控小漳水之胜，故汉高祖阻此以败韩王信"。

韩王信逃奔匈奴后，他的部将王黄等人拥立赵王的后代赵利为王，又纠集起韩王信被击败逃散的军队，和韩王信及匈奴冒顿单于商议一起攻打汉朝。匈奴于是派遣左右贤王带领一万多骑兵和王黄等人驻扎在广武（今属山西朔州市山阴县）以南至晋阳（今山西省太原市晋源区

襄垣县虒亭一带汉代烽火台

的古城营村、东城角村、南城角村、南北瓦窑村、罗城村以及附近区域一带）时，被汉军打得大败，汉军乘胜追到离石，又将他们打败。匈奴再次在楼烦聚集军队，汉高祖命令战车部队和骑兵积极应战，最终乘胜追击匈奴于平城东白登山（今大同市西马辅山）。匈奴集40万大军相抗，刘邦陷于重围，后费尽周折，终于脱险，史称"白登之围"，汉高祖收兵而归。

此后，韩王信为匈奴人带兵往来于边境一带骚扰汉军，汉高祖十年（前197），韩王信又命王黄等人劝说陈豨，使其误信而反。十一年（前196）春天，韩王信又和匈奴骑兵一起侵入参合城（今山西阳高县附近），对抗汉朝。汉朝派遣柴武带兵前去迎击，两军交战，柴武屠平参合城，并将韩王信斩杀。

"巫蛊之祸"中的壶关三老令狐茂

令狐茂(生卒年不详),壶关县崇贤村人。西汉武帝(前140—前87)时,被封为壶关三老(掌教化之乡官)。武帝晚年发生"巫蛊之祸",诬连太子刘据。令狐茂冒死上书,为太子鸣冤。其正直敢言的品德博得人们的尊重。

"巫蛊之祸"是发生于汉武帝统治晚期的一场激烈的政治风暴。都城长安在这次政治动乱中致死者竟数以万计,其结果导致了汉帝国严重的政治危机。征和(前92—前89)年间,汉武帝年岁已高,性情怪诞,又多病,疑心是因为左右用蛊道诅咒所致。汉武帝病重时,江充奏言汉武帝的病因在于"巫蛊",于是汉武帝任命江充为使者专治"巫蛊"。当时武帝宠臣江充专权,江充利用汉武帝与太子刘据在政策倾向方面的矛盾,在调查"巫蛊"时制造假现场,导演了刘据以"巫蛊"谋害汉武帝的冤案。太子刘据被迫起兵杀江充。当时在甘泉宫休养的汉武帝大怒,调发三辅地区邻近的军队严厉镇压太子军,又回到长安亲自进行指挥,双方在长安城中大战五日,死者数万人。刘据被迫出逃,在追捕中自杀,史称"巫蛊之祸"。事变之后,令狐茂仗义执言,作《上武帝讼太子冤书》,冒

壶关三老令狐茂

死上书，力陈是非，武帝读后始悟，知道太子起兵只是由于惶恐，并没有其他的意图，"巫蛊"冤情逐渐显现于世，乃诏太子，太子已卒。武帝悔恨不已，诛灭江充全族，在刘据去世的地方筑作思子宫与归来望思之台，以示哀念。同时，汉武帝认真反思以往政策的利弊得失，开始了国策的调整。赐令狐茂所在村为"崇贤"，沿袭至今。（据清道光《壶关县志》、《汉书·郡国志》载）

威震西域的冯奉世

冯奉世，是继汉代名将、杰出的军事家卫青、霍去病之后，最为著名的爱国将领。冯奉世为巩固西北边疆，畅通"丝绸之路"建立了不朽的功勋。

冯奉世，字子明，西汉上党潞（今山西黎城县）人。战国时韩国名将冯亭、秦二世右丞相冯去疾、将军冯劫、汉名将冯唐之后。

冯奉世生于汉武帝时期，在武帝末年，以"良家子弟"被选为郎官，昭帝时补为武安长。汉宣帝本始年间（前73—前70），他随军攻打匈奴，回来后恢复了他以前的郎官职务。

一次，大宛国的使者要回国去。汉宣帝依照前将军韩增的举荐，授郎官冯奉世为卫侯使，带着随从人员和礼物护送客人回大宛。冯奉世一行来到鄯善国伊修城（今新疆若羌东北）时，莎车国发生内乱，杀了汉朝使者奚充国。原来汉宣帝派奚充国为使者，护送乌孙公主的儿子万年回莎车国做国王。但莎车国有一部分人表示不满，原莎车王的兄弟呼屠征，趁机联络临近

汉关内侯冯奉世塑像

的部落,杀死了万年和汉朝使者奚充国,自己做了莎车王,南路各国都害怕呼屠征,只好跟他订立盟约,反对汉朝。这样一来,汉朝的使者就不能前往鄯善以西的地方了。

冯奉世了解到这一意外变故,感到事态严重,就对他的副手严昌说:"如果不马上收拾莎车国,西域各国必将受到影响,以后就不好来往了。"严昌赞同他的意见,但认为事关重大,应该先向朝廷请示一下,然后方可采取行动。冯奉世说:"这就跟救火一样,哪儿等得及呢!"于是,冯奉世就拿着汉朝的节旄,假传汉朝天子的命令,向各国征兵。不几天便征集了15000人马,浩浩荡荡打进了莎车国,呼屠征惶惧自杀,莎车人献出呼屠征的头颅,请求和好。冯奉世让他们另选前王的支裔为国王。他一面派人带着呼屠征的头颅向长安报捷,一面遣回了各国兵士,他自己则继续陪着大宛的使者,去了大宛国。大宛国王得知冯奉世打败了莎车国,莎车王自杀,非常震惊,对他格外尊敬,还特意送给汉朝几匹大宛的名马,号称"龙马"。汉朝因此威震西域,西域各国也不敢与汉朝作对了。

汉宣帝闻知冯奉世平定莎车内乱的消息,又见送来了莎车国王的头颅,欣喜异常。他召见了韩增,夸奖他说:"祝贺将军为朕举荐了一个难得的人才!"

冯奉世回到长安后,向汉宣帝详细报告了平定莎车国的经过,并将大宛国赠送的名马奉上。汉宣帝非常喜悦,让大臣们商议一下可否封冯奉世为侯。丞相魏相等人说:冯奉世果断灵活,功绩卓著,宜从厚加赏,封他为侯。但也有人表示反对,说:冯奉世出使西域,假传命令,擅自发兵,进攻莎车。虽然侥幸取胜,但这样的事毕竟不合王法,不应该鼓励。冯奉世不宜受封。汉宣帝觉得此话有道理,只封冯奉世为光禄大夫、水衡都尉,并未封他为侯。

汉元帝即位以后,冯奉世先为执金吾,在右将军常惠死后,他即代为右将军典属国职位。几年之后,又拜为光禄勋。

元帝永光二年(前42)秋,陇西羌人反叛汉朝。汉元帝即召来丞相韦玄成、御史大夫郑弘、大司马车骑将军王接、左将军许嘉和右将军冯奉世,商议如何处置。这时,全国正闹灾荒,四方饥馑。韦玄成等人鉴于国内的形势,一时拿不出主意来。这时,冯奉世挺身而出,说:"羌虏竟在境内反叛,如不立即讨伐,无以威制远蛮。臣愿率师讨之。"他提出发兵四万,一个月内即可解决。可是韦玄成等人都主张发兵万人,屯守边境。汉元帝见双方争执不下,于是便命冯奉世率领12000人,以护军都尉韩昌为偏裨(即副职的将官),西行出征。

到达陇西后,冯奉世初战失利,便绘出地形图,上书给汉元帝,要求再增加36000兵力,这样才足以战胜羌人。汉元帝对冯奉世是极其信任的,便以太常弋阳侯任千秋为奋武将军,领兵6万,前往策应。

十月,援兵全部赶到。十一月,两军合击羌人,一鼓作气,破敌立威。杀敌数千人,其余羌人都远逃边塞,陇西叛乱得以平息。次年二月,冯奉世班师复命,封爵关内侯,食邑五百户,黄金六十斤,调任左将军,继续担任光禄勋。汉元帝永光五年(前39),冯奉世病故。

冯奉世作为西汉著名的靖边将领,终其一生,都在边地作战,为平定西域、开拓西北疆土,建立卓著功勋。史书上说他"国事当头,能置生死于度外"。

冯奉世的长女冯媛,元帝继位后被选入后宫,得拜婕妤。一次,元帝观虎圈斗兽,突然一只野熊跳出圈外,直向御座扑来,臣子、嫔妃们早吓得四处逃散,唯独这位冯婕妤,敢于上前护住元帝,与熊相对,直到武士们赶来将熊杀死。从此,她更受元帝宠爱,被封为昭仪,后因以"冯媛当熊"为爱君之典,以"当熊"为女性临危不惧、奋不顾身之典。然而,她却因此受到另一位受宠的傅昭仪的嫉妒,怀恨在心。后来,傅昭仪的孙子

"冯媛当熊"(东晋顾恺之《女史箴图》局部)

黎城冯奉世墓

承了大统，即汉哀帝。傅昭仪想着法儿要泄当年之恨，她制造伪证，诬指冯昭仪在神灵前诅咒汉哀帝早死。结果冯昭仪被逼自杀。由此株连冯氏族人，或削官，或自杀，死者数十人，徙冯奉世子孙宗族还故郡上党故里。

冯奉世有四子：冯谭、冯野王、冯立、冯参，皆从政，有政绩。东汉史学家班固（32—92）的《汉书》盛赞冯氏忠良正直，其受冤者令人垂涕。

冯奉世家族墓地，在今黎城县北7里处停河铺乡石羊坟村西，清末尚有巨石俑、羊、马杂于华表、碑碣间，俗称"石羊坟"，今只留一座高高的墓丘。清道光二十四年（1844）仲秋，其52世裔孙冯询、冯谏立"汉关内侯子明冯公之墓"碑，现存县文博馆，墓地现为县级文物保护单位，近年被盗。在此墓南面的戚里店村北，有一"将军祠"，即为冯奉世祠庙，现祠庙与娲皇共处一院，娲皇居正殿，将军祠居西偏殿。

清白正直的"鲍氏三司隶"

鲍宣，字子都，是西汉末期著名的忠直大臣。鲍宣原籍渤海高城（今河北盐山县），汉哀帝时担任司隶。哀帝元寿元年（前2），鲍宣因触动了当权的宰相而获罪,太学生举幡集救,得免死罪,髡钳徙上党长子县,子孙遂家于此。其居处在今长子鲍庄一带,长子县南鲍村有"汉司隶鲍宣"墓碑及墓志铭。千百年来,上党长子县被视为汉司隶鲍宣故里。

鲍宣出身于一个贫寒农家,少好学,饱读经书。西汉时,中央和地方政府选拔人才,实行察举征辟制度。鲍宣先是被选拔为乡里管税赋的啬夫,后又为县丞,而后又为功曹,再后是郡里以"举孝廉"举荐他到朝廷当了郎官。因他学识渊博,品行高洁,被荐为专门为皇帝提意见的议郎。

汉哀帝建平元年(前6),当时朝廷里地位很高的"三公"之一大司空何武,对鲍宣极为赏识,举荐他为谏议大夫。后又让他去了豫州(今豫东、皖北一带)做豫州牧,可惜只做了一年多,便因他执法太严,不懂变通而被免职。但鲍宣毕竟是一个难得的人才,免职不久又被起用,重新恢复了他的谏议大夫官职。

汉哀帝时期,西汉的政治昏暗达到了极点,是公认的"极乱"时代。王朝正在走向没落和衰亡,汉朝国运可说已到了尽头。大量土地被地主豪强兼并,社会矛盾日益加剧,广大人民生活在水深火热之中。身为谏议大夫的鲍宣,深感忧虑。他不断上书朝廷,指出国家面临的严重危机,尤其是对农民的沉重负担和苦难,他更为关注。鲍宣在他的上书中,列数了农民的"七亡七死",即"七种损丧"和"七条死路",直陈时弊,全面概括了人民遭受的苦难。

长子县南鲍村鲍宣墓遗址

哀帝刚即位时,听信谗言,对于朝中清廉正直的老臣,或将其贬官,或将其免职。鲍宣上书谏诤,汉哀帝采纳了他的一些建议,罢免了黄门郎小童数十人,恢复了孔光、何武等人的官职,又将鲍宣提拔为司隶。

鲍宣任司隶后,更加忠于职守,秉公执法。他性情耿直,"常上书谏诤,其言少文多实",铁面无私,刚直不阿,却也由此惹下了祸端。

据《汉书·鲍宣传》载:一次,丞相孔光巡视国家陵园,他的随从官员不行旁道,驱车在只允许皇帝车马行走的中央驰道上乱跑。这在当时是犯法的,正巧被鲍宣遇见,他即命左右将孔光随从的官员拘捕,车马充公。孔光由此心怀忌恨,到哀帝面前说了鲍宣许多坏话,汉哀帝不问青红皂白,当即将此事交御史中丞去查办。当御史中丞派人到司隶府抓人时,鲍宣闭门拒命,这下触怒了皇帝,便以"无人臣礼,大不敬之道"的罪名,将鲍宣逮捕下狱,并定为死罪。

这件事轰动了整个京城长安,博士弟子王威等一千多人涌上街头,为鲍宣鸣不平。他们先是围攻丞相孔光的车马,尔后到皇宫门前向皇帝上书请愿。迫于这种情势,哀帝才被迫免去了鲍宣的死罪,改为死刑以下一等罪,"髡钳"之刑,即削去头发,铁索锁颈,罚劳作五年,流放到上党长子,以后鲍宣将妻室子女一同迁来长子落户,鲍宣从此也成为长子人,人称"上党鲍宣"。

西汉末年,王莽篡夺了朝中大权,鲍宣"坚决不仕"。公元3年,鲍宣与大司空何武同被下狱处死。

鲍宣被王莽杀害后,安葬在长子县城东10余里鲍庄村南,而后在墓地周围聚居的人家越来越多,又形成了一个南鲍村。鲍宣墓居村子的中央,墓地有"汉司隶鲍宣"墓碑及墓志铭。

东汉建武元年(25),光武帝刘秀登基,大赦天下。刘秀为树立一批忠于刘姓的典型,特下诏褒扬鲍宣,并准荫其子孙,又任命鲍宣之子鲍永为司隶校尉。后来,鲍宣的孙子鲍昱,也同样被任命为司隶校尉。汉乐府中就有一首诗是说鲍氏三代的:"鲍氏骢,三人司隶再入公。马虽瘦,行步工。"这首歌谣式的诗是说,汉代鲍宣和其子鲍永、孙子鲍昱,三世都做过司隶官,都爱骑一匹"青白"色的瘦马,而且为官都清白正直。

(《汉书》卷七十二)

刘秀降服鲍永与田邑取上党

地皇四年(23)九月,王莽被赤眉军杀死,新朝灭亡。同年二月绿林军拥立刘玄为帝,年号更始,仍然称汉。更始三年(25)九月,赤眉军攻入长安,刘玄逃走,其政权灭亡。十月,刘玄投降赤眉,将玺绶送给赤眉拥立的皇帝刘盆子。与此同时,刘秀在河北吞灭了铜马、高湖、重连等部农民军,力量壮大。公元25年六月,刘秀在鄗南(今河北柏乡)即皇帝位,是为光武帝,沿用汉的国号,以这一年为建武元年。不久,刘秀定都洛阳,史称东汉。

当时的上党,是在鲍永的控制之下。

王莽杀了鲍宣后,当时的上党都尉路平欲杀其子鲍永,太守苟谏保护了鲍永。刘玄称帝后,征鲍永为尚书仆射,行大将军事,带领兵马屯集河东、并州,可以自置偏裨将军。鲍永至河东,击青犊军,大破之。以冯衍为立汉将军,屯太原,与上党太守田邑等缮甲养士,以保卫山西。冯衍字敬通,京兆杜陵(今陕西西安)人,汉朝名将冯奉世的曾孙。少有奇才,20岁博通群书。王莽时,因为是新朝,冯衍辞不肯仕,新莽末年为更始将军廉丹的文书官。王莽严令廉丹讨伐山东,冯衍劝廉丹屯兵大郡,廉丹不听,力战赤眉而死,冯衍回

汉光武帝刘秀

家,后被举发开小差,只好亡命河东。更始二年,在尚书仆射鲍永幕下担任立汉将军,拥立刘玄,屯兵太原。田邑,字伯玉。其父田丰,为王莽著威将军。更始年间田邑任上党太守,与冯衍一起镇守并州。

刘秀实力变强后,就决定攻取上党。西汉更始元年(23),刘秀派大将冯异攻井谷,入上党,襄垣坚守未克。到更始三年(25),刘秀再遣宗正刘延攻天井关,与田邑连战十余次,延不得进。及更始败,刘秀登帝位,田邑主动到洛阳,遣使请降,献上玉璧宝马,即拜为上党太守。光武帝刘秀又遣谏议大夫储大伯持节征鲍永。鲍永未知更始存亡,迟疑不肯从,遣使驰至长安,询问虚实,得知刘玄死后,鲍永、冯衍以并州降于光武帝刘秀。鲍永降刘秀后,即拜谏议大夫、鲁郡太守,又封关内侯,迁扬州牧。建武十一年(35),征为司隶校尉。刘秀嫌冯衍迟不归降,只让他当个小小的曲阳县令,逮杀大盗郭胜,也没有得到奖赏,后与外戚阴兴、阴就交往,转迁司隶从事,结果皇帝以"惩西京外戚宾客,故皆以法绳之"下旨查办,冯衍不得不"诣洛阳诏狱"(自动到案),免官归里,终不见用,潦倒而死。刘秀任用鲍永,而冷淡冯衍,致其一生沉沦。

井谷关故址在襄垣县东南17公里井关村,又名天井谷、天井关。因

襄垣县井谷关故址

地势险要、谷深似井而得名。《元和郡县志》记载:"天井关,在(襄垣)县东南四十里,置于天井谷内,深邃似井,因以为名。魏武初迁邺,于此置关。周建德六年废。"

曹操征高干,北上太行山

东汉末年,朝廷政治昏乱,军阀蜂起,黄巾起义被诸军阀镇压后,山西为世家大族袁绍所据,袁绍以外甥高干为并州刺史。其时军阀曹操势盛,几乎统一北方,先后杀了吕布,降了张绣,破了袁术,建安五年(200)的官渡之战,击溃了主要对手袁绍。建安七年(202),曹操率领大军攻取战略要地上党郡治壶关城(今长治市上党门一带,一说今故驿村)。曹操围壶关时,因长途跋涉,急于速决,曾下令把固守城池的袁绍之将卒"城破皆坑之"。后冷静思考收回成命,放开东门,使守城将卒突围弃城而去。曹操不费吹灰之力便获其城,高干因此降曹操,仍任并州刺史。建安

壶关羊肠坂

曹操画像

十年（205）春，平定河北，袁绍气病而死，其子袁谭、袁尚逃到了北地乌桓。

建安十年（205），曹操征乌桓，高干趁机以并州叛曹操，占据壶关城，执押上党太守，派兵守壶关口（今壶关县壶口一带），曹将乐进、李典兵受阻。次年即建安十一年（206）曹操亲自率兵，从邺城（今河南临漳西、安阳北）出发，登太行，攀羊肠，征讨高干，兵围壶关城。《上党记》载："曹公之围壶关，起土山于城西北角，穿地道于城西，内筑界城以遮之。"三个月后城破，高干奔匈奴，匈奴不受，又南奔荆州，途中被上洛都尉王琰捕杀。上党及并州遂为曹操占据。

壶关口在今长治市东南壶口村，为壶关县之西口，是古代东入郡治之门户，又名壶关山、壶山。以两峰夹峙而中虚，延衺数百里，东接相州，崖径仄险，形如壶口，故名，是一处天然的军事要地，汉代于此置关。

壶关羊肠坂距壶关县城东南50公里，地处太行山大峡谷深处，是五指峡至龙泉峡的一条古栈道，山高沟深路险，战国时为秦赵韩相争的战略要地，秦汉时为用兵太行的主要通道，魏晋时为主要粮道，自古以来就是中原通往上党的关隘要道，历来为兵家必争之地。《汉书·地理志》载："上党郡壶关有羊肠坂"。曹操行军途中在羊肠坂写下了著名的《苦寒行》：

北上太行山，艰哉何巍巍。
羊肠坂诘屈，车轮为之摧。
树木何萧瑟，北风声正悲。

熊罴对我蹲,虎豹夹路啼。
溪谷少人民,雪落何霏霏。
延颈长叹息,远行多所怀。
我心何怫郁?思欲一东归。
水深桥梁绝,中路正徘徊。
迷惑失故路,薄暮无宿栖。
行行日已远,人马同时饥。
担囊行取薪,斧冰持作糜。
悲彼东山诗,悠悠使我哀。

曹操用质朴无华的笔触,描述了萦曲如肠的坂道,风雪交迫的征途,山路行军的艰苦,食宿无依的困境,历历如在目前,以及此时此境的内心波动,感情真挚,格调沉郁,流露出一种对下层士兵和太行山民的深切同情和关心。就是这种"梗概多气"的风骨及其内在的积极进取精神,千百年来,震荡着天下英雄的心灵。这种重视反映现实生活的精神,开创了文学的一代新风,是我国文学史上的一个大胆突破。

石勒起义建后赵

南北朝十六国时期,北方战火连绵,朝代频迭,先后建立了一系列割据政权。其中以石勒建立的后赵政权势力较为强大,统一了北方的大部分地区,并一度以淮水为界,与东晋抗衡。

石勒,字世龙。西晋武帝咸宁五年(274)生于武乡县北原山下(今武乡故县东河沟)。石勒本无大名。在他起兵后,汲桑令他更姓为石,才有了这个名字。他是上党地区唯一当过皇帝的人物。家世为羯族(匈奴别种)部落小帅。羯族,为古代民族,是匈奴族中羌渠部的后裔,东汉时迁徙定居在上党地区。石勒的祖父与父亲曾为部落头领。小时因贫寒,"行贩洛阳",为人力耕。20多岁被晋官吏掠卖到山东为耕奴。乘西晋大乱,

石勒画像

以十八骑起兵,与汲桑等聚众起义,后投刘渊为大将。他逐渐积聚实力,重用汉族官员张宾为谋主,称雄北方,史言"发迹河朔,席卷兖豫,饮马江淮,折冲汉沔",据有"南至盟津,西达龙门,东至于河,北至于塞恒"的广大地域,逐渐脱离刘汉。312年,建都襄国(今河北邢台),319年称赵王,以河内24郡为赵国,晋地皆为其所辖,史称后赵。330年称帝,建都邺城(今河北临漳)。国力强盛,一度统一北方。329年,石勒攻入长安,前赵亡。东晋咸和八年(333)七月,石勒病逝,享年60岁。临终前,他传位于太子弘,并嘱咐石虎辅助。遗言俭葬,不可扰民。不料石勒死后,暴戾的石虎完全篡夺了朝中大权。由于石虎施行极其残暴的统治,各地纷纷举行起义,后赵王朝也很快走向了灭亡。351年,后赵亡。前后历时33年(319—351)。

石勒是一个杰出的政治家、军事家。他熟识经史,以史为鉴,以其文治武功大大推进了中国民族融合的历程。石勒称帝的经历和治国措施,对封建社会的帝王,特别是少数民族建立的王朝产生过巨大影响。

石勒当年在长治一带活动的遗址有好几处。

武乡县南二十里山谷内有小溪,当地人叫"麻池"。相传是石勒与邻居李阳所争的沤麻池。

武乡县东故县镇的北原山也叫鞊山,山上有石勒屯军寨城,叫石勒城,又名石勒寨。晋永嘉末,石勒曾屯兵于此。寨城建于一山峦之上,石筑寨墙依山形而砌,大部分保存完好,地面建筑只残留一过道券洞,山下平原还有石勒点将台。石勒寨顶的土堆,一直被传说可能是石勒墓。

平顺县石城乡的石勒寨,是当年石勒屯粮的地方。

襄垣县城东北25公里的西营镇城底村北200米处石勒城遗址,是石勒攻上党为骑兵积草的地方,也叫石勒城。背山面水,西、南为悬崖陡岸,山川险固。据《襄垣县志》记载:"晋大兴二年(319)石勒世居襄国,称赵王,后改上党,筑城于城底村北。以积刍米,其址犹存。"

石勒死后,石虎将石勒"潜瘗山谷,莫知何处",后又"虚葬于高平陵"。关于石勒的墓地,《晋书》说:"夜瘗山谷,莫知其所,备文物虚葬。"今武乡县北有石勒墓,陵川县城崇安寺的佛座下面也有石勒的坟墓,河北邢台县西北李马村北沟还有石勒墓,真墓到底在何处,无从确定。

武乡县后赵石勒城局部

高僧佛图澄潜隐南神山

佛图澄（232—348），西域人，本姓帛。西晋怀帝永嘉四年（310）至洛阳，年已79岁。时值永嘉乱起，不忍生灵涂炭，由洛阳至北方，首先落脚在武乡南神山，然后策杖入石勒军中，弘扬佛法，劝导石氏施行"德化"、"不为暴虐"、"不害无辜"，终令石勒信服，封为大和尚。武乡旧志载：西晋永嘉四年（310），已80高龄的佛图澄经洛阳至武乡南神山潜隐，并化石世龙。武乡南神山今有其说法道场——茅蓬等遗迹。南神山，旧称南山，因山上有南山神庙被称为南神山，在武乡县旧县城（今故县）东南1.5公里处，昔有观音井、八角池、龙爪槐等景观，风景秀丽，清静幽雅，

佛图澄画像

仙堂寺

山上碑碣诗赋甚多。山上庙宇已毁于兵祸,今只留满山林木。

北魏道武帝(386—409)时燕国公王文谟有《谒南山茅蓬寺》一诗:

西域佛图澄,东土济苍生。

河边洗心秽,闻铃辨吉凶。

法慧皇太子,度化石世龙。

圣师今犹在,南山梵音轻。

位于襄垣县城东北25公里处仙堂山的仙堂寺,是石勒称帝后,支持高僧佛图澄所建,佛图澄在石赵所辖州郡建寺893所,仙堂寺就是其中最宏伟的一座,是我国十六国时期的一个佛教圣地。

法显天竺取经

法显(337—422),原姓龚,是长治襄垣县龚家沟人,出身贫寒。法显曾有三个哥哥,都在幼年夭折。父亲怕灾祸再降临到法显的头上,所以从三岁时就送他进入佛门。当时佛界戒律经典有许多缺遗失误之处,致

法显画像

使许多僧尼不守"清规",有的耽于酒色,私行淫乱,有的与众争利,"清教"不清,污秽佛经。法显常慨叹律藏传译不全。为了促进佛教的传播,法显立志前往"西天"(指印度等地)求经,以维护佛教真义,矫正流弊。于东晋安帝隆安三年三月偕同慧景、道整等从长安(今西安)西行取经。途中历经千辛万苦,渡流沙、越葱岭,经历了人们想象不到的艰难,进入北印度境,到了陀历国(北印度古国名)。次年过雪山时,慧景冻死在途中。东晋义熙元年开始,法显在印度用3年时间,搜求律论六部,并学会了印度语,抄写律本。这时,法显唯一的同伴道整乐居印度,法显便独自东渡回国。义熙五年冬,法显从多摩梨帝国海口搭商船西南行回国,在狮子国(今斯里兰卡)住了两年,抄得四部经律,达到他求法的夙愿,途中遇大风,在海上漂流90天,到达南海的耶提婆。义熙八年夏初,法显再次搭乘商船泛海东行归国,经过两个多月,终于船抵青州长广郡崂山(今山东青岛崂山)南岸,受到了长广郡太守李嶷的迎接,全国佛界高僧名侣奔走相告,惊叹不已。净土宗始祖慧远大师,立即派人将法显迎到建康(今南京)道场寺。正在此研究佛经的130名博学鸿儒为法显大师举行了隆重的欢迎仪式。

法显归国后即在建康(今南京市)道场寺内与佛陀跋陀罗一起整理、翻译佛经。经5个春秋共译出六部二十四卷经律论,共百余万字。这些都是中国旧日所没有的大小乘三藏中的基本要籍。译经事告一段落后,法显撰写了《佛国记》(又名《法显传》)、《佛游天竺记》,将他前后15

年亲历30余国的旅途艰辛与所见所闻,作了详尽的描述,成为后人研究南亚次大陆各国古代史和中外交通的重要资料。法显为发展我国的佛教事业做出了卓越的贡献,是东晋时期著名的僧人、旅行家、翻译家,是中国僧人到天竺(今印度)留学的先驱者。

民间传说法显晚年回到故乡,圆寂于武乡县德峰山离相寺。

襄垣县虒亭之东,即后湾水库大坝北侧,有一座东北至西南走向的大山。因山石呈紫色,故名紫岩山,海拔971米。山中有寺名宝峰寺,所以该山又称宝峰山。宝峰寺相传是东晋高僧法显最初出家修行的地方。襄垣县仙堂山娲皇宫西侧悬崖峭壁上新雕有法显高僧的巨像,高达数十米,伟岸庄重。像侧是全国政协原副主席、中国佛教协会会长赵朴初先生亲笔题字:"东晋高僧法显法师"。成为法显的家乡襄垣县一种特殊的标志。

法显天竺取经路线图

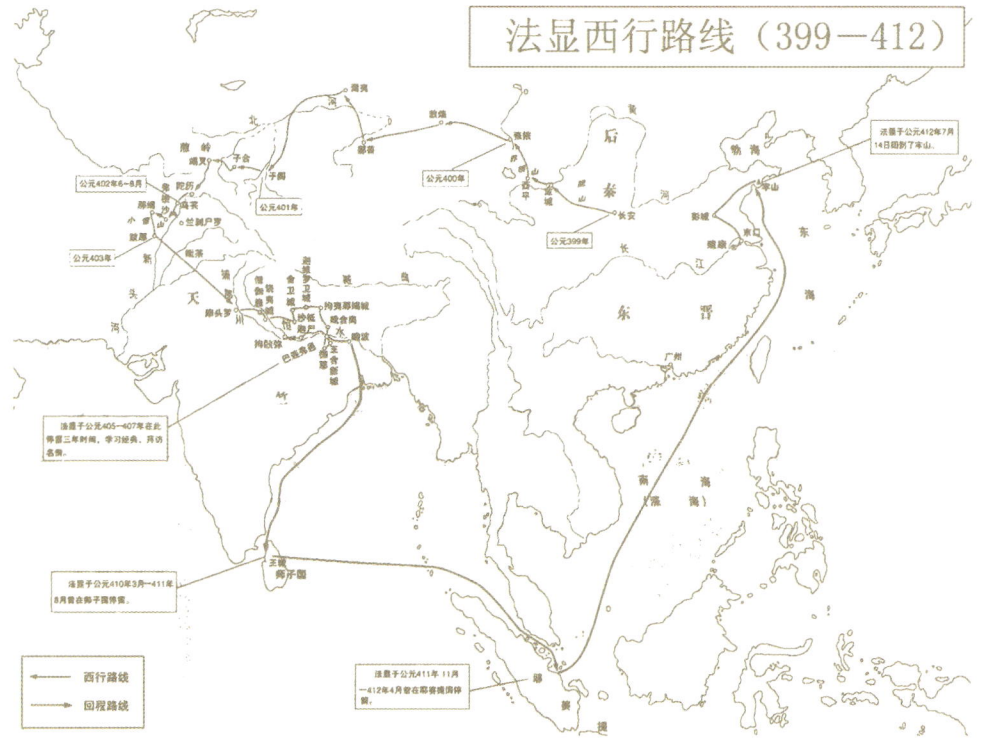

以少胜多的潞川之战

前燕为鲜卑族慕容氏的一支所建,最初建国于棘城(今辽宁义县西南)之北,后迁居辽东。晋咸康三年(337),慕容皝称燕王,后迁都龙城(今辽宁朝阳)。350年前燕军南下,消灭后赵,并在廉台与当时号称不可战胜的冉魏皇帝冉闵激战,灭冉魏,占有了今河北、河南、山东、山西、辽宁、内蒙古等广大地区。

前秦最早起于长安,共历六主,是氐族苻氏建立的政权。苻氏原姓蒲氏,后改为苻。氐族是西晋末年涌入中原的少数民族之一,氐族苻氏世居于略阳临渭(今甘肃天水东北)。西晋末年,氐族苻氏的代表人物苻洪被略阳氐人推举为盟主,先是归顺前赵刘曜,被刘曜封为归义候,后又归顺后赵主石虎。石虎死后,又归顺了东晋,被东晋当朝封为征北大将军、都督河北诸军事、冀州刺史、广川郡公。在归顺东晋时,他部下有十万余众,已是当时不可小觑的力量。

苻洪被石虎降将麻秋毒杀,其子苻健杀麻秋,自称晋征东大将军,挺进关中,打败了那里的割据势力杜洪,入驻长安,于永和八年(352)在长安称帝,国号秦,史称前秦。

后赵亡时,国内大乱。前燕、前秦均力图取而代之。

351年,后赵并州刺史张平派使降前秦,而后赵上党守将则降前燕。

前燕当时兵力雄厚,据有山西北部。358年,讨平叛前燕的张平,占据并州,继而又讨平上党。

前秦正是苻坚(苻健之侄)执政的时候,也是前秦最为强大的时候。前期,以蒲坂(今永济)为并州治,由此开始与前燕争夺晋地。

369年,前秦以前燕未如约割让虎牢以西之地为由,令辅国将军王猛与建威将军梁成、洛州刺史邓羌率三万军进攻洛阳,大败燕将慕容臧,攻占了洛阳。

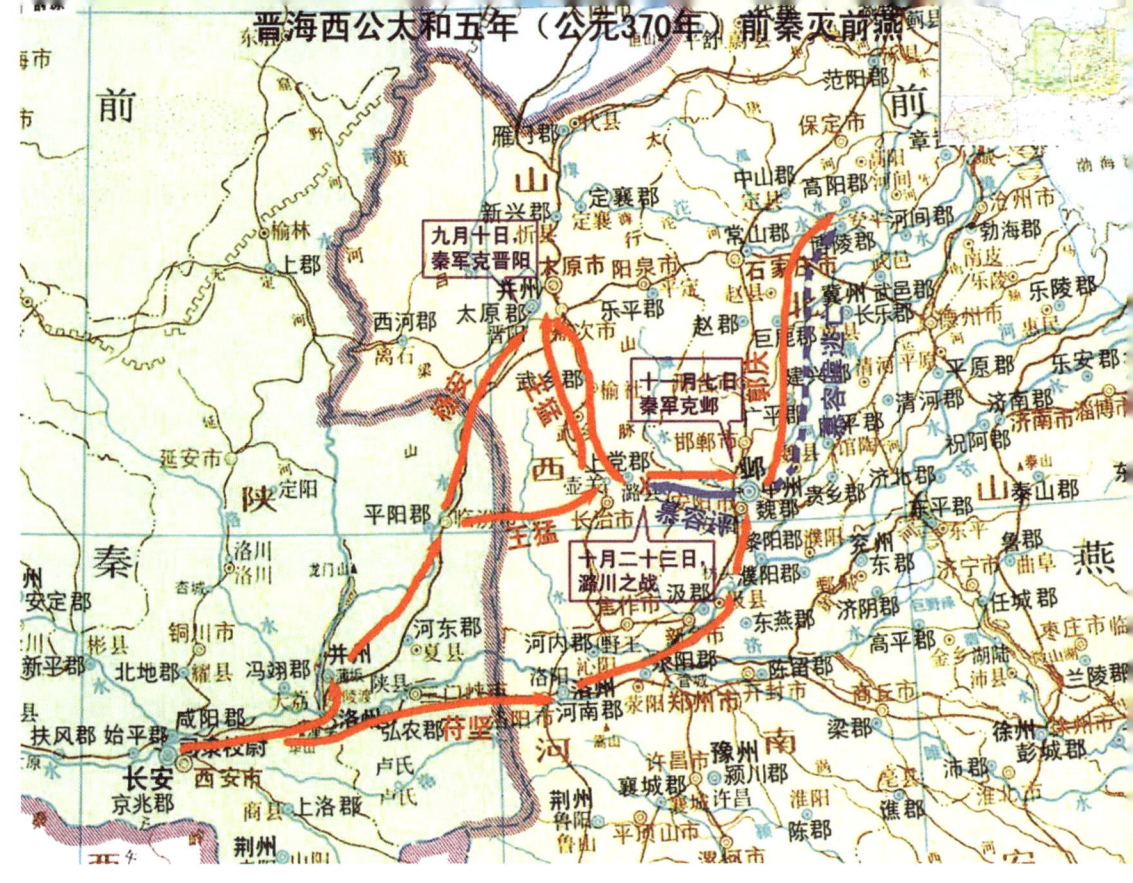

潞川之战形势图

次年(370)四月,王猛再度为帅,以杨安、邓羌为将,率军六万东进伐燕。兵分两路,王猛亲率一路攻壶关(今长治市区一带),杨安率一路攻晋阳(今山西太原西南)。七月初,王猛攻克壶关,活捉上党太守南安王慕容越,上党郡县全部归降。

秦军的逼近震惊了前燕朝堂。九月,燕主慕容暐急派太傅慕容评集结三十万大军援救壶关、晋阳。慕容评率三十万大军驻扎在潞川(今黎城、潞城之间浊漳河东岸),眼看着王猛的六万兵力克壶关、占晋阳,却不敢前去迎战,只是想利用潞川漳河之险以为防守。

不久,王猛军又攻占晋阳(今太原),擒并州刺史东海王慕容庄。王猛、杨安两军会合后直逼潞川。十月初十,王猛率主力进向潞川,与慕容评隔河对峙。慕容评以王猛孤军深入,想以静制动,待王猛粮草不济时不战而退。但慕容评生性贪婪,大敌当前,不思杀敌,竟固山封泉,士兵烧柴喝水都要收费,慕容评由此而骤富,积帛如丘,但燕军却怨气冲天,军心涣散。王猛闻之,于是派出五千精兵趁夜摸到慕容评的营后,一把火将燕军的粮草辎重烧了个精光,大火映红半边天,远在邺城的慕容暐大惧,派人痛责慕容评,并迫其将钱帛散与军士,催之速战。慕容评无奈之下,只好向王猛下了战书。王猛知燕兵已无斗志,于十月二十三日举行誓师大会,破釜弃粮,大呼竞进,战至日中,燕兵大败,俘斩5万余人,乘胜追击,所杀及降者又10万余人。前燕全军皆溃,慕容评单骑逃亡邺城。

十一月,苻坚亲率十万秦军赴邺城,与王猛会合,攻克邺城,俘获慕容暐。不到一个月的时间里,前燕灭亡。苻坚把燕国皇室宗亲,文武百官,贵胄富族共4万余户50多万人悉数迁到都城长安,迈出了统一北方最重要的一步。

潞川一战,前秦王猛仅率六万兵马出征,而前燕驻扎在潞川的是三十万兵力。秦军以少胜多,大败燕军,潞川之战与"官渡之战"、"赤壁之战"、"淝水之战"一样,也是中国古代战争史上以少胜多的经典战例。

前秦在晋地置66县,分属雍、并、幽3州。上党、武乡2郡隶属于并州(治晋阳)。前秦立国传6世,凡44年。

西燕建都长子

在五胡十六国时期,北方曾先后出现过一系列少数民族建立的国家政权。这其中,除了上党人石勒在襄国(今河北邢台)建立的后赵政权外,还有慕容永在长治地区建立的西燕王朝。

383年苻坚率百万军南伐东晋,惨败于淝水。前燕降将慕容垂乘机叛变。不久,苻坚死,其子苻丕于晋阳即帝位。既而群雄并起,鲜卑拓跋珪即代王位,后燕慕容垂称帝于中山(今河北定州),后秦王姚苌亦即帝位,西燕慕容永则于长子即帝位。

慕容永,字叔明,鲜卑族人。前秦苻坚攻破前燕时,曾强迫迁徙4万余户鲜卑人到长安,慕容永即在其中。晋太元九年(384),苻坚在进攻东晋中惨败,从前被苻坚迁至关中的前燕鲜卑贵族,共推慕容泓为主,并

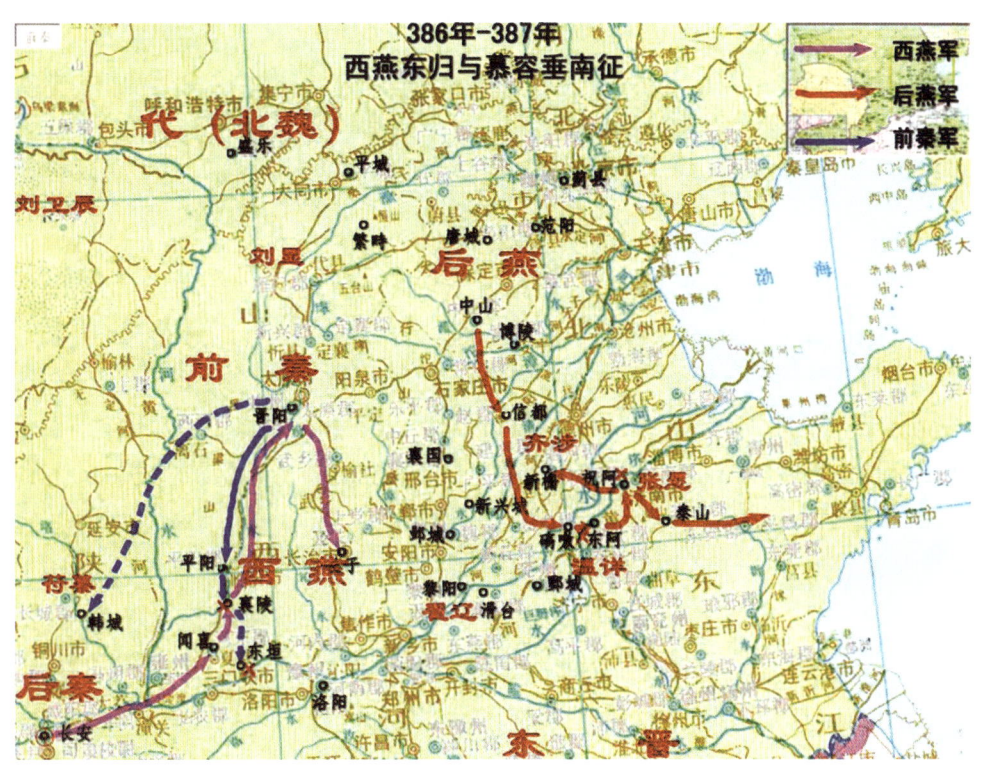

西燕建都长子形势图

在华阴(今陕西华阴市)起兵,大败前秦军,慕容泓自称济北王。这时,苻坚的平阳太守慕容冲,纠集部下在山西起兵,与慕容泓联合,慕容冲遂称帝,是为西燕。其时慕容永为慕容冲部下的"小将",后因作战勇敢,兼具谋略,被擢升为黄门郎。

西燕更始元年(385),慕容冲与羌族人合攻长安,苻坚出走,慕容冲占领长安。后又渡过黄河,进入河东。因鲜卑统治集团中不断发生内乱,权力逐步落入慕容永手中,先任尚书,385年又受封河东公。慕容永为政宽平,40万鲜卑人入河东投奔西燕,由他统领。386年初,慕容垂称帝于中山(今河北正定),建立后燕。当时,慕容永被部属拥立为河东王,暂时称藩于慕容垂。这一年,慕容永与前秦据守于平阳(今山西临汾)的苻丕军队展开大战,结果前秦的军队大败。于是慕容永乘胜东进,进入上党地区,据守长子(今长子县),自立为西燕皇帝,改年号为中兴,史称武桓帝,时在公元386年阴历十月。长子县从386年到394年,为西燕政权都城9年。

当年慕容永从长安一路东进,来到上党,见长治东南五龙山有五色祥云,认为是帝王之气,于是称帝于五龙山附近的长子,并在五龙山立五龙祠,以祭五方之神。《十六国春秋》载:"西燕慕容永时,有五色云见于此。遇旱祷雨辄应,因置祠以祀五方之神。"

两燕"台壁之战"

西燕和后燕都是鲜卑族慕容氏建立的国家,两国皆以复兴前燕为标榜。西燕慕容永与后燕慕容垂同是前燕的宗室。慕容垂是前燕景昭帝慕容儁的弟弟,而慕容永是慕容恪的从祖兄弟,遂产生法统之争,后燕主慕容垂认为,西燕慕容永只是前燕宗室的疏属,而自己才是前燕主的裔孙,岂能让慕容永"僭举号位,惑迷视听",决心在有生之年除之,以免累及子孙。中兴八年(393)十一月,慕容垂命慕容缵、张崇率步骑7万,从井陉西进,攻西燕晋阳(太原市西南晋源镇)。慕容永一面增兵晋阳,一面命方云、慕容钟率兵5万守潞川(浊漳河),驻扎在漳河两岸,把守壶口关(今黎城县东阳关),积粮于此,筑围墙,护以精兵,故名以台壁(今黎城台北村),严防慕容垂进袭长子。

次年二月,后燕又兵分三路上太行,西燕增兵万余分道据守。四月,慕容垂亲率大军屯兵天井关(今河北涉县天井峪,非晋城天井关)。慕容垂精通兵法,在天井关布下疑阵,屯而不进,只做出跃跃欲进的态势,如此一月有余。慕容永知道慕容垂用兵狡诈,担心慕容垂"明修栈道,暗度陈仓",恐慕容垂南袭轵关(今河南济源),便分兵南下,加强轵关防卫,不想恰中慕容垂调虎离山之计,趁着西燕兵力减弱之际,慕容垂指挥大军全线压进,很快突破壶口关,进围台壁。慕容永慌乱之中,将都城长子守军派往台壁增援,又急调南下轵关兵力北回。两军在浊漳河台壁一线摆开阵势。慕容垂列兵于台壁之南,暗中却伏兵于漳河涧下。决战开始,后燕军佯败，慕容永不知是诈，即指挥大军渡涧追击，不料后燕伏兵突起，西燕军处河中，猝不及防，顿时乱作一团，自相践踏，死伤无数，西燕大败。慕容永只好引兵退守长子。这时候的西燕已是分崩离析。驻守晋阳的将士闻风而逃，大将方云、慕容钟也在台壁大战中投降了慕容垂，西燕的都城长子成了一座孤城。慕容永只好派两个儿子缒城前往长安和燕北求救，勉强又支持了四五十日。在这期间，长子城中又有不少前燕旧部暗通后燕，而救兵却迟迟不来，慕容垂的部队在拿下晋阳后，也南下增兵围长子，长子城中人心惶惶，谣言四起。八月，西燕伐勤、大逸豆等将开城投降，后燕军涌入城中，斩慕容永及其公卿大将30余人，吞并了慕容永所统辖的八个郡、七万多户居民。西燕自此灭亡。

也有史料说慕容永在城破之时，单骑出逃。在逃到今长治郊区针漳村时被乱兵所杀。乾隆《潞安府志》载："慕容永墓，志书载在西南营，土人收葬，且庙祀之"。

长子县西20里处的石哲镇，有一个村庄叫"墓穴"村，又称"墓学"，当地传说西燕国被灭后，国君慕容永被杀后葬身于此地，原先住着国君守墓人，后演变为一个行政村。现村东有座土地庙，据传修庙的砖石就是从村里古墓处挖来的。后村人为避忌讳，改称"晋容"村。

长子县石哲镇慕容永墓遗址

北魏后燕的"潞川之战"

376年,拓跋氏的代国为前秦所灭。淝水之战后,前秦瓦解,拓跋珪于386年乘机复国,后改国号为魏。初建都于盛乐(今内蒙古和林格尔),史称北魏。

慕容部与拓跋部世为婚姻。北魏王子拓跋珪原附庸于后燕,故慕容垂初则支持拓跋珪征服独孤部及贺兰部,统一内部,复国建魏,以作为其控扼塞北诸部的附属之国。及至北魏势力日渐雄厚,欲谋独立,屡犯后燕的塞外诸部族,双方始相反目。后燕于太元二十年(395)五月,派慕容农和太子慕容宝、赵王慕容麟等领兵8万,远征拓跋魏。由于燕军内部不和,于参合陂惨败于魏军。

太元二十一年(396)三月,慕容垂部署兵力,御驾亲征,再次攻魏,

潞川(今黎城、潞城之间浊漳河东岸)

取胜,随即病重,大军回撤。四月癸未,于上谷沮阳去世,同月慕容宝即位。五月,以慕容农为都督并、雍、益、梁、秦、凉六州诸军事、并州牧,镇守晋阳。

太元二十一年(396)七月,慕容农率部数万人至并州。时并州素乏储存,而且该年霜降甚早,百姓无粮。燕军来后,又派诸部护军分监诸胡,因此"民夷俱怨,潜召魏军"。

太元二十一年(396)八月,北魏拓跋珪率步骑40余万大举攻燕。九月,军至阳曲,乘西山,临晋阳(并州治所,今太原西南),遣骑环城大噪而去。慕容农出战,大败,奔还晋阳,不得进城。慕容农带妻子和部众数千人转而东走,魏中领将军长孙肥追之,于潞川(今黎城、潞城之间浊漳河东岸)俘获慕容农妻子,燕军全军覆没。慕容农也身受重伤,仅率三骑逃回中山,妻小都被北魏俘虏。拓跋珪取并州后,继续率军东进,直指后燕国都中山。后燕从此日渐衰落,北魏势力进入中原。

后燕失晋阳、上党,不数年而亡国。北魏则于398年,把首都从盛乐迁到平城(今大同),定国号为魏,拓跋珪称皇帝,改元天兴,是为道武帝。经过半个多世纪的战争,439年北魏统一了黄河流域,结束了北方五胡十六国130余年的分裂割据局面。到494年孝文帝热心汉化,想消灭南朝,统一全国,又迁都洛阳。

北魏迁都在长治的遗留痕迹

孝文帝(467—499),本姓拓跋,名宏,是献文帝拓跋弘的长子,471—499年在位,为北魏第六位皇帝,谥号孝文皇帝。为了接受汉族先进文化,加强对黄河流域的控制,消灭南朝,统一全国,494年孝文帝决定迁都,495年正式迁都洛阳。北魏迁都洛阳前后,往返于大同、洛阳之间。长治是其过往之地,沿途留下了一些高水平匠人和高质量的艺术品。长治沁源县石窟、沁县南涅水石刻、羊头山石窟等的兴盛,可能都与

屯留县城西南疑山孝文帝庙

此有关,沿途还有许多相关地名遗留。

嶷神岭,又名疑山,在屯留县城西南 8 公里处。高 1021 米,无险峻高峰但山势蜿蜒盘曲,犹如一条卧龙。北魏时,孝文帝路过此地,遥看山岚缭绕,起伏不定,如游龙一般,便赐名为嶷神岭。山上有魏孝文帝庙,庙坐北向南,四合院落,有戏台、厢房等。明《潞州志》说:疑山,在县西南一十里。远看嶷神岭,影影绰绰确如腾云驾雾的蛟龙,若隐若现,为屯留县旧八景之一的"嶷山卧龙"。

今长治市郊区西白兔乡中村东北方龙泉山,山势巍峨挺拔,层峦叠嶂,山顶有一处椭圆形的盆地,有六十五尊浮雕佛像的石佛洞,为北魏时开凿,也应与孝文帝迁都有关。

沁县南涅水石刻造像与羊头山石窟

南北朝是中国佛教大发展时期,佛教造像艺术也得到了空前的发展。犍陀罗艺术与中国传统艺术相互融合,出现了崭新的艺术风格。在崇佛思想影响下,各地陆续开凿了一些石窟,规模大小不等。零星碑、像也多有所成。石刻艺术在普及中迅速提高。印度犍陀罗风格的造像逐渐吸收传统的雕刻技艺,演化成了中国佛像的风格特征。北朝早期,造像

沁县南涅水出土的北魏石雕造像塔

深目高鼻、斜袒右肩,到后期逐渐变成秀骨清像,着通肩大氅,其形象特征极似南北朝时期士族文人的形象,与早期作品产生了显著的区别。

北朝时期是我国文字演变史和书法史上的重要时期。其石刻文字称为魏碑或魏书,所显示的隶书向楷书的转变形态,是汉隶演变成魏隶(亦称"黄初体")之后的又一次演变,成为后来唐楷的发端。魏碑书法的崇尚自然、富于天趣、高浑雄强、古拙凝重、审美境界独特,在文字演变史和书法史上有不可替代的位置。长治现存的北朝书法碑碣,分别有北魏、东魏、北齐、北周纪年的摩崖石刻、石窟寺题刻、铭文造像碑、铭记碑、布施碑、造像塔铭、六棱碑等,共50余通。

沁县南涅水洪教院,位于县城东北30公里处南涅水村北,东汉永平十年(67)建,初名"弘教寺",取弘扬佛法、教化众生之意。到了南北朝

长治县北魏羊头山石窟局部

时期,佛教兴盛,寺院规模日趋扩大,佛教僧侣骤增,信佛居士遍布城乡。这一时期兴起了凿造石刻、石窟寺的高潮。南涅水石刻群就是在北魏永平元年(508)由佛教僧侣和信士开始捐资镌刻的。后寺院建筑毁于兵火,石刻、石像则埋于地下保存。金代重建寺院。金大定九年(1169)敕封"洪教之院",木制牌匾今仍悬挂在大雄宝殿之前。元至元、明天顺、清康熙、民国时期及新中国成立后曾多次修葺。

自20世纪40年代至90年代,在洪教院周围的田野土岭,共出土北朝至宋石刻造像约1126件。其中北朝石刻占大多数。石刻图像也最精美。种类有造像塔石、单体造像、组合造像、造像碑、评愿文碑、塔石铭刻、零星石刻、造像残块等。南涅水石刻群是中国古代民间石刻艺术珍品,在全国雕刻艺术史上占有重要地位,声名远播。其中造像塔石有400余件,佛龛造型形式多样,风格各异;人物造型比例适中,形象优美;动物造像采用了汉代的表现手法,刀法简洁,造型挺拔。南涅水石刻造像是研究我国佛教艺术和民俗生活的佳品,具有重要价值。

南涅水石刻中刻有铭文的北魏、东魏、北齐纪年的造像碑、许愿文碑、布施碑、塔石铭题等共30余通。这些文字铭刻为南涅水石刻的分期断代及深入研究提供了珍贵依据,为研究当时佛教在晋东南地区的传播发展,提供了文字材料,也为研究当时本地区和全国的社会、宗教、艺术、书法、文字演变等,提供了翔实的实物佐证。1965年5月24日南涅水石刻群被列为山西省重点文物保护单位。1989年10月,中央、省、市拨专款在沁县城南二郎山修建"南涅水石刻馆"予以保存。

羊头山又称羊山、老羊山、首阳山。位于长子、高平、长治县三地交界处,海拔1297米。主峰山顶上,遗存有一石制建筑物,其座雕刻为一伏羊,身长265厘米,形体肥壮,头尾清晰可辨;其身为正方体,四面雕刻佛龛,龛内雕释迦牟尼像和两尊胁侍菩萨,顶部横放四坡注水式檐石,坡面平缓,与身相接处为平面并依势雕刻成勾滴瓦状,通高200厘米,形制独特,结构简练,建造于北魏孝文帝太和年间(477—499),保存基本完好,其结构形制与雕刻艺术具有重要的研究价值。山之南坡,依山傍石开掘石窟,广凿石佛。有石窟9处,各为单体,零星分布,有一石一窟、一石两窟、一石三窟不等。窟面多为正方形,窟内凿大佛小佛诸多石像,少则一窟三像,多则上百乃至上千佛像,大部分为龛面中雕刻有

长治县北魏羊头山石窟题刻拓片

三尊菩萨真佛,或凿释迦牟尼,或凿释迦牟尼二弟子等。洞外石壁小佛,大小不等,形状各异,衣纹流畅,多数雕刻形制古朴,雕工简洁,为魏至唐时期所凿。

羊头山石窟造像题记俱为正书,是比较典型的北魏风格,布局方正,笔势粗犷,先书后刻,书法走的是笔方势圆的一路,用笔拙重,意态从容,笔势运行的起收使转力求精致;刻工朴拙,加上多年风雨侵蚀的影响,留下许多斑驳的缺痕,凿刻意味多于书写意味,更有一种自然古朴的意味,给人以浑厚、雍穆、含蓄的美感。

长治县《赠代郡太守程哲碑》造像碑

《赠代郡太守程哲碑》造像碑刻,清光绪年间发现,原立于长治县东呈村,现存山西博物院。该碑由石灰石雕造,高约135厘米,碑阳中间开龛雕佛像,龛内外布满线刻图饰,背光、龛饰、胁侍菩萨、供养人等均用线刻表现。纪年、造像主铭刻背面。造像刻画、碑铭书法俱为上乘之作。碑铭正书,32行,行45字,有方界格。《山右石刻丛编》、日本《书道全

程哲碑碑阳佛像

集》皆有著录。碑额题"大魏天平元年岁次甲寅十一月庚辰朔三日壬午造讫",立石时代为公元 534 年的东魏孝静帝天平元年。碑文内容记述了上党长子人程哲的家世、身世、品行、事迹、官职等,可补史志所阙。碑刻文字字体较小,刻工精到,十分珍贵。书法用笔劲直,结体纵长,楷法劲整,笔画形象以坚挺险劲为主调,字体结构则以宽博雍穆为特色,气象宏大,妙趣横生,信笔纵肆的笔致体势令人回肠荡气,遐想无穷,是北朝直笔隶意的真书流派中的典型代表,也是山西历代碑刻中之精品。近代学者侯镜昶先生的《书学论集》收录此碑,评价颇高。

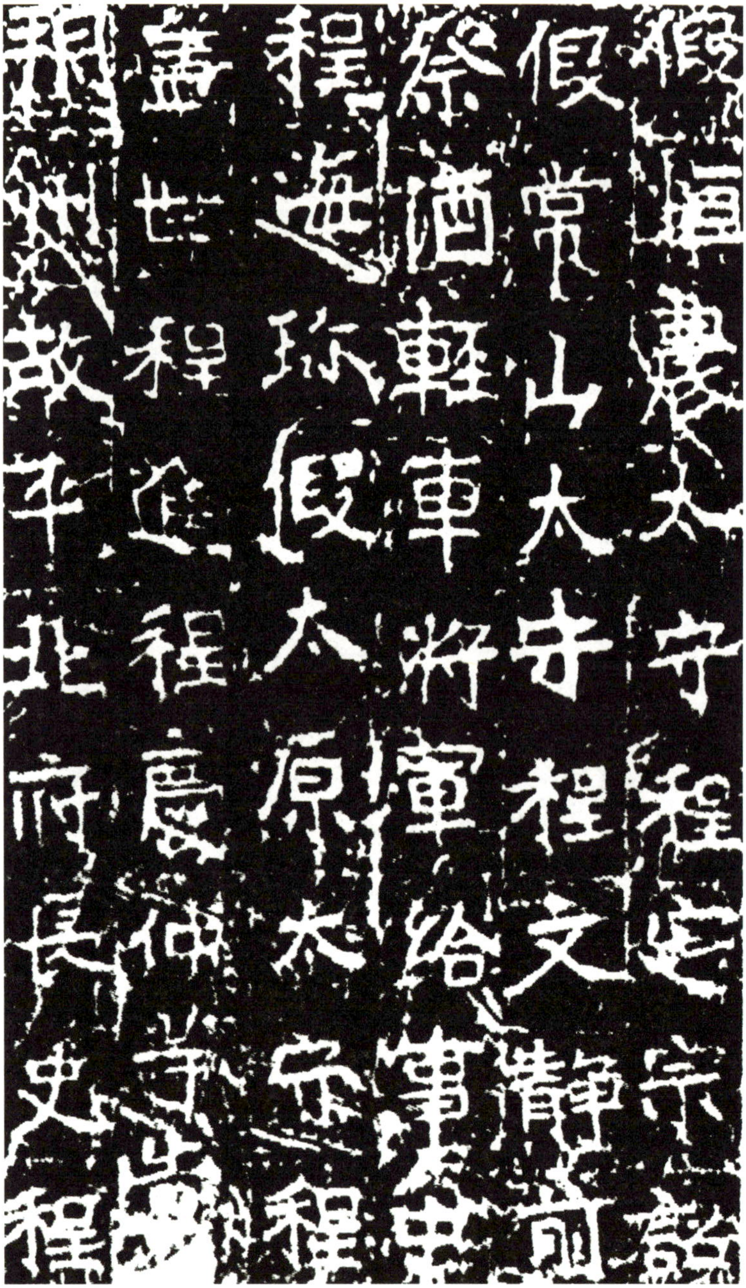

程哲碑碑文拓片局部

第四章

风云际会 盛世辉煌
（隋唐至宋元）

■ 概述

隋开皇三年(583)，废上党郡，移潞州于壶关(今长治市市区)。隋大业元年(605)，改潞州为上党郡，隶冀州。废并原壶关县建上党县，并将上党郡治迁往上党县(今长治市市区)，郡统10县：壶关、长子、潞城、屯留(后齐废，开皇十六年复)、襄垣、黎城、涉(后魏废，开皇十八年复)、乡(石勒置武乡郡，后魏去武字。开皇初郡废，十六年分置榆社县，大业初废)、铜鞮、沁源。

唐玄宗开元十七年(729)，以玄宗李隆基曾任潞州别驾的缘故，设大都督府，并置上党郡。开元二十一年(733)后，分为沁州阳城郡，治所在沁源县，领3县；潞州上党郡，治所在上党县，领10县。

唐代宗时设泽潞节度使(治今长治市。至德初称为"上党节度使"，宝应初改称"泽潞节度使")、潞州大都督府(治今长治市)。大历元年(766)，置昭义军。五代梁末帝时，改为匡义军。岁余，后唐灭后梁，改为安义军。后晋时，复为昭义军。后汉和后周(947—960)循旧制。

长治出土的隋唐时期文物，有陶器、瓷器、三彩器等，是当时手

107

工业发展水平的见证。长治现存的天台庵、丈八寺塔、燃灯塔、明慧大师塔等建筑，反映了唐代长治建筑艺术成就。它们在一定程度上反映了唐王朝由盛到衰的某些变化过程。

宋代长治地区归属于河东路，分为潞州（隆德府）和威胜军两个地区。太平兴国初（976为元年），改昭义军为昭德军，后改为潞州，崇宁三年（1104）升为隆德府。元丰年间（1078—1085）又曾将隆德府改为大都督府、上党郡、昭义军等名称。至崇宁三年（1104），复为隆德府。后又改为昭德军。辖境约当今山西省长治、襄垣、黎城、屯留、平顺、长子、壶关7县及河北省涉县等市县。威胜军，北宋建中靖国元年（1101），分昭义军置威胜军，设置在铜鞮县东北三十里乱柳寨（在今山西省沁县南十五里），并且移铜鞮县治于乱柳寨，下领3县：铜鞮县、武乡县、绵上县。

宋初尊重佛教，寺庙随之大兴。太平兴国三年（978），太宗赐上党寺庙无名寺额达10余处，长子法兴寺圆觉殿即建于此时。黎城、潞城起盖观音堂，朝廷曾颁赐《大藏经》，二县僧人因而大建寺庙。宋代佛寺遗构20余处集中于晋东南上党地区，反映了佛教文化在上党的发展兴盛状况。

金代长治又为潞州，隶河东南路。威胜军升为沁州。金天会六年（1128），置潞南辽沁观察处。宋失太原，金兵南下，长治太行山一带军民抗金斗争却如火如荼，直至金亡。

元朝初年，又改潞州为隆德府（行都元帅府事），属晋宁路。太宗三年（1231）再改为潞州，隶平阳路。

金、元之际大战乱，特别是蒙古军早期征服中的屠杀政策，使山西人口锐减，农业经济遭受巨大破坏。元代实现了全国大一统，生意渐复，人口增加，经济发展归于正常，农作物品种广泛交流，农业稳定发展，手工业更有空前的进步。

二贤庄与单雄信的民间传说

在长治市提到秦琼卖马的故事,就会提起单雄信(581—621)和二贤庄。

二贤庄位于长治市郊区堠北庄乡的凤凰山上,为一古寨堡。民间相传这里是隋末农民起义领袖单雄信与其兄单雄忠的故居,单氏兄弟仗义疏财,广交天下英雄,在江湖上声望极高,人称"二贤"。山东豪杰秦琼

长治市郊区堠北庄乡的凤凰山二贤庄

单雄信画像

卖马的故事，就发生在二贤庄。

依据《单氏族谱总序》记载，单雄信祖父叫单登，父单禹。单登是北周宇文氏麾下大将，战功卓著。北周统一中国北方后，单登负责镇守山东东昌府。公元579年，单禹承袭父职，仍镇东昌府。隋朝开皇元年（581），也就是单雄信出生那一年，隋文帝杨坚派李渊带兵剿灭北周，隋兵包围了东昌府，血战七天七夜，东昌府被攻破，单禹力尽被执，为唐朝的开国皇帝唐高祖李渊所杀。东昌府城破后，单府老将单洪，乘乱保护单夫人张氏和两个幼小的公子单雄忠、单雄信辗转逃亡，最后流落到潞州府，来到城西八里的一个小庄隐居，这就是后来有了名气的二贤庄。

单雄忠、单雄信兄弟性情豪爽，行侠仗义，定居二贤庄后，立志要报家仇国恨，所以不仅乐善好施，悯惜穷苦百姓，而且专好结交英雄好汉，以至于在潞州府内上下无人不晓，无人不知，全州八县及江湖上都有盛名，常有河南、山东一带的英雄豪杰慕名前来拜访。

于是就有了二贤庄秦琼卖马的演义故事。

演义传说中，单雄信是瓦岗寨五虎上将之首，义军领袖之一。616年，义军发生内讧，翟让被杀。618年，瓦岗军又在河南偃师大败，其他的瓦岗弟兄们投向了李唐，单雄信率军投奔了王世充，在为王世充效力中，单雄信曾几次挺槊直刺秦王李世民，被称作飞将。

唐王李世民爱惜单雄信是个英雄，几次派人下书劝其归顺，但单雄信撕了来书，表示与李唐誓不两立。公元621年，单雄信所部被唐军围困于伏牛山，血战三天三夜，见无胜出希望，便驱马跳崖，却未死，单雄信被俘并押至洛阳，因拒不降唐，最后被李世民无可奈何地杀了。秦琼闻讯，也曾飞马来救，但单雄信已经人头落地，秦琼只好含泪将单雄信葬在了洛阳东门外。于是在洛阳建了一座祠堂，名曰"报恩祠"，以报单雄信潞州之恩。

单雄信，历史上实有其人。《旧唐书》卷53《李密传单雄信附传》有简略记载："单雄信者，曹州人也。翟让与之友善。少骁健，尤能马上用枪，密军号为'飞将'。密偃师失利，遂降于王世充，署为大将军。太宗围逼东都，雄信出军拒战，援枪而至，几及太宗，徐喝止之，曰：'此秦王也'。雄信惶惧，遂退，太宗由是获免。东都平，斩于洛阳。"其豪爽仗义，忠诚守信颇为世人称道，更为小说、戏曲加以描绘渲染。如话本小说《说唐》，京剧《雄信反唐》、《秦琼卖马》、《斩单通》等，都赞扬了这位民间英雄和他那叱咤风云的壮烈人生。

今长治市西郊二贤庄庄园已修葺一新，这一带村子有多户"尚"姓，"单"与"尚"在当地读同音，乡人仍认单雄信为他们的先祖。

李隆基别驾潞州

李隆基（685—762），出生于洛阳，712年至756年在位，是唐朝在位时间最久的皇帝，唐睿宗第三子，母窦德妃。庙号"玄宗"，又因其谥号为"至道大圣大明孝皇帝"，亦称为唐明皇。

唐中宗景龙元年（707）四月，李隆基以临淄王的封爵和卫尉少卿的四品官职，兼任潞州别驾（潞州刺史的辅佐官），第一次来到潞州（今长治市）。景龙三年（709）十月卸任回长安。延和元年（712），即帝位。在潞

唐玄宗画像

州住过长达二年半的时间。

李隆基在潞州时,喜交豪俊。常赐潞人饮食财帛,以赢得人心,收取民心,多方延揽人才,显示了杰出的政治才能,"有德政、善僚属、礼士大夫、爱百姓"。理政之余,还修造了一所宏丽的府第,后面建有"德风亭"(旧址在今长治市府上街),这是取《论语》"君子之德风,小人之德草,草上之风必偃"之意而建的。亭西有条辇道直通游岭(今牛岭),岭上建有看花梳洗楼。李隆基常和当地名士及幕僚、契友们一起在此赏景赋诗,谈论国事。

李隆基选拔人才,能够不拘一格,故有识之士都乐于归附。如后来封为霍国公的王毛仲,"本高丽人",父亲犯罪,被没入官奴,只因"性识明悟",李隆基就引为心腹。又如后来封为成纪侯的李宜德,为人家奴而"矫捷善骑射",他就"以钱五万买之"。景龙三年(709)冬还长安后,以二人挟弓带箭,为其左右保镖;后助其成帝业,二人都得到了厚赏重封。还有结交于沁县的张暐,帮助唐玄宗谋划铲除太平公主,成为玄宗推心置腹的亲信。玄宗在沁县县令张暐的官邸,还邂逅了能歌善舞的倡女,当即就坠入了爱河,后被册封为赵丽妃;其父赵元礼、其兄赵常奴皆封高官;赵丽妃儿子、生于上党的李嗣谦(后改李瑛)被封为太子。除此外,还有壶关人、三朝元老苗晋卿,开元七年应制,唐玄宗亲试,看其潞州籍贯,便被擢为"文辞雅丽科"进士,尔后亦成为其亲随,于玄宗末年及肃宗、代宗朝,成为朝中的中流砥柱。

史志记载说,他在潞州时,"州境有黄龙白日升天。尝出畋,有紫云在其上,后从者望而得之。前后符瑞凡一十九事。"这些所谓的符瑞,有的是人为编造,有的是牵强附会,在今天固然不会相信,但在当时却起到了为李隆基夺取皇位做舆论准备的作用。燕国公、两度出任宰相的张说在奉敕撰写的《皇帝在潞州祥瑞颂十九首》中,记载了玄宗在潞州时的十九种祥瑞预兆,如潞州城内延唐寺的李树连理、长子羊头山下的嘉禾合穗、潞城的潞河逐鹿、漳河跃起的赤鲤鱼、壶口山东紫云缭绕、城南金桥欢唱的童谣等,保存了唐代潞州丰富的人文地理、民俗风情等文化信息,是当今十分难得的文献资料。在此基础上,张说还写过《上党旧宫述圣颂》;宰相、诗坛泰斗张九龄写有《圣应图赞》。据此,唐代潘炎还写了《日抱戴赋》等十四篇赋文,都是中国文学史上脍炙人口的佳作。据《唐朝名画录》载,唐江都王善画,应制画了《明皇潞府十九瑞应图》,被人誉为"造神极妙"。《新唐书·艺文志》载:"永王府长史陈闳书《上党十九瑞应图》"。总之,祥瑞颂图文为上党记录了唐代鲜活的"潞州风情图",同时也成为后世文人墨客极为青睐的题材范本。

景龙三年(709)十月,李隆基带着精锐将士卸任回长安,王毛仲、李宜德二人"挟弓矢为翼"。后来,李隆基以皇侄身份起事,诛韦后及其党羽,拥立他的父亲睿宗。李宜德参加了诛除韦后的行动。张晖、王毛仲则参加了镇压太平公主谋乱的行动,为李隆基当皇帝扫除了最后一道障碍。三年后,李隆基即帝位,开创了"开元盛世"。

开元十一年(723)正月,李隆基以皇帝身份再次来到潞州。侍驾而来的,还有张嘉贞、张说、张九龄、苗晋卿等名臣。初九日进入潞州后,大摆筵席"宴父老",把当年故居改为"飞龙宫",让张说写《上党旧宫述圣颂》,勒石树碑,让张九龄写《圣应图赞》,并且免除了潞州五年的租税,赦免了"大辟"以下的所有罪犯。据宋代《太平寰宇记》载:开元十一年正月,玄宗巡省潞州路过高平时,亲到长平之战故地,凭吊、祭奠被坑杀的赵国四十万生灵。此地原名叫"煞(杀)谷",史载其因露骸千步,积血三尺,故名煞谷。为了"后世不忘前世之鉴",不让历史的悲剧重演,故唐玄宗下诏改为"省冤谷",让后人永远反省这里冤杀生灵的悲剧。

开元十三年(725),李隆基东巡泰山行封禅大礼,回程途中又专程绕道第三次到潞州,体察民情,慰问疾苦,再次赏赐"父老"。据唐代郑綮《开天传信记》载,玄宗泰山封禅,返程曾驻扎在上党,车驾过城南门外的金桥时(一说在津良寺),御路萦转,风光无限。玄宗见数十里间,旌旗鲜洁,羽卫整齐,顾谓左右曰:"张说言'勒兵三十万,旌旗千里间,陕右上党,至于太原',真才子也。"左右皆呼万岁。遂诏吴道子、韦无忝、陈闳,令同制金桥图。玄宗及其所乘照夜白马,陈闳主画;桥梁、山水、车舆、人物、草树、雁鸟、器仗、帷幕,吴道子主画;狗马、骡驴、牛羊、骆驼、猫、猴、猪,四足之属,韦无忝主画。画成,时人誉为"三绝"。《金桥图》因由"画圣"吴道子主笔,画的又是玄宗泰山封禅归来的大题材,故在当时及以后影响非凡。记载此画的有唐代张彦远的《历代名画记》,宋代郭若虚的《图画见闻录》,王谠的《唐语林》,宋代大型类书《太平广记》。近年,高平伯方仙翁庙发现的壁画,有一幅描绘的就是:玄宗泰山封禅归来驻跸上党的场面,学者起名为《唐玄宗封禅图》。又据《唐大诏令集》载,开元十三年三月,巡省潞州,路过高平,怀古恻然。为有助于教化,唐玄宗下诏,改高平境内的丹水为怀水,丹水府为怀仁府。

开元二十年(732)农历冬十月,唐玄宗再次北巡,第四次到潞州。史书上记载,至潞州之飞龙宫,给赋三年,兵募丁防先差未发者,令改出余州,对老年人普遍"赐粟帛",然后离去。

唐玄宗李隆基之所以对潞州情有独钟,是因为潞州为其发迹之地。李隆基留有三首吟诵潞州诗。第一首《早登太行山中言志》,一般认为是开元十一年(723)正月,第一次以皇帝身份巡幸潞州时写的,诗中有"度河阳""上太行""明鸟道""绕羊肠"等带有上党地理特征的词语,这首诗既抒发了其对潞州的眷恋之情,也表现了其励精图治、敢为天下先的雄心壮志。第二首诗《巡省途次上党旧宫赋并序》,也可能写于开元十一年,视察途中,驻跸上党,面对旧居,有感而发,并诏改旧宅为"飞龙宫"。此诗有序,交代了写作缘由,及自己的奋斗、成长过程,序文说任潞州别驾期间,就有鲲鹏之志,后来一举成功,是应了潞州金桥童谣祥瑞之兆,君权神授,此乃天意,故地重游,感慨万端。虽不能和汉高祖衣锦还乡相比,但就像其故乡丰邑一样,潞州也是我的故乡,故我也要慷慨痛饮,击筑高唱上党的《大风歌》。第三首诗《赐崔日知往潞州》,可能写于从潞州北巡返京城不久。上党自古为兵家必争之地,于是他下令在潞州设立都督府,派他非常赏识的崔日知坐镇潞州,雄视天下,成为大唐稳固的"大后院"。其中"壶关宠旧林"表达了对昔日壶关山紫云缭绕之景的宠幸;"藩镇讴谣满,行宫雨露深",表达了对潞州父老乡亲感激、报恩之情。

壶关走出的宰相苗晋卿

苗晋卿(685—765),字元辅,唐代名相,潞州壶关(今长治市壶关县)人。玄宗时官至工部尚书、左丞,肃宗时授左相,封韩国公。代宗即位,对其仍很敬重。苗晋卿年八十岁时,以太保终,赠太师。苗晋卿在唐肃宗在位的时候,做了七年宰相,内政安宁,应当说还是很有成绩的。

苗晋卿出身于一个书香世家,幼好学,能写文章,又能诗,他进士及第后,先为修武(今河南修武)尉,后到朝中任吏部郎中、中书舍人等职。唐玄宗开元十一年(723)正月,李隆基浩浩荡荡地来归潞州时,侍驾而行的一批名臣中就有苗晋卿。天宝二年(743)的春天,御史中丞张倚的儿子张奭,参加进士考试,主考官是苗晋卿和宋遥。他俩认为张倚深受玄宗的信任,不敢得罪,就给了张奭一个甲科之首。而当时很多人都知道张奭胸无点墨,一时议论纷纷。安禄山为了打击张倚的势力,把此事奏报了玄宗。玄宗把新录取的进士集中到花萼楼亲自进行殿试,结果被录取的

苗晋卿画像

只有十来个人,其余的都名落孙山,张奭更是狼狈,竟手持试卷,一天写不出一个字来,当时人们谓之"曳卷",朝野哗然,唐玄宗大怒,下旨把苗晋卿贬为安康郡太守,宋遥贬为武当郡太守,张奭的父亲张倚也被贬为淮阳太守。

苗晋卿去了安康,第二年又被任命为河北采访使,后来又一步步地回到朝堂。"安史之乱"时,玄宗仓皇辞庙,入蜀西逃,帝位让于肃宗李亨。苗晋卿时任陕郡太守,在扶风曾拜谒肃宗,进计献策,被授左相,封韩国公。唐肃宗崩,以首辅摄政三日,代宗即位,对他仍很敬重。晚年行走困难,代宗特意在延英殿召见苗晋卿,以示优礼,称"延英对"。《新唐书》说"宰臣对小延英,自晋卿始。"苗晋卿年八十岁时,以太保终,赠太师。

苗晋卿有十个儿子,其中一个苗发,是当时的著名诗人,是唐代大历年间著名的"大历十才子"之一。

驰骋泽潞的李抱玉、李抱真兄弟

李抱玉(704—777),初名安重璋,河西大族安兴贵玄孙,唐朝将领。

李抱玉家族世代居住于河西,以善养名马而闻名。李抱玉在西州长大,爱好骑射,熟识军事。

安史之乱时,李抱玉耻与叛军首领安禄山同姓,请求举宗族并赐国姓,唐肃宗赐姓李氏,遂以李为姓,改名抱玉。李抱玉守河阳,收复怀州,皆功居第一,迁泽州刺史,兼御史中丞,封栾城县公。唐代宗即位,擢为泽潞节度使(治今山西长治)、潞州大都督府(治今山西长治)长史,兼御史大夫,加领陈、郑二州,统相(今河南安阳)、卫(今属河南)、邢(今河北邢台)等十一州兵,后迁任兵部尚书,封武威郡王。李抱玉多次上书恳辞王爵,唐代宗只好改封其为凉国公,拜为司徒。大历十二年(777),李抱玉去世,唐代宗非常悲痛,为此罢朝三日,追赠太保,谥号昭武。

长治市唐代官立《李抱真德政碑》

唐广德元年,有吐谷浑部从太原迁往潞州。"初,大将李万江者,本退浑部,李抱玉送回纥,道太原,举帐从至潞州,牧津梁寺(今长治市长子津梁寺),地美水草,马如鸭而健,世所谓津梁种者,岁入马价数百万"。吐谷浑人李万江部从太原跟随李抱玉迁往潞州。他在潞州地美水草的津梁寺,搞了个牧马场,所产马成了一种优良品种,被称为"津梁种"。从"岁入马价数百万"看,昭义节度使还大规模地出售"津梁种"良马以谋利,也反映其管内潞州地区有相当规模的牧马业,泽潞区是唐代三大产马区之一。

李抱真,本姓安,字太玄,河西人,李抱玉从父弟。

李抱真沉虑果断,深得其兄李抱玉厚爱。李抱玉为泽潞(今山西长治)节度使时,选李抱真为军中官吏,官至汾州(今山西境内)别驾。唐大将铁勒族人仆固怀恩拥兵不朝,在汾州反唐,并引来吐蕃、回纥进兵长安,京师震惊。李抱真因平息仆固怀恩有功,晋升为殿中少监,不久又任陈、郑、泽、潞节度留后。李抱真说:"我虽无什么可值得称道的,但当今百姓生活的好坏,取决于地方官。我愿领一郡来实现自己的抱负。"皇帝改授其为泽州(今山西晋城)刺史兼泽、潞节度副使。

李抱玉死后,李抱真仍领怀、泽、潞观察使留后。他认为山东地区一定会发生藩镇割据,上党(今山西长治)地当要冲,战争频繁,土地贫瘠,赋税繁重,百姓生活艰辛,已无法供养官军。李抱真便在管辖范围内丁男三选其一,专挑精壮,免其租徭,发给弓矢,对他们训话说:"农闲季节,应从事射击训练,年终我将要亲自考核。"时间一到,持簿会考,根据训练情况分别进行赏罚,如此坚持了三年,这些丁壮个个能征善战,精心训练的乡兵多达二万,号为"昭义军",既不花费国库费用,又未影响农民正常生产,当时有"昭义军步兵冠诸军"的说法。

德宗建中年间(780—783),田悦反叛,围攻邢州(今河北邢台)及临洺。李抱真与马燧等中央神策军,大败田悦,斩其将杨朝光,解邢州及临洺之围。当唐德宗仓促逃到奉天(今陕西乾县),唐朝处于十分危急之中时,李抱真以潞州等三州训练有素的军队,外抗叛军,内安军士,"为群盗所惮",为维护大唐安定与国家统一做出了巨大贡献。

德宗兴元元年(784),李抱真身居宰相显职。这时朱滔借用回纥兵围攻贝州(今河北清河、山东临清一带)。在这种混乱的局面下,唐德宗向全国下《罪已诏》,以收拾动乱的局面。李抱真劝说叛将王武俊,联合起来,大破朱滔。李抱真功加检校司空。贞元初年,到京师朝见皇帝。不久,奉命又回到昭义军治所潞州。

李抱真沉断有计谋,礼贤下士。晚年时,追求享受,大起台榭以自娱,又相信炼丹长生不老之说,以致死于丹毒。李抱真死后,唐德宗为之废朝三日,追赠太保。

《新唐书》载:"抱玉在镇十余年,虽无破虏功,而禁暴安人,为将臣之良。"《旧唐书》说:"李抱玉、李抱真,以武勇之材,兼忠义之行,有唐之良将也。且如农隙教潞人之射,数骑入武俊之营,非有奇谋,孰能如是。惜乎服食求仙,为药所误。赞曰:李抱玉、李抱真,我朝良将。"《李抱真德政碑》,唐代官立德政碑,撰书、篆额皆题奉款,今在长治市一中院内。

昭义军镇治所在今山西省长治市,是唐代的中原型藩镇。它的重要地理位置使其具有抑制山东、防卫东都的特殊战略地位。在唐代宗至文宗期间,昭义军曾数次参与平定地方藩镇的叛乱,对河朔三镇的势力扩张起了很好的遏制作用。

李贺客居潞州

李贺(790—816),字长吉,唐代著名诗人,世称李长吉,又有鬼才、诗鬼等称,与李白、李商隐三人并称唐代"三李"。李贺诗受楚辞、古乐府、齐梁宫体及唐人李白、杜甫、韩愈等多方面的影响,经自己熔铸、苦吟,形成非常独特的风格,想象丰富奇特、语言瑰丽奇峭。

李贺祖籍陇西,有时他便自称"陇西长吉"。后移居河南福昌县。李贺出身望族,为唐宗室郑王李亮的后裔。可是到了他父亲的时候,家世已经衰落。父亲仅做过边疆小官,死得很早,留下李贺和幼弟同母亲相依为命,家境十分寒素。

李贺自幼聪慧好学。传说他在七岁的时候就会作诗。李贺十五六岁时,已以工乐府诗与先辈李益齐名了。

李贺生活的时代,正值"安史之乱"后不久。当时,藩镇割据,宦官擅权,朋党纷争,朝政腐败,阶级和民族矛盾十分尖锐。在这样一个乱世里,李贺不仅不被重用,反遭别人诽谤和排挤。李贺20岁时,参加河南府试,被选拔去京城长安对第。然而,有人为了排挤李贺,说他父名晋肃,"晋"、"进"同音,所以李贺应避家讳,不得举进士。这样就堵塞了李贺的仕进之路。李贺这次的进士终于没能考成,以后也再没有参考。

李贺画像

李贺后来在朝中做了一个从九品的"奉礼郎",负责祭祀朝会时的座次、祭品以及赞导之类,郁郁不得志。三年后,他终于辞去朝职,离开长安,返回了故乡。

正在这时,他在潞州的朋友张彻,邀他到潞州去。张彻是大文学家、大诗人韩愈的学生、侄女婿,与李贺相交甚密,当时在潞州节度使郗士美手下做幕僚。李贺于唐宪宗元和八年(813)六月,从故乡河南福昌县(今河南宜阳县西)出发,前往潞州,并写下了《河阳歌》、《七月一日晓入太行山》、《长平箭头歌》等诗。

李贺来到潞州,平日里,他多是帮助张彻处理些文书事务,余暇便饮酒作诗,像以往那样,更用心地投入了诗歌的创作。据有关专家的考证,《江楼曲》、《大堤曲》、《湘妃》、《湖中曲》、《钓鱼曲》、《安乐宫》、《亘甬东城》、《黄头郎》、《染丝上春机》、《高平县东私路》、《酒罢张大彻索赠诗时张初效潞幕》、《潞州张大宅病酒遇江使寄上十四兄》等都是李贺在潞州时的作品。这个时期是诗人生命中最后一个创作高峰。有人曾作过统计,在李贺所留下的230多首诗中,有30多首是他在潞州写的,占一生诗作的八分之一。李贺的诗,想象丰富奇特,意境新颖诡异,富于浪漫主义色彩,在唐朝诗坛上占有独特的位置。后人有"太白仙才,长吉鬼才"的说法,又有将他和杜牧一起并称"小李杜",以别于李白和杜甫。

后来节度使郗士美为保名节告病还乡,张彻也走了。李贺在元和十一年(816)秋,打点行装,离开潞州,结束了三年客居潞州的生活,回到他的河南福昌老家。第二年,体弱多病的李贺在故乡与世长辞,年仅27岁。

夹寨之战

"安史之乱"后,唐朝大一统局面破裂,藩镇势兴,唐廷与藩镇时有战争。黄河南北,战马奔驰,连年战争,朝廷与各藩镇间保持着微妙的平衡。随着唐末农民起义的爆发，唐王朝彻底崩溃，随即陷入无休止的战乱之中，纷争不息，五十三年间更换了后梁、后唐、后晋、后汉、后周5个朝代，共8姓14君，人民陷于涂炭，灾难深重。五代之中，除后梁朝外，后四朝（后唐、后晋、后汉、后周）的统治者李存勖、李嗣源、石敬瑭、刘知远、郭威等，都发迹于河东，都与长治有关联，长治成为五代各国交战的焦点，战争频仍，蒙难尤重。唐末五代长治战事有李克修攻破泽、潞二州；李克用破孟方立之子孟迁，取邢、洺、磁三州，还军长治，于三垂冈置酒劳军；潞州叛降于河南朱温，李克用复守潞州；夹寨、三垂冈之战；后晋石敬瑭借契丹兵南下攻后唐，后唐潞州守将赵德均父子迎降于高河；潞州留后王守恩杀契丹使者，归附后汉刘知远；北汉借契丹兵伐周侵潞州，昭义节度使李筠战败，退守潞州城等。北宋统一中国后，社会才又恢复和平安定。

潞、泽、沁、辽四州，即上党地区，位于山西东南部。从太原经潞州东出壶关，是相州、魏州。从太原经泽州东出天井关是怀州、孟州，从相、魏、怀、孟南下，渡过黄河就可直逼洛阳与开封。因此，无论从河南、河北攻山西，或由山西南下中原，上党地区都是重要的孔道，自古为兵家必争之地。908年，梁军围潞州。李存勖说："上党，河东之藩蔽，无上党，是无河东也。"因而倾全力大破梁军于夹寨。当晋军乘胜进取泽州时，梁将牛存节说："要害之地，不可致失"，苦战十多天，守住泽州，迫使晋军退

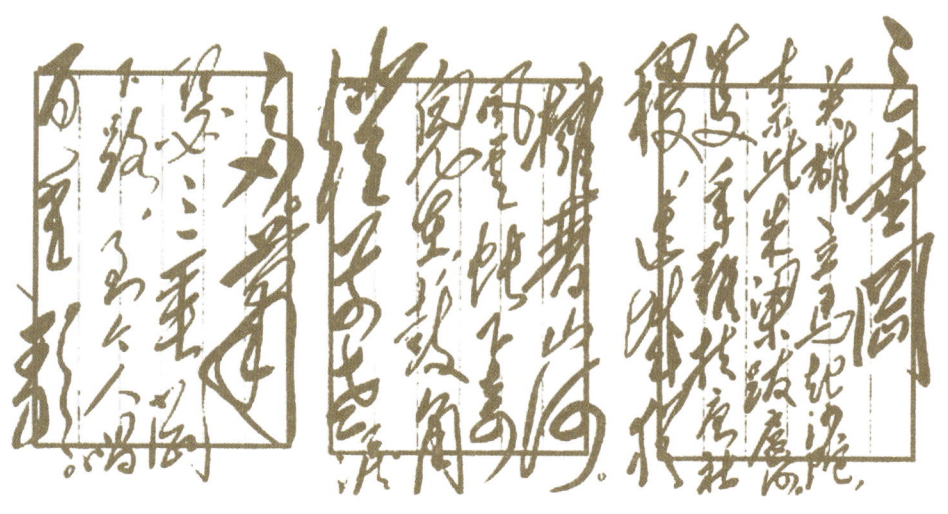

毛泽东书《三垂冈》诗

李存勖画像

保高平。可见梁、晋双方都懂得这个地区战略地位的重要。因此梁、晋两军在长治地区的争夺战最多也最为激烈,最著名的战役是夹寨之战。

唐天祐四年(907),朱温废唐哀帝李柷,自立为帝,改元开平,国号梁,史称后梁。朱温称帝后,派兵10万向潞州杀来,潞州守将李嗣昭紧闭城关,固守不出。梁军久攻不下,便在潞州城下(今长治郊区南、北寨村)筑长城,状如蚰蜒,内防冲突,外拒援兵,谓之夹寨。双方相持一年有余。其间李克用死,李存勖继晋王。梁军以李克用新丧、李存勖新立而放松戒备。后梁开平二年(908)四月二十四日李存勖亲率周德威及大军从太原出发,疾驰6日抵达黄碾(今郊区黄碾镇),五月一日伏军于三垂冈下,而梁军对此却毫无察觉。第二天清晨,适逢天降大雾,李存勖指挥大军一鼓作气,直捣梁之夹寨,梁军尚在梦中,仓促中不及应战,被晋军杀得大败,死伤逾千,马匹器械遗弃无数。晋军俘获梁军副招讨使苻道昭和将士三百多人,谷米百万石。从此,李存勖与后梁朱温隔河(黄河)相望,成对峙之势。夹寨之战,直接决定了后梁朱温与后唐李存勖之间的力量对比,导致了政权更迭和王朝替换。其后晋王李存勖率军与汴梁进行了15年艰苦卓绝的战争,史称"汴晋争衡"。争战中,晋军取得一次次的胜利,并最终于后唐同光元年(923)灭了后梁,建立了后唐王朝。

三垂冈实际上就是三个颇为壮观的土丘,位于今天长治市西北部郊区,当地人叫三垂山。三个土丘,分别叫作大冈山、二冈山、三冈山。清代诗人严遂成有一首著名的诗《三垂冈》专咏李克用、李存勖父子:

"英雄立马起沙陀,奈此朱梁跋扈何。只手难扶唐社稷,连城犹拥晋山河。风云帐下奇儿在,鼓角灯前老泪多。萧瑟三垂冈下路,至今人唱百年歌。"

宋太祖平定潞泽

李筠,并州太原(今山西太原)人,五代时后周大将,生年未详,卒于北宋太祖建隆元年(960),初名荣,避周世宗讳,改名筠。幼年从军,以勇力著称,史称能开百斤硬弓,在后唐时期就已经名闻军界。广顺元年(951),后汉枢密使郭威革汉祚称帝,是为后周太祖。太祖论开国功绩,迁李筠为昭义军(治所在潞州,今山西长治市)节度使、检校太傅、同平章事。

此后数年之间,后周世宗屡次与北汉构兵。李筠驻潞州,以奇兵屡破支援晋阳(北汉)的辽军,因功加封侍中。从显德二年到六年(955—959),李筠连年与北汉作战,先后攻克辽州(今山西左权县)与长清寨等,俘获刺史、大将数百名。几乎以其一部之力来抵挡整个北汉。李筠镇守潞、泽、沁等州达8年之久,他为人骄横跋扈,连周世宗都不放在眼里。周世宗即位后,李筠因功荣封太尉。

后周显德七年(960)正月,殿前都点检赵匡胤借陈桥兵变称帝建立北宋后,安抚后周宿将,遣使加封李筠为中书令,喻示李筠入朝。李筠当时想拒绝受命,但被左右苦苦劝阻,不得已勉强下拜。等到使者升阶,排酒奏乐,李筠却突然把后周太祖的画像挂在墙上,痛哭流涕。

不久,他就派遣牙将刘继冲等向北汉睿宗刘钧称臣。睿宗以蜡丸封书约李筠联合伐宋。李筠长子李守节不同意父亲的做法,但劝阻无效。宋太祖得知李氏父子意见不一,任命李守节为皇城使以探李筠意图。李筠也趁机派儿子入京,以窥伺朝中动向。李守节入宫,太祖开口便叫他为太子,吓得李守节魂飞魄散,连连叩头表示效忠新君。太祖让李守节

宋太祖画像

回去劝李筠打消造反的念头,哪知李筠不听儿子劝告。

李筠表面归附宋朝,实际上一心准备伐宋以报答后周。建隆元年(960)四月,李筠决定起兵造反。这时距离赵匡胤创建宋朝才刚刚过去了100多天。北汉皇帝睿宗前来支援,睿宗刘钧亲率大军出团柏谷(今祁县团柏镇),进至太平驿(今屯留县北)参战。李筠在太平驿以臣下的礼节拜见他。睿宗当即封李筠为西平王,并召他谈话。李筠陈述自己身受郭氏大恩,决心要联合北汉,伐宋报周。睿宗听了默然不语,从此心里怀疑李筠,命令宣徽使卢赞监其军,李筠也怏怏不快。

李筠的性格跟历史上的项羽特别像,刚愎自用,不听人言。他骄傲地说:"吾有儋珪枪、拨汗马,何忧天下不平哉。"李筠的开局不错,他的第一战即夺取了泽州城。李筠首先出兵袭占泽州(治今山西晋城),杀死刺史张福,继留其子李守节守潞州(治上党,今山西长治),自率兵3万会北汉军南下,欲直捣汴京。

消息传来,宋太祖急派大将石守信、高怀德、慕容延钊和王全斌等人率军平叛。此时,曾答应出兵相助的北汉睿宗刘钧却坐山观虎斗,竟按兵不动。

宋太祖抢先一步,派遣大将石守信和慕容延钊等两路出兵夹击李筠,慕容延钊北出长平(今山西高平市),首战打败李筠的军队,斩获三千人。紧接着,宋太祖御驾亲征,下诏削夺李筠官职,并用赵普之策,倍道兼行,渡河突袭。途中宋太祖路经碗子城(今山西晋城泽州县晋庙铺镇碗城村)时,山多石,不可行。宋太祖先于马上负石,六军皆负石,即日平石为大道,遂至泽州,同石守信等会师,在泽州以南打败李筠的三万主力部队,擒北汉将范守图,杀卢赞。李筠被迫北还坚守泽州。六月,宋太祖兵临泽州,李筠坚守城池。宋太祖亲自督战,激战十余日,攻下泽州城池,李筠赴火自焚而死。北汉宰相卫融被俘。赵匡胤顺势而上,一路招抚各地官员百姓,处处纳降,最后到达潞州。

太祖入潞州城,于行宫宴请臣属,又大赦李筠所部,免潞州附近30里当年田租。李筠的儿子李守节可是一点不守节,小伙子很聪明地选择了投降,受到了赵匡胤的厚待。不久,以李继勋为昭义节度使。就这样,短短一个月,宋太祖赵匡胤平定潞泽,为日后讨伐北汉开辟了一块基地。

综观李筠生平行事,可谓很讲究忠孝信义,大节不亏。然而,从历史发展的角度来衡量,李筠却拘泥于个人同后周郭氏之间的君臣知遇之恩而拒不归宋,继续割据战争,加深祸乱,是为不晓时势者。

李孟三入中书

李孟(1255—1321),字道复,号秋谷,元代中叶政治家。后唐皇室沙陀贵族后裔。先世居潞州上党(今山西长治)。祖父李昌祚,任金潞州税务同监,归降蒙古,授潞州招抚使,佩银符。父李唐(1226—1306),通蒙古语,从军于秦、陇,1248年后长期在汉中担任幕僚职务,遂迁居汉中。

至元三十一年,李孟在父亲敦促下再次北上求仕,路过关中,时成宗即位,诏命各省采访世祖朝政事以备修史,陕西行省留李孟参与讨论编次,送京进呈。皇太后阔阔真(真金妃)为孙子海山、爱育黎拔力八达(已故真金次子答剌麻八剌之子)选聘名儒为师,李孟被推荐当选。大德三年(1299),海山出镇漠北。爱育黎拔力八达留京中,李孟"日侍讲读",

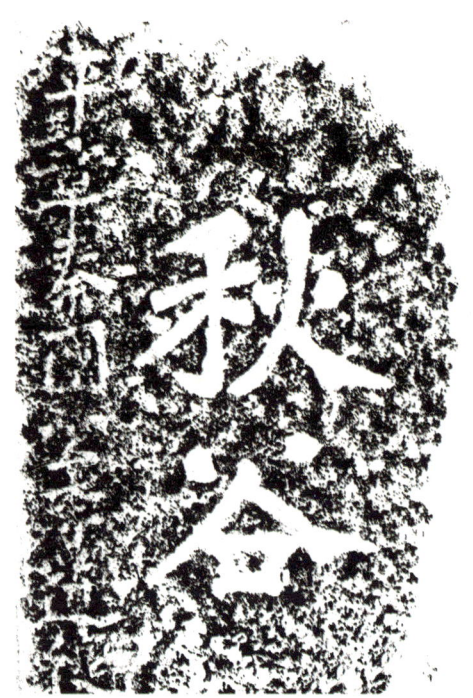

长治市城区元代李孟"秋谷"崖刻及拓片

甚得亲信和敬重,召画工为之画像,命集贤大学士王颙书其号"秋谷"二大字,亲自刻匾并署名其上,旁注"大德三年四月吉日为山人李道复制"。

至大四年正月,武宗死,爱育黎拔力八达立刻罢尚书省,随即任命李孟和太子詹事完泽为中书平章政事以掌政务;三月,爱育黎拔力八达直接宣布即位(是为仁宗)。至大四年闰七月,加封秦国公,命装潢其画像,填金刻,墓前赐号及亲署,令文臣作序,赞于其下。半年后,皇庆元年(1312)正月,李孟即告假归葬其父母于上党,十二月(三月丧事已毕)方回京,并固请辞政务,终于获准解除平章政事实职,保留原职衔、爵位,留任翰林学士承旨。皇庆二年夏,又缴还秦国公印绶。

延祐七年正月,仁宗死,已被仁宗罢去相位的铁木迭儿立即又被太后答己任命为右丞相,重掌大权,大肆迫害曾弹劾过他的大臣;以李孟前在中书共事时不肯附己,乃逸构诬谤,夺其所受封爵,仆其先世墓碑,并降职为集贤侍讲学士,至治元年(1321)四月,李孟病死于大都,葬于宛平。至治中，御史累章辨其诬，诏复原官。赠旧学同德翊戴辅治功臣、太保、仪同三司、上柱国，追封魏国公，谥文忠。

李孟宇量宏阔，才略过人，三入中书，知无不言，引古证今，务归至当。为文有奇气，其论必主于理，才气跌宕，落笔纵横，所作诗传播甚广。常自毁其稿，家无几存。有《秋谷文集》，今佚。唯《元诗选》存其诗若干首，《山右金石录》有其文一篇而已。

长治市城区南山头村东秋谷山，存有摩崖石刻楷书"秋谷"两个大字，字径一尺有余，左楷书题"平章秦国公李道复"，字径约三寸。此石刻作于皇庆元年（1312）正月至十二月，李孟告假归葬其父母于上党期间。

皇家贡品：紫团参与松烟墨

人参，又名神草、地精、人衔等，被尊为"百草之王"。还在东北人参没有问世之前，上党人参就已名满天下，上贡朝廷，使得多少达官贵人趋之若鹜。

长治是人参的第一故乡，长治的"紫团参"是人参中的精品，《五杂俎》称其"头面手足皆具"。从唐代起，即定为贡品，并辟园种植，名"贡参园"。

长治人参主要生长在壶关县紫团山一带，又名紫团参。紫团山，在壶关县东南一百五十里，接河南林县界，山顶常有紫气。《太平寰宇记》："上党县紫团山，出人参。"《山西通志》卷四七《物产·潞安府》："人参产壶关紫团山者，为'紫团参'。"《壶关

人参标本

壶关县紫团山

县志》说:"考方书,人参种类甚多,惟产上党紫团山者为紫团参,最为上品。"

上党人参的最早记载见于东汉时期的《说文解字》:"人浸药草,出上党。"到了南北朝时期,大医学家陶弘景在《本草经集注》中也说:"人参生上党山谷及辽东",陶弘景还进一步指出:上党人参"形长而黄","润实而甘",百济人参"形细而坚白",高丽人参"形而虚软","并不及上党者",可见上党人参优于百济、高丽人参。人参因状如人形而得名,所以,人们给它附丽了种种神奇。《隋书·五行志》讲了这样一则故事:"高祖时,上党有人宅后每夜有人呼声,求之不得。去宅一里许,但见人参一本,枝叶峻茂。因掘去之,其根五尺余,具体人状,呼声遂绝。盖草妖也。"人参能长到五尺,而且具体人形,不就和人一样了么?难怪会有人声。故事虽然有些荒诞,但也说明了上党人参在当时已颇具影响。

紫团参最迟在唐代就成为贡品。《新唐书》上说:"潞州上党郡大都督府土贡赀、布、人参、石蜜、墨。"

在中国的许多药典以及唐诗宋词中对长治人参多有记载。

唐人韩翃有《送客之潞府》：

> 官柳青青匹马嘶，回风暮雨入铜鞮。
>
> 佳期别在春山里，应是人参五叶齐。

晚唐与李商隐、温庭筠齐名的诗人段成式（803—863），求而未得，他的好友周繇想法弄到一根相送，并告之以"人形上品传方志，我得真英自紫团。"北宋苏轼也有《紫团参寄王定国》：

> 谽谺土门口，突兀太行顶。
>
> 岂惟团紫云，实自俯倒景。
>
> 刚风被草木，真气入苕颖。
>
> 旧闻人衔芝，生此羊肠岭。

正因为紫团参珍贵，《梦溪笔谈》载宋朝宰相王安石不受不食紫团参表示拒受重礼。

到了宋代，紫团参仍然风行全国，备受赞誉。宋人罗愿《尔雅翼》卷七"参"条："其潞州太行山所出者，谓之'紫团参'。"

上党人参久为贡调，已经造成民累。《晋乘搜略》载：明洪武六年，山西潞州进献人参，明太祖不接受，认为"国家以养民为务，何口腹累人"。《明纪》也说："高帝曰：朕闻人参得之甚艰，岂不劳民。今后不必进，如用，当遣人自取。"

不过明代时期太行山系的人参已经濒于灭绝，产量确实不大。至清初上党人参已经绝迹。乾隆诗说："奥壤灵区产神草，三丫五叶迈常化，而今长治成凡卉，自惜天公保异珍。"《嘉庆重修一统志》卷一四三《潞安府二·山川》写道："紫团山……旧产人参，名紫团参。今无。"《山西通志》卷一九也说："昔产紫团参，后绝。……今园已垦而田矣。"这一情形，或许也可以看作是自然生态环境演变的信息。

关于松烟墨，唐朝李白（701—762）有一首诗为《酬张司马赠墨》，诗中说：

> 上党碧松烟，夷陵丹砂朱。
>
> 兰麝凝珍墨，精光乃堪掇。
>
> 黄头奴子双鸦鬟，锦囊养之怀袖间。
>
> 今日赠余兰亭去，兴来洒笔会稽山。

古时候文人对用墨是十分讲究的，质取其轻，水取其清，嗅之有香，磨之无声。对藏墨更有讲究,以纸张或棉布卷包,以蜡封之,然后藏入梧桐木盒,或装入绢绸裱纸板的绵盒。李白是中国最伟大的诗人,自然懂得墨的贵重,在他得到上党碧松烟后,"兰麝凝珍墨,精光乃堪掇。"使他喜不自胜,随即赋诗,并叫奴才婢女装进绵囊里,带到兰亭去,也好洒笔会稽山,写出更多的传世佳作来。

此上党碧松烟,指上党所产用优质松烟加珍贵香料制成的墨。初唐至盛唐,潞州已成墨的主要产地,宋人晁说之《墨经》在论及松烟产地时说:"唐则易州、潞州之松。上党松心尤先见贵。"

墨历来被认为是中国文房四宝之一,墨的品种可分为"松烟墨""油烟墨"两大类,松烟墨是燃松取烟,经过漂、筛,除去杂质,配以牛皮胶和香料等加工制成,是我国较早年代的制墨法。油烟墨较松烟墨要晚一些,用桐油、麻油、茶油等植物油所燃之烟,加胶、香料而制,其发墨、黑色、深重、姿媚各有特色。上党曾是松烟墨的主要产地之一,所产的墨名"碧松烟",在唐朝时,属墨中之上品,并一度成为皇家贡品。《新唐书》中记载:"潞州上党郡大都督府土贡赀、布、人参、石蜜、墨。"《通志略》中有:"潞州贡墨、人参、花蜜、菟丝子。"《文献通考》:"上党郡贡人参二百小两,墨三挺。"

万历版《潞安府志》载:景龙初,明皇为潞州别驾得墨精,名龙香剂。晚唐时"长治松心为墨,曰郫麋,极佳。"段成式《送温飞乡书》云:"郫麋松节,绝已多时。"

可惜,上党松烟墨并没有像徽墨一样发扬光大,到了明朝时就已基本绝迹。于是,清顺治《潞安府志》这样说:上党昔产墨,今绝。

松烟墨

长治现存唐代建筑

　　建筑是人类文化的纪念碑，建筑是凝固的音乐。人类各种文化理念，在相关建筑上都有具体、鲜明、丰富的体现。

　　中国古代建筑在数千年的发展过程中，形成其独特的建筑风格和丰富的科学内涵，在世界建筑中自成体系。山西素被称为"中国古代建筑的宝库"，而长治市的古建筑更是其中的精华所在，多年来一直誉满中外。我国现存唐代木结构建筑仅四处，长治市占一处；全省五代木结构建筑遗存三处，长治有两处。

平顺县唐代天台庵正殿

平顺县唐代明惠大师塔

天台庵位于平顺县北二十五公里王曲村。庵院规模不大,居村边坛形孤山上,庵内其他建筑不存,独留三间见方小殿一座,坐北向南,建于1米高石台基上,面阔7.15米,进深7.12米,结构简朴,举折平缓,单檐歇山式顶;殿周檐柱卷刹和缓,柱础为覆盆式,柱头施栏额无普柏枋,角柱上栏额不出头;檐下斗拱为斗口跳,两层柱头枋上分别隐刻泥道拱和慢拱,手法苍古;殿内无柱,四椽伏贯通前后檐外制成华拱,梁架结构规整紧凑,全为唐制,其用材规格与中唐建筑五台山南禅寺正殿近似。对于研究唐代建筑的规格和演进有莫大价值。1988年1月13日国务院公布为第三批全国重点文物保护单位。

长治唐代砖石建筑遗存较多,大部分为塔。塔,大约在东汉末随佛教传入我国,在我国常被译为"塔婆",也称浮屠。人们常说"救人一命,胜造七级浮屠",建塔之举,历来被称为善德之盛事。塔一般分为佛塔与文峰塔两大系统。

平顺县东北35公里紫峰山海慧院明惠大师塔,建于唐乾符四年(877),是一座精美的唐代单层方形石塔。边长2.21米,高9余米,塔下砌方形基座,并雕饰倚柱等;上置须弥座以承塔身,塔身中空,上雕刻门窗,门侧雕二金刚,内部有平音天花;塔身上覆以石雕的屋顶,顶上为四层雕刻组成的塔顶;檐下雕额枋、椽飞;檐上雕瓦陇脊饰、塔刹覆钵、链瓣、宝珠等,皆雕刻精致。全塔比例适度,造型优美,雕工熟练,刀法流畅,反映了唐朝建筑与雕刻相结合的高水平,艺术价值极高,被学术界视为唐塔中之珍品。《中国古代建筑史》引用为典型例证。2001 年 6 月 25 日,被国务院正式公布为第五批全国重点文物保护单位。

长子县法兴寺现存唐石造塔六座,其中,咸亨四年(673)所造舍利塔尤为特殊。其平面呈"回"字正方形,边长 8.8 米,重檐二层楼阁式。此塔全部用石条、石板砌筑而成,外观犹似方形殿堂,故俗称石殿、

长子县法兴寺唐代燃灯塔

石经楼。塔内板壁一周,支撑着二层顶板,其中心处浮雕八瓣莲花藻井一方,此塔形制独特,古朴简洁,极近齐、隋风格。另青石雕造古燃灯塔一座,位于法兴寺圆觉殿前。燃灯塔亦称长明灯,是佛教六种供具之一,也称为灯幢或灯台。塔体形不大,保存完整。塔身呈八角形,高 2.04 米,八角基座之上置海棠须弥座,上承塔身。塔身雕四门四窗空心室,角柱雕作束腰莲花团柱,上置斗拱承托塔檐,柱间由栏额与平板枋相连。长方形透空式门,破子棂封闭形窗,束腰雕八个伎乐人。隔柱上刻有"唐大历八年清信士董希璿……于此寺敬造长明灯台一所"的字样。此塔结构精巧,雕刻精细,古雅秀美,表现了盛唐时期石雕建筑艺术的高超水平。是研究我国唐代以前建筑艺术与石刻艺术的重要实物遗存。这种形制的灯塔,除此塔外,国内只有太原市龙山童子寺北齐石灯台和黑龙江省宁安县隆兴寺渤海国石灯两处,为国内仅存 3 座中的 1 座。

长治县桑梓村唐代丈八寺塔

长治县荫城镇桑梓村中丈八寺塔，因塔建在丈八寺内，故名。寺院依山傍水、坐西向东，一进院落。中轴线上依次有山门、砖塔、大殿，两侧配以角殿、配殿、朵殿等，布局结构大有唐风。现殿宇大多毁坏，仅存砖塔和东西配殿。塔平面呈正方形，高约18米，底层高4米，原为十一级，现存八级，青砖砌筑，结构简练，比例和谐，造型精美，古朴壮观。塔身南向辟拱门，内有清康熙四十四年（1705）四月信士王居辇、主持僧人玄续自筹资财修缮寺院的石碑一通。塔创建年代不详，经专家从外观造型轮廓及内部结构分析，与西安市小雁塔形制相似，确属唐代砖石结构的遗物。1986年8月18日山西省人民政府公布为全省第二批重点文物保护单位。

宝雨寺塔，俗称六府塔，位于长治市城区解放西街北侧。塔原建于宝雨寺内，故名宝雨寺塔，相传登上塔顶可遥望周边六个府，俗称六府塔。

明清志书记载，宝雨寺塔始建于隋唐。明弘治本《潞州志》记载："宝雨寺塔，在城西南隅新民坊。后唐明宗天成四年（929）建，今废。有砖塔存，高一百五十尺。"清乾隆本《潞安

长治市城区解放西街宝雨寺塔

府志》记载:"宝雨寺在城西南隅,隋潞州刺史辛彦之建,久废,独存古塔。辛彦之崇佛道,任潞州刺史时于城中建浮屠二,皆十五层。"

宝雨寺院落明代已废,仅存古塔。塔身相传在清代乾隆年间被拆毁,现仅存塔基与塔身第一层。长治市人民政府于1960年公布为市级文物保护单位。

史料记载,隋朝帝王崇信佛教,在全国113个州分三次建造舍利塔。第一次建30座,第二次建53座,第三次又建30座,三次共建113座。

长治市城区宝雨寺塔地宫金罐

这113座塔的式样由朝廷统一设计,并下诏于仁寿元年(601)开始至仁寿四年(604)全部完工。朝廷派使者分送薰陆香和舍利到各州监造,以琉璃盛金瓶置舍利于其内,薰陆香为泥涂其盖,入于铜函、石函。潞州宝雨寺塔在第二次建造名单之中。1958年在塔基下地宫中出土了石椁、银椁、金棺以及石函、带盖白瓷罐、金罐等两组文物,金罐中保存有1000余粒舍利,专家鉴定为唐代之物,今藏于长治市博物馆。

据有关专家研究分析,隋代在全国范围内建塔,当时每批用时仅仅一年,从时间上分析只能用木结构形式,由于木结构易遭火灾和自然损害等原因,这批塔至今无一幸存,现在保存下来的,均已改建成了砖、石结构塔。

实地勘察结合史料记载与出土文物的鉴定,可以科学地勾勒出宝雨寺塔的大概建造轨迹与原貌:

此塔应该始建于隋,可能是因原塔毁损后,后唐时又重新复建,以后历代屡有修葺,斗栱部分构件和栱眼壁上灵兽砖雕留存历代修葺更换的痕迹,现存遗构多为宋、金之物。明、清时期作过少量修补,现翼角处残存有当时插入的木构件。

现存塔身为实心塔,推测原塔形制可能为八角形密檐式砖塔,外观形象应与现存的山西灵丘觉山寺辽塔和北京天宁寺塔等相近,这是宋

平顺县龙门寺正殿

金时期流行的一种建塔形式。关于其高度,明清志书记载为十五层、一百五十尺,换算成现行公制为 48 米。

　　五代十国,前后仅五十余年的时间,为时短暂,又处唐末战乱时期,建筑实物留存甚少,山西尚存三座,即龙门寺西配殿、大云院正殿、镇国寺万佛殿,分别为后唐、后晋、后汉三个朝代所建。除镇国寺居平遥外,其余两座皆在长治市平顺县。龙门寺集六个时期(五代、宋、金、元、明、清)的建筑于一座寺庙之内,在中国现存庙宇建筑中极为罕见。大云院正殿内东壁和扇面墙上保存五代壁画 21 平方米,是全国寺观中同期壁画仅存的一例。

　　龙门寺在平顺县城西北 65 公里龙门山腰,此地山峦耸峙,峭壁悬崖,形如龙门,寺建于此,名亦因之。北齐天保年间初创,北宋乾德年间改今名,历代扩建重修。现存中轴线三进院落,东西禅堂、经舍等各成一区,布局严谨。寺内建筑有:山门,金建,三间悬山式,中柱一列,分梁架为前后两段,清秀简洁。正殿,宋绍圣五年(1098)建,三间见方,九脊项,斗拱五铺作,单抄单昂,昂嘴批竹式,昂尾压在梁栿之下,前檐小八角石柱上刻有题记,为该殿建造年代之佐证;殿顶琉璃脊兽,形制古老,为元代烧造。西配殿,五代后唐同光三年(925)建,三开间,四架椽,悬山式,

136

柱头卷刹和缓,柱上不设普拍枋,栌斗口内设小拱头一枚,简洁古雅,殿内构架于四椽栿上设驼峰、大斗承平梁,两侧设托脚,上置瓜柱和叉手,梁栿外观略呈月梁式,与五台南禅寺相近,朴实而秀美;五代木构建筑悬山式殿宇全国仅此一例。后殿,元建,宽深各三间,六架椽,悬山式,斗拱五铺作,双下昂,虽系明代栿,却沿袭宋、金草栿之规,构件断面不拘一格。东配殿、厢房、廊屋、禅院等皆明、清重建,外形庄重,雕刻细腻,门窗装修较前华丽。1996年,国务院正式公布为第四批全国重点文物保护单位。

大云院在平顺县城西北23公里实会村北龙耳山中,创建于五代后晋天福三年(938)。初名仙岩院,天福五年建大佛殿,后周显德元年(954)建寺外七宝塔,至北宋建隆元年(960)已有殿堂一百余间。太平兴国八年(983)奉敕改寺名为大云禅院。该寺现存前后两院,坐北向南,占地4000平方米;建筑物有山门、天王殿、大佛殿、后殿及两庑。大佛殿为五代遗构,其余均是清代建筑。现存寺内正殿大佛殿乃五代原物,深广各三间,单檐歇山式屋顶,开间较大,出檐深远,檐下斗拱疏朗,规制严

平顺县北耽车乡实会村大云院

平顺县北耽车乡实会村大云院鸟瞰图

平顺县大云院七宝塔

谨,脚柱升起,檐角翘起缓和,给人以雄壮稳定之感。殿身前后檐当心间辟门,前檐次间设窗,由殿内可以穿行。檐下斗拱五铺作双抄偷心造,殿内只在后槽明间用金柱两根,梁架四椽栿对后乳栿用三柱,栿上用大驼峰承托平梁和平槫,平梁两端大托脚斜跨两架,稳固有力。殿内所用之驼峰,尺度不一,形状各异,分类达八种之多,既有承托作用,又有装饰之趣,为他处所未见。殿内东壁和扇面墙上保存五代壁画21平方米,东壁绘有"维摩变相"佛教故事,如"天女擎花"、"香积菩萨显"、"须弥山化

平顺县大云院五代时期壁画

菩萨众"等等,紫殿红楼,流云环绕,八个伎乐人,或伴奏管弦,或舒腰起舞,线条流畅,形神兼备;扇面墙正面左右分绘有观世音、大势至二菩萨,飞天飘逸环绕。这是全国寺观同期壁画中仅存的一例。另外,拱眼壁和栏额上存有五代彩绘11平方米。殿内还存有五代广顺二年(952)石雕香炉,北宋乾德四年(963)石经幢以及石雕罗汉等文物。七宝塔,在大云院右前方十米处。建于五代十国后周显德元年(954),原为七层,现存五层,通高6米。下三层平面八角形。第一层雕刻宝装莲花、狮子、麒麟、飞马等。第二层雕伎乐人,体态轻盈,舞姿优美,伴奏者栩栩如生。第三层转角处雕绞龙柱,回旋盘绕。塔檐下飞凤、飞仙、共命鸟等变化多姿。檐下周匝垂帐,正面拱门上双龙戏珠,门侧侍立二天王,后面比丘半掩门。左右两次间分立二力士。第四层周匝垂帐,前后有假板门。第五层上覆大圆盖宝珠顶。塔通体用青石雕造而成,整体造型独特,设计雕刻精巧。距今已有一千多年的历史。寺内历代碑刻也保存甚多。1988年1月13日被国务院公布为第三批国家重点文物保护单位。

法兴寺、崇庆寺宋塑的艺术价值

长治市宋、金、元建筑,其形制和结构,具有高超的艺术水平。长子县宋建法兴寺菩萨殿和崇庆寺千佛殿,梁架形制精妙美观,堪称古建筑的精品;其佛坛造像精致,造型俊美,塑法凝练,较完整地保存了宋代彩绘,技巧高超,显现了宋代工艺的卓越成就。

法兴寺,在长子县东南15公里慈林山。坐北向南,原为三进院落,由南向北,中轴线上分列舍利塔、圆觉殿和后殿等。寺创建于东晋十六国时后凉神鼎元年(401),名慈林寺,唐上元元年(674)改名为广德寺,宋治平年间改为法兴寺。现存圆觉殿是寺内最大建筑,为北宋元丰四年(1081)重建,其中佛台为次年重修,塑像为政和元年(1111)年塑造。殿深、广各三间,六架椽悬山顶,通檐用三柱,斗拱六铺作单抄双下昂,昂呈批竹形。石门框,木板门,内外檐柱与金柱均为青石小八角柱,上刻缠枝花纹;前檐青石墙上雕动物莲花图案,刻工细致,门上槛刻有铭文。殿中石砌一凹字佛台,释迦佛像端坐方形莲台上,文殊、普

长子县宋代法兴寺圆觉殿十二圆觉彩塑

长子县崇庆寺三大士殿彩塑

贤列坐左右,台前分站两躯护法金刚。两次间各塑圆觉像六尊,面庞圆润,高髻秀眉,庄重典雅,神态俊逸,服饰色彩柔和,衣纹流畅,富有韵律感。特别是一做思考状的圆觉像,神情、造型极为优美。这些彩塑,系匠师冯宗本创作于政和初年(1111),神态安详,各有特色,富有人情味,朴实平易,具有亲和感,对后世佛教艺术产生了重要影响。

法兴寺圆觉殿,梁架巧妙,形制美观,堪称精品;其佛坛造像精致,造型俊美,塑法凝练,较完整地保存了宋代彩绘。技巧之高超,当出名师之手,显现了宋代工艺的卓越成就,被誉为"宋塑之冠"。长子法兴寺现存唐石造塔六座,已见前述。1988年1月13日法兴寺被国务院公布为第三批国家重点文物保护单位。

崇庆寺,在长子县城东南22.5公里紫云山半山腰,寺后山峰环耸如屏,寺前松柏簇拥。山巅立有明代中州范志完所书"紫云山"大草石碑。该寺建于北宋大中祥符九年(1016),分前后两院,坐北朝南,结构严谨,布局精致,后院正北为千佛殿,梁架斗拱均属宋制,殿内正面有如来佛、文殊、普贤菩萨像三尊,背后有千手千眼观音菩萨像一尊,两壁悬塑人物局部残坏。东为卧佛殿(已毁)。西为三大士和十八罗汉殿,殿内北宋元丰二年(1079)塑三大士和十八罗汉像,刻画极为精细,衣纹线迹,一丝不苟,具有极高的艺术价值。西北隅为地藏殿,殿内明初塑地藏菩萨与十帝阎君像,塑造技艺甚佳。中轴线上为天王殿,四大天王横眉怒目,威武壮观。1996年,国务院正式公布为第四批全国重点文物保护单位。

八义窑红绿彩瓷器

长治八义窑主要分布于山西省长治县八义镇的八义、东山、南泉庄等村一带,是山西东南部影响较大的民用瓷窑。陶瓷界习惯归入磁州窑系。八义窑至少在宋代已经开烧,一直延续到明清。南泉庄甚至在十几年前仍有烧造。

长治县八义窑分布的地带,山岭绵延,沟壑纵横,淘清河自南向北潺潺流淌,村子周围烧造瓷器用的高岭土、煤炭、水等资源异常丰富,为八义窑烧制瓷器提供了得天独厚的物质条件,八义窑从而成为宋、金时

八义窑址保护碑

八义窑瓷虎枕

期磁州窑系的一处重要产瓷基地。20世纪30年代至90年代,村里的百姓修房建屋以及国家、省、市考古发掘,发现宋、金时期瓷窑遗址多座、红绿彩瓷片标本不计其数。我国著名陶瓷专家陈万里五十年代考察八义窑后,在其著述中多处提及这里彩瓷的研究价值。

宋金时,八义窑瓷器品种较多,有纯白瓷器、白瓷红绿彩器、白瓷黑花器、白瓷黑彩器、黑瓷器等;所烧器物以碗、盘、罐、碟等民用器皿为主,也有玩具俑等,其中红绿釉上彩瓷的比例约为三分之一,这是区别于磁州窑系其他窑口的一种独特的产品。

长治八义窑的红绿彩瓷器,是釉上彩瓷,其烧制方法为:在本地坩土拉成的较为粗糙的坯胎上,施一层白色化妆土,再施透明釉后入炉烧

八义窑红绿彩瓷碗

成白瓷，白瓷出炉后施红、绿、黄等不同颜料，勾画和填涂出边线、鱼、花草、瑞果、鸟、人物、文字、开光等图案，二次入炉，在摄氏800度左右的低温下烧成独具特色的八义红绿瓷，其艳丽的色泽、丰富的装饰，美化了白瓷制品，是当时窑工对本地粗瓷制品的一种极为有效的修饰，也是瓷器装饰手法的一种创新和尝试，开创了中国陶瓷史上在器物上施彩绘画的先河。

八义陶瓷在艺术水准、成型工艺、烧制水平等各方面都已有较高成就，在我国陶瓷史上占有一定的历史地位，对后代彩瓷的发展具有承上启下的作用，尤其是胎、彩分烧工艺，为日后彩瓷烧制开辟了新天地。《山西省博物馆馆藏文物精华》中说："长治八义窑烧制的红绿彩瓷，色泽鲜艳，笔意豪放，充溢着浓郁的民间艺术风格，是磁州窑系中名贵品种，为后世的彩瓷发展奠定了坚实的基础。"

第五章

余晖凝聚　百业皆兴
（明清时期）

■ 概述

明朝洪武九年(1376)改行省为承宣布政使司,潞安、沁州隶属于山西布政司。明嘉靖八年(1529)二月,升潞州为潞安府,设潞安兵备,分巡冀南道,治潞安。

明太祖实行封王建藩制,封到长治的为沈王朱模。洪武二十四年(1391)先封于沈阳,又改封潞州,永乐六年(1408)就藩潞州。八传至效镛,明亡国除。明朝一代,沈藩所封郡王25人。

明初洪武年间以官方强制性组织"移民就宽乡",屡次从"泽潞二州"、太原、平阳及辽、沁、汾州向河南、河北、山东等地移民。

明代涌现出许多抗倭英雄,山西长治人任环就是其中最杰出的一个。史书将他与余大猷、戚继光并称为"抗倭的三大柱梁"。他的抗倭事迹在当时广为传诵。

泽潞商人因地域相连很自然地在晋商中形成了"泽潞之纲",这是潞商形成的最早形态。商人的兴起也带动当地手工业的发展。明代长治丝绸织造业发展迅速。明洪武年间,在潞州形成了一个规模庞大的北方织造中心,上党的潞绸被列为贡品,声誉极高,所谓"潞州机杼斗巧,织作绮丽,衣天下"。与潞绸同负盛名的潞安砂器精致适用,嘉靖年间成为贡品。明代潞州烧酒是山西的名酒。

明朝正统以后,社会矛盾日趋激烈,至嘉靖年间,爆发潞城青羊山陈卿起义。起义平息后,升潞州为潞安府,在青羊里设平顺县,在潞安府附郭设长治县。

清朝在山西同其他各省一样,实行省、道、府、州县四级行政机构。顺治初(1644),清廷在山西设巡抚部院(省衙),为省最高行政机关,下设冀宁、冀南、冀北、河东四道。冀南道衙(地位与府平行,较一般散州高一级)驻汾州,辖汾州府、潞安府及沁州、泽州、辽州3个直隶州。

潞安府治今长治城,辖长治、长子、屯留、襄垣、潞城、壶关、平顺、黎城8县。直隶州中的沁州辖沁源、武乡两县。

长治清初的人物,首推吴琠(1637—1705)。他是康熙皇帝的股肱之臣,是最高统治集团的决策人物。他在清初推动社会生产力发展,逐步统一全国方面起过重要的作用。当时人们称他为一代贤相,民间则尊称他为"阁老"。

清代长治商业、手工业发展迅速。冶铁和锻造业在荫城一带最发达,为清代山西冶铁锻造业之中心,所制产品种类繁多,质量高,远销印度、阿富汗、伊朗、尼泊尔等国。其他手工业如陶瓷、琉璃、皮毛制品、造纸、酿酒、砂器、漆器等均承明代之后有所发展。潞绸业由于清初征取搜刮,大受摧残,至康熙之后,始有所振作。长治潞酒也为当时特产。鲍店镇以药材业、荫城镇以铁业商品集散地,逐渐成为当时著名的商业集镇。

明初泽、潞移民

明初洪武年间以官方强制性组织"移民就宽乡",屡次从"泽潞二州"、太原、平阳及辽、沁、汾州向河南、河北、山东等地移民。传说移民搬迁前,曾经在洪洞县的大槐树下集中,所以至今在各省人民中仍流传着"若问祖先来何处? 山西洪洞大槐树"的民谚。

历史文献中对于明初移民的记载,从洪武元年(1368)开始,到永乐

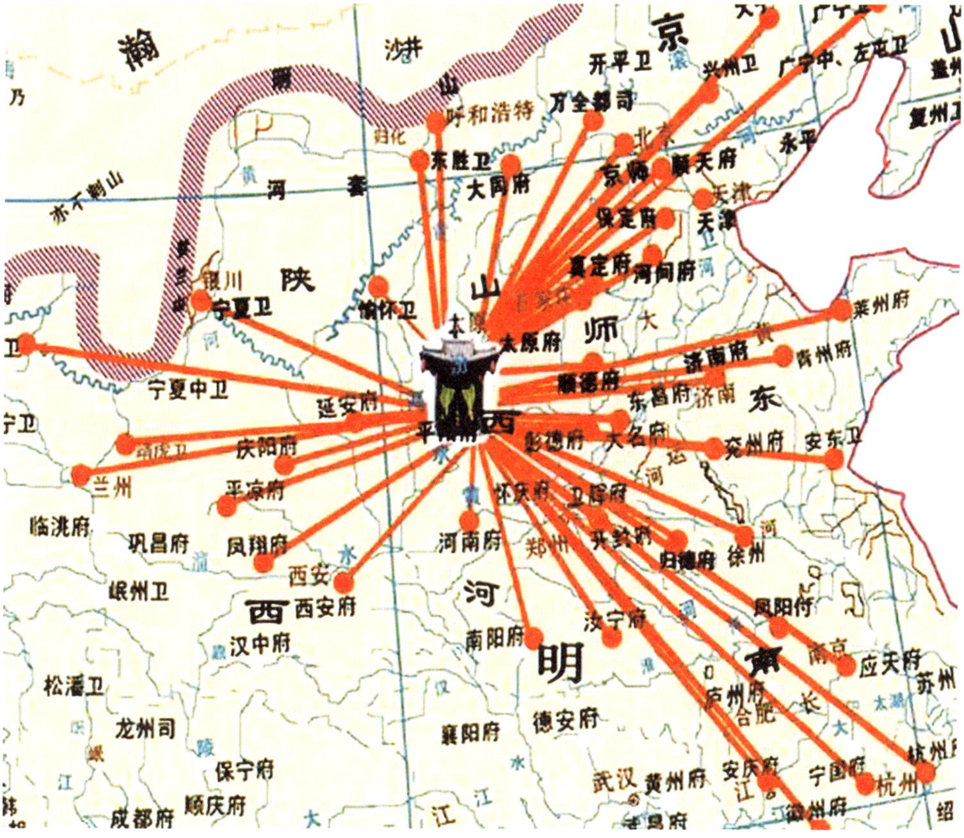

明初山西移民路线简图

十五年（1417）结束，历三朝50年。被移之民以晋南为多，其次为晋东南、晋中数县。史书记载的明初移民主要有平阳府辖二十八县，潞安府辖八县，汾州府辖七县，泽州辖四县，沁州辖二县，辽州辖二县。

明朝政府移民垦荒的原则是把农民从窄乡移到宽乡，从人多田少的地方迁移到地广人稀的地方。曾有定制，对北方郡县荒芜田地，召乡民无田者移民垦辟，每户给十五亩，又给3亩菜地，皆免3年租税。朱元璋还设置司农司于河南，专管移民垦田之事，在这之前已下令，凡州、县农民开荒及移民开荒之地，都归垦荒人所有，作为永业田，还责成地方官散发耕牛种籽，使移民、流民能定居附籍，具备从事农业生产的条件。根据《明史》、《明实录》等史书记载，明初洪武年间先后从山西移民10次，永乐年间移民8次，共计移民18次。明确记载泽、潞移民的有：

1388年："（洪武）二十一年八月，徙山西泽、潞二州民之无田者，往彰德、真定、临清、归德、太康等闲旷之地。"（《明太祖实录》卷193）"（洪武）二十一年八月，徙泽、潞民无业者垦河南、北田，赐钞备家具，复三年。"（《明史·太祖本纪》）

1389年："（洪武）二十二年九月，山西沁州民张从整等一百一十六户告愿应募屯田，户部以闻，命赏从整等钞锭，送后都督佥事徐礼分田给之。"（《明太祖实录》卷197）

1392年："（洪武）二十五年八月，冯胜、傅友德帅开国公常升等分行山西，籍民为军，屯田于大同、东胜，立十六卫。"（《明史·太祖本纪》）"（洪武）二十五年八月，冯胜、傅友德等在大同等地屯田。计平阳选民丁九卫，太原、辽、沁、汾，选民丁七卫。……每卫五千六百人。"（《明太祖实录》卷233）

1402年："（洪武）三十五年九月，徙山西民无田者实北平，赐之钞，复五年。"（《明史·成祖本纪》）"（洪武）三十五年九月，户部遣官核实太原、平阳二府，泽、潞、辽、汾、沁五州，丁多田少及无田之家，分其丁口以实北平各府州县。"（《明太宗实录》卷12下）

1404年："（永乐）二年九月，徙山西民万户实北平。"（《明史·成祖本纪》）"（永乐）二年九月，徙山西太原、平阳、泽、潞、辽、汾、沁民万户实北平。"（《明太宗实录》卷三31）

1405年："（永乐）三年九月，徙山西民万户实北平。"（《明史·成祖

本纪》）"（永乐）三年九月,徙山西太原、平阳、泽、潞、辽、汾、沁民万户实北平。"（《明太宗实录》卷46）

1407年："（永乐）五年五月,命户部从山西之平阳、泽、潞,山东之登、莱等府州五千户隶上林苑监,牧养栽种。户给道里费一百锭,口粮五斗。"（《明太宗实录》卷59）

明代移民有两大类型,一是明初政府组织的人口迁徙;二是人民自发流移,而政府加以限制和打压。这两种移民在迁徙过程中达到新居地后的生活及遭遇也不相同。泽、潞移民基本上属于第一种情况。

明朝沈藩的兴衰

明太祖为维护家天下的统治,实行封王建藩制,但不同于先秦与两汉,明确有"列爵而不临民,分藩而不赐土"的原则,即不参与封地内的行政事务,只享受"岁禄万石"的特权。在明朝初期藩王拥有护卫甲士,少则3000,多则近2万,如晋王、燕王、宁王驻地近北边,均授予兵权,以防御蒙古。为了避免权臣擅政,规定诸王有移文中央索取奸臣和举兵清君侧之权。朱元璋的26个儿子除太子与皇子楠之外,24人都封王。封到山西的有晋王朱棡、代王朱桂、沈王朱模。

沈简王朱模,是明太祖朱元璋的庶出第二十一子,洪武二十四年（1391）四月十三日封于辽东都司沈阳中卫（今沈阳市）,因年幼未到封地,当年又改封潞州。永乐六年（1408）五月初二,

明代沈王府第一任亲王沈简王圹志

明代沈王府第一任亲王沈简王圹志拓片

正式就国于山西潞州。明朝沈藩王府遗址位于长治市城区上党门南边梅辉坡西面，建在原唐、宋节度使署址上。

朱模天性谨厚，其后人有的以贤孝名，有的善文章，多博学者，"时称沈藩多才焉"。旧志记载：三代以来，宗室分封同姓诸侯之盛，唯明为最。明代宗姓诸侯支派繁衍，遍于天下，而忠厚开国，独以沈藩称首。其平居遵礼守训，世有令德，无一切华奢积习，而约束严谨。诸王宗无故不得擅出，非启请批允不得兴讼。三百年间，宗民错处，俱以无事而安。

有明一代，沈藩王一系共袭封沈王九代13王，（其中4王为追封），分别是：

1.沈简王朱模，朱元璋庶二十一子（1391年—1431年）

2.沈康王朱佶焞，朱模庶一子（1432年—1457年）

3.沈庄王朱幼㙷，朱佶焞嫡一子（1459年—1516年）

4.沈恭王朱诠钲，朱幼㙷庶一子（1518年—1527年）

5.沈靖王朱勋，朱诠钲庶一子（追封）

6.沈怀王朱胤榿，朱勋嫡二子（追封）

7.沈安王朱诠鉌，朱幼㙷庶二子（追封）

8.沈惠王朱勋溍，朱诠鉌嫡一子（追封）

9.沈宪王朱胤㭎，朱勋溍嫡一子（1531年—1549年）

10.沈宣王朱恬烄,朱胤栘嫡二子(1552年—1582年)
11.沈定王朱珵尧,朱恬烄嫡一子(1584年—1633年)
12.沈裕王朱效镛,朱珵尧嫡一子(1636年—1639年)
13.沈□王朱迵洪,朱效镛嫡一子(1639年—1644年)

沈藩王国之下,另封郡国28国。分别是:武乡国、陵川国、平遥国、黎城国、稷山国、沁水国、沁源国、清源国、辽山国、内丘国、广宗国、唐山国、永年国、西阳国、灵川国、宜山国、宿迁国、吴江国、定陶国、云和国、福山国、德平国、镇康国、安庆国、保定国、德化国、灵寿国、六合国。

明嘉靖年间(1522—1566),沈王府扩修城门、城墙、府第等建筑物。

明代沈王府皇族后裔朱勋藤夫妻黄绿釉琉璃坐像

修成后的王府城墙周长3里,高2.5丈,占地150亩,从南至北建有端礼门、承运门、体仁门、遵义门、广智门,内有承运殿、存心殿、进学宫、宝恩楼等,左右四隅皆有楼,均以琉璃装饰,整个建筑金碧辉煌,雄伟壮观,形成一座规模宏大的亲王级皇城。

明崇祯十七年(1644)李自成农民起义军刘芳亮部攻取潞安时,攻占了沈王府。离开时,挟末代沈王朱迥洪北走,后不知所终,沈藩至此亡除,沈王府也因而衰败。

清代许七云《上党竹枝词二十一首》感慨:"沈王第宅久荒唐,一望离离荆棘场。赢得禅林香火在,至今人尚说官庄。"昔日豪门,已经沦为"离离荆棘场"。

1946年3月,晋冀鲁豫边区参议会第一届第二次会议的决议,为纪念抗日战争中在太行、太岳两个革命根据地牺牲的烈士,在废芜的沈王府遗址上兴建太行太岳烈士陵园,陵园于1949年设计,1952年建成,总占地面积94600多平方米。1986年10月,国家民政部公布为国家重点陵园保护单位。

现在的沈王府遗址上,明显遗留的仅有皇城西面一小段城墙残址,南北长约90米,宽约5米。2014年10月,长治市委、市政府对残留的这段城墙残址实施保护措施,修建南北向护栏100余米,加设防护玻璃栏,使得这一珍贵的文化遗址,得以延续保存。

雄山三老

雄山,又称老雄山,位于长治县东南16公里处。方圆60里,主峰海拔1420米,远眺三峰突起,叠嶂层峦,像一条巨龙游弋在荫城、西火、南宋三个乡镇之间,为长治县境内第一高峰。据明《潞州志》载:"此山视诸山特为雄壮",故谓雄山。元末明初李惟馨、杜敩、董诚三人结社雄山,施教著书,人称"雄山三老"。

长治雄山书院遗址

　　李惟馨（约1328—1389），字庭芳，潞州上党雄山（今长治县荫城）人，唐朝韩王李元嘉之后。幼时天资聪颖，博学高才，乡试解元。此后，南游楚城，北入燕京，文韬武略，名播士林。元末，红巾军江淮起兵，天下大乱，丞相脱脱请李惟馨为幕宾，用其"据要害、择豪民、止妄杀"的策略平定了徐州之乱。至正十年（1350），李惟馨返家为父服丧。此时，红巾军越过太行，攻陷陵川、高平，乡民惶惶奔逃，李惟馨设法劝阻，率众凭险以守，生缚数十人，红巾军未能攻入。后应兵部尚书察罕贴木儿聘，上策言"据太行、翼京师、屯磁邢，以翦灭群盗"，察罕贴木儿皆用其策。因此由兵部郎中累迁兵部尚书。元亡明立，洪武年间被明朝政府征召，"考礼定乐"，仍授以兵部尚书之职。事竣，李惟馨以老疾辞归，明太祖朱元璋亲赐绵衣，准其还乡。朝野以诗文相送者过百人。明初"开国文臣之首"、诗文三大家之一的宋濂，以及礼部尚书陶凯等连章赠别，嘉其高尚。明渭阳人张纳的《赠李庭芳还潞州》、明云间人钱恕的《可己堂为李庭芳赋》、明无锡人张筹的《知非斋赋》等诗赋，都是以李惟馨回归潞州和在雄山的活动为题材而写的。后明朝政府虽一再征召，均未出仕。李惟馨回归荫城之后,倾其家财致力于设教著述,重整学馆,创立雄山书院,建造"万松亭"、"知非斋"、"可己堂",以示志向。不久,同乡杜斅、董诚也到雄山书院任教。李惟馨著有《宋辽金正统论》、《知非斋稿》。李惟馨离世后,葬于本村。明弘治时,潞州知州马暾(陈州人,在任九年)创建名宦、乡贤祠,李惟馨被选入乡贤祠。

杜斅,又名矩之,字致道,生卒年不详,生活于元末明初时期,今壶关县店上镇麻巷村人。元末河东乡试第一,授台州(今浙江台州市)学正。精通五经,尤长于《周易》、《尚书》。见世乱,遂归隐。明洪武十三年(1380),户部尚书范敏赏识其才,向明太祖朱元璋举荐,明太祖闻杜斅年高德劭,下诏征其赴京任四辅官兼太子宾客,位列公、侯、都督之次,一月内分旬轮流值班,辅助皇帝处理政务。此间,杜斅恪守正道,老成端谨,进退有节,讲论政治,必以先哲为范,太祖也以国家社稷期之。当时,缺祭酒官,太祖请教杜斅,杜斅推荐宋讷,果然称职。常与太祖游苑园,吟诗作赋,有联句:"踞盘龙虎肇豪英(太祖),五色卿云炫日明(杜斅)"等存世。杜斅在金陵做官十五载,明太祖以坐论之礼,并许参与国家大事。平素太祖对杜斅,命坐命茶,赐馔赐衣,日兼一日,礼遇殊常。后年老辞官回乡,以收徒讲学为业。杜斅性格稳健和蔼,文风纯正典雅,晚年自号"拙庵老人",著有《四辅集》(又称《拙庵集》)。后卒于家,葬于壶关麻巷村。后人感其德操,立"杜四辅相堂"。

董诚,字友道,元末明初长治县东火村人。以儒吏兼通,授兵部主事,累官户部尚书,其间守法奉公,僚属敬惮。出为山东行省参政,晋右丞,致仕归乡,授学于"雄山书院"。关于董诚,诸旧志中其姓名记述不一。明弘治《潞州志》记为"董诚",清乾隆《潞安府志》记为"章诚",清光绪《长治县志》记为"章程",三志说法各异,此处以明《潞州志》"董诚"为准。董诚离世后,葬在东火村,也被选入潞州乡贤祠。或许是由于他的子孙皆入仕他乡,故其诗文大都散佚。

李惟馨、杜斅、董诚由于籍贯相同,阅历相似,志向相类,文风相近,遂成至交。"三老"结社于雄山之巅,授学于雄山书院、畅游山林、施教著书、诗文唱和,时人谓之"雄山三老"。雄山书院也因此迎来了最为鼎盛的辉煌时期。

潞安"双忠"

洪武三十一年（1398）闰五月，明太祖朱元璋病逝。由皇太孙朱允炆正式即位，改年号为建文。年轻的皇帝即位之后，重用文人老臣，一反明太祖的做法，推行了一系列新政，并决定削藩。朱元璋第四子燕王朱棣，在充分准备之后，于公元1399年7月，发动了意在夺位的"靖难之变"。

"靖难之变"中涌现出了一批忠勇之士，其中就有潞州人连楹和暴昭。史书上将他们二人赞为"上党双忠"。

连楹（1354—1402），字子聪，号栋宇，潞州襄垣县人。他聪颖好学，"凡所撰述，挥毫而就"。明洪武五年（1372），连楹中科举，乡荐入国子生，初任承务郎。明太祖看他精通经史，调任翰林院左春坊太子赞读。只因他性格刚直孤沉，不避险难，常拿当朝纲纪中的弊病与历朝衰落的教训撰写文章，作为教材去给太子讲授。太祖多次劝阻，他毫不在意，仍直言不讳。

洪武十二年（1379），太祖恶其刚直，却爱其忠贞，转任他为福建道监察御史，连楹在任期内秉公执法，太祖曾用"忠心刚直，明视听达，民情格尽"来表彰其政绩。连楹的御史职连任23年，实为明代

连楹画像

暴昭画像

"激浊扬清"的名官。"靖难之变"中，建文帝四年（1402）六月，当燕军进入京城南京之后，朝廷侍从杨荣则请燕王朱棣先去拜谒祖陵，实则是借机献媚劝进。此时，御史连楹与董镛得知，立即赶到那里。"不识时务"的连楹，竟仗义执言，连连向朱棣发出厉声责问，并一步步逼近了朱棣的马前，欲举剑刺朱棣，因燕军兵将护挡，不得近身，反而被涌上前的燕军抓获。朱棣大怒，立即命令典刑官将连楹杀死。连楹临死不屈，慷慨引颈，大义凛然。史书上说，当燕军杀连楹时，连楹"从容引颈受刀，有白气冲于天，尸僵立不仆，色如平焉"。董镛也同时被杀。

暴昭，潞州羊堡里（今长治郊区店上乡杨暴村）人，其家为当地望族。明太祖洪武年间，暴昭由国子生授大理寺司务，后又任大理寺副丞和少卿。洪武三十年，擢刑部右侍郎，洪武三十一年升刑部尚书。暴昭耿介有峻节，布衣素食，以清俭知名。建文初年，朝廷派他到北平巡访时，探听到燕王反叛活动，密报南京，早作防备。后燕王起兵，朝廷在真定（今河北正定）设立平燕布政使，命暴昭以兵部尚书执掌司事，指挥各路军马以讨燕军。燕军实力太大，平叛诸军失败，暴昭被召回朝。建文四年（1402）六月，燕军进南京，暴昭被俘，坚贞不屈，在刑场上他激烈陈词，义形于色。朱棣命人"先去其齿，次断手足"，暴昭"骂声犹不绝，至断颈而死"。同族株连，亲戚充军边陲。

连楹和暴昭在"靖难之变"中忠贞不渝的精神、宁死不屈的气节，几百年来一直受到人们的敬仰和赞颂。

明代最卓越的哲学家王廷相

王廷相(1474—1544),明代潞州人。字子衡,号浚川。著名文学家、哲学家。

明弘治十五年(1502),29岁的王廷相登进士第,开始了他起起落落40余年的仕宦生涯。他初为翰林院庶吉士,后改兵科给事中。以言事贬判亳州,不久改高淳知县。后来又被召为监察御史,巡按陕西,却因得罪了镇守中官而被诬下狱,又贬谪为县丞。后来王廷相又一步步地走上来,历任宁国知县、松江府同知、四川佥事、山东提学副使、右布政使、兵部侍郎、右副都御史加兵部尚书,官至正二品。然而到嘉靖二十年(1541),又因处理郭勋事不力,被革职为民。王廷相主张改革弊政,反对宦官、权臣的专横跋扈、贿赂公行,先后两次丢官均因此。

王廷相一生,有着文学、哲学等多方面的成就,并在天文学、音律学上均有建树,为明"前七子"之一。前七子,是明代的一个文学流派,明初制定和推行的八

王廷相画像

股文考试制度,使许多士子只知四书五经、时文范本,而不识其他著作。当时充斥文坛的多是"台阁体"、"理气诗",迂腐庸俗,诗味索然。弘治、正德年间,李梦阳、何景明、徐祯卿、康海、王九思、边贡、王廷相,总共七人,针对当时虚饰、萎弱的文风,提倡复古,形成了影响广泛的文学复古运动。前七子首倡复古的文学主张,让人们注意学习情文并茂的汉魏盛唐诗歌,这对消除八股文的恶劣影响、改良诗风,有其进步意义和积极作用。为把他们与后来嘉靖、隆庆年间出现的李攀龙、王世贞等"七子"相区别,故世称"前七子"。

前七子多是在政治上敢与权臣、宦官做斗争的人物。尽管他们诗文创作成就不等,但均有一些面对现实、揭露黑暗的作品。王廷相推崇李梦阳,认为"秦汉以来,掩蔽前贤,牢笼百代,独空同一人"(空同为李梦阳的字),为复古思潮起了推波助澜的作用。他的五、七言古诗,也敢于直面现实。

在哲学上,王廷相的贡献可说是卓著的。王廷相在哲学上对道学和心学都进行了总结,是明代气学的主要代表。他与王守仁是同时代人。在王守仁从心学出发,责难程朱道学的同时,王廷相却继承了张载的气学,从元气论出发对程朱的理论体系提出了批评。其中《慎言》、《雅述》、《横渠理气辩》、《答何柏斋造化论》等著作,阐述了他的主要哲学观点。王廷相的著作后来汇编为《王氏家藏集》和《王浚川所著书》,今有中华书局新版点校本《王廷相集》出版。

当代著名学者、哲学家、历史学家张岱年先生认为:"一般的见解认为宋明理学分为程朱、陆王两大派,我以为不然。在程朱、陆王两派之外还以张横渠(载)、王浚川(廷相)、王船山(夫之)为代表的另一学派。程朱学派可称为客观唯心主义;陆王学派可称为主观唯心主义;张王学派则可称为唯物主义学派。以往讲明代哲学的都不讲王廷相的思想,事实上,照其理论贡献来说,王廷相乃是明代最卓越的哲学家。"

王廷相还是明清之际的著名启蒙思想家和教育家。他从朴素唯物主义认识论出发,在教育和教学方法上提出了许多可贵的见解。一是提出知识必须从"见闻之知"开始。使受教育者接触事物、实地学习,才能认识事物;二是认为知识是思与闻的内外结合而得的;三是认为要使学生真正掌握知识,不能单靠说教,必须"实历",即行的意思。

抗倭英雄任环

明代,我国曾经涌现出许多抗倭英雄。山西长治人任环就是其中最杰出的一个。史书将他与余大猷、戚继光并称为"抗倭的三大柱梁"。《明史纪事本末·沿海倭乱》:"倭寇披猖,祸延三省。任环效命留都,余大猷经营两浙,戚继光驱驰闽海,类皆大国干城。"肯定了他在当时抗倭战争中的重要地位和所产生的巨大作用。他的抗倭事迹在当时广为传诵,名播海内,"童子皆知任别驾,岿然海上作金城。"

明代名士王世贞、文徵明、唐顺之、王穉登都有赞颂他的诗文,和他同时的著名文学家归有光更是不吝笔墨,先后写了十二首诗,从不同角度塑造出了他的英雄形象。归有光有诗赞任环:"东仓白昼静湮城,烟火连天豹虎嗔。忽驾回潮趋海道,传呼尽避瘦官人。"

任环(1519—1558),字应乾,明潞安府长治人,抗倭名将。任环少有大志,严于律己,逐渐养成了刚正无私的高尚情操。嘉靖二十三年(1544)中进士,历任广平、沙河、滑县知县,显示了很高的才能,于嘉靖三十年(1551)升为苏州同知。他任苏州同知时,正是日本倭寇猖狂对我江浙沿海劫掠之际。他一到任,便积极组

任环画像

织乡民,进行操练,决心抵御倭寇的入侵。一次倭寇来犯,他率兵士数百,同倭寇展开了肉搏战。身受三处重伤,包扎了伤口,又率兵出战,斩杀和俘虏倭寇100多名。战后,他被升为按察司佥事。第二年,倭寇又犯苏州。他令乡民在正面抵御,自己亲率一支部队袭击倭寇的后路,经过殊死搏杀,终于把倭寇打得大败。由于他抵御倭寇战功卓著,多次受到朝廷的嘉奖,晋升为右参政。随后他又多次给倭寇以沉重的打击。从此,任环之名使倭寇闻风丧胆。任环颀长清瘦,倭寇称之为"瘦官人",互相告诫"毋犯任公"。任环与士兵同寝食,共饥渴,所得赏赐,全部分给大家。事急之时,常终夜露宿,有时竟数日绝餐。他把自己的姓名书写于体肤之上,以示必死的决心。他说:"战死,分也。先人遗体,他日或收葬。"将士皆感动激奋,故能所向披靡。

倭寇平,回籍居丧,哀毁过甚;又以连年鞍马劳顿,身体多处负伤,以致疾病大作,于嘉靖三十七年(1558)逝世,年仅四十岁。

任环死后,明首辅大臣徐阶为他撰写了墓志铭;给事中徐师曾等三十余人联名上奏,为他请恤典,列举了他的赫赫战功。其文曰:"凡大小一百余战,斩级五万余颗,保障二十余城,全活无算民命。"嘉靖帝追赠任环为光禄寺卿,命在苏州立碑建祠,额曰:"褒忠"。春秋致祭,郡守亲临。

任环死后,埋葬在今长治市东北角的柏堠村一带。

他死后三百年,人们自动捐款,广力搜集,将他生前所著诗文辑成《山海漫谈》,表达了人民对任环的崇高敬意与深切怀念。

陈卿起义与"长治"的由来

明正统以后,朱明王朝政治腐败,统治不稳。宦官专权,贪贿成风;皇室兼并土地,扩充皇庄范围;朝廷宦官擅权,厂卫特务横行;军事上北患未已,南倭侵逼,战争耗费巨大;社会矛盾日趋激烈,苛捐杂税繁重,人民不堪重负,四处流亡。英宗天顺末,晋豫之民逃往荆襄地区的流民多达150万人。至嘉靖年间,山西爆发10多次农民起义和5次兵变,震撼了明廷。规模较大的是潞城青羊山陈卿起义。

明代正德十年(1515),地处晋东南的潞泽两地灾荒连年,人民四处乞食,甚至"骨肉相食"。潞城县青羊里石埠头村(今平顺县西沟乡石埠头村)的陈卿,在潞城县衙里当一名掌管粮库的小吏,饥荒所逼,陈卿出于同情之心,偷偷用库中的粮食周济了一些饥民,结果事发,他便以"欺官舞弊,被革不悛"之罪被判重刑,并押解至汾州府监候问斩。陈卿在押解途中伺机逃脱,藏匿于家乡的青羊山中。

《新开潞安府治记》碑文拓片

第二年,陈卿与其父陈琦、伯父陈曩、叔父陈良、陈锋、弟陈来及村人王廷禄等,占据青羊山,依山为寨,拒赋税,抗差役,招罗人马,待机起事。但不久谋反事泄,王廷禄被官府逮捕。这更坚定了陈琦和陈卿等起义的决心。他们纷纷联络各地农民,壮大力量。

经过几年的准备,嘉靖元年(1522),陈琦、陈卿父子等在青羊里揭竿而起,公开宣布与官府对抗,举起了反抗朱明王朝的旗帜。义旗高举,四方农民闻声响应。青羊里所在的青羊山绵延起伏,山势险峻,遍地可藏伏兵,为起义军发展提供了良好的条件。加之此地远离官府,使起义军在发展的初期可避免与官军大部队作战,有利于发动、组织和扩大队伍。他们打富豪,杀恶霸,破官仓,济贫穷,深受人民欢迎。百姓争相参加义军,义军很快壮大到两万余人,震动了潞州官衙。知州多次派兵攻打,均无功而返。潞州知州又派黎城知县杨良臣赴青羊里对义军进行招抚,义军受骗,陈卿的父亲陈琦遭捕被杀。此后由陈卿担任义军首领,重新

"张旗建号",与多股起义军联合,力量更加壮大,很快发展到5万余人,"山西、河南巡抚、都御史合兵不能克",官兵对他们一时也无可奈何。

嘉靖四年(1525),山西官军对陈卿起义军的第一次大规模讨伐,由山西巡抚都察院左佥都御史常道率军前来,结果以失败告终。起义军乘胜进军,一举攻占了潞城、黎城、壶关及河南林县(今河南林州市)等地,形成了起义军"北倚太行天险,虎视豫北平原,凭此以拒汴师"的强势局面。

陈卿起义,震惊了嘉靖皇帝。明廷采取先安抚后加兵的办法,令山西、河南两省官员合力劝降,进而剿捕,但均无成效。于是,嘉靖皇帝又重新部署,于嘉靖七年(1527)十月,派遣兵部科给事中夏言,调集山西、山东、河南、直隶等地兵力10万余人,合击青羊山。

战役从初冬开始,一直打到年末,围剿与反围剿的战斗一直在激烈地进行着。在此关键时刻,河南林县主簿郝世昌为官军出谋,暗中指点从起义军后路进攻的路线,官军占领了山地的制高点,起义军指挥部受到极大威胁。在谷堆地决战中,因兵力悬殊,起义军将领王仲兴被擒,殷得山战死,326人被招抚,主力严重受挫。在此严峻的形势下,陈卿仍率众奋战于寺头一带,后为保存实力,退守于马武寨,凭险拒敌。夏言随后将马武寨团团围住,采用"火牛火箭"的战术,突然袭击,攻破寨堡,王仲杞等7名骁将战死,军士近万人受降。在强大的攻势下,陈卿等力战不支,节节败退,最后一战,全军覆没,陈卿被俘。不久,陈卿等人被押往京师,"凌迟处死"。轰轰烈烈的陈卿起义,历时

平顺县虹梯关乡碑滩村虹梯关铭

平顺县奉城镇花园村玉峡关

七年,方告平息。

嘉靖八年(1529)二月,夏言向明世宗嘉靖皇帝上万言奏疏,建议在青羊山设置邑县。经过考察,选择了陈卿起义的爆发地青羊里为县治,依山筑城。同时,割出潞城县地的16个里、壶关县地的10个里、黎城县地的5个里,设置新县。夏言提议,由嘉靖皇帝亲赐县名为"平顺",取"剿平逆贼,地方顺服"之意。随后,县境内又设立玉斗崖、蟠溪峰、白云谷三个巡检司和玉峡关、虹梯关两个关隘,以为保障之备。同时,又升潞州为府的建置,赐府名为"潞安",意为潞州从此安定,另外,在潞安府附郭设县,赐名为"长治",以祈望这里长治久安。今天的长治市之名,自此而始。

"天下廉吏第一"的程启南

程启南(1562—1650),字开之,号凤庵。明朝嘉靖四十一年(1562)出生于上党武乡县信义村。万历二十九年(1601)中进士,第二年授任襄阳推官。此后,程启南步步高升,万历三十八年(1610)入朝任兵部武选司主事。万历四十一年(1613)升兵部郎中,迁济南道副使。万历四十七年(1619)升参政。明熹宗天启元年(1621),程启南升按察使,第二年(1622)朝廷"举卓异",考核天下官吏,他被誉为"天下廉吏第一",迁任右布政使,不久转为左布政使,巡按山东。天启三年(1623)奉调回京,迁升太常寺卿。天启五年(1625)因弹劾权奸魏忠贤,被罢官归田。崇祯二年(1629)被重新启用,奉诏升任通政使。崇祯三年(1630)迁工部左侍郎。因办事干练,督建德陵有功,迁升工部尚书,加大司空服俸。崇祯四年(1631),因不愿受宦官挟制而辞官归隐,直至清顺治七年(1650)十月辞世,终年89岁。

程启南性格刚毅果断,博学多闻;做事光明磊落,清廉正直,循公奉职;为民请命,不诣权贵,大义凛然;为官三十年,处处留佳绩,受到官民

程启南画像

的一致称赞。程启南以忠于大明江山社稷和天下苍生利益为己任,为官清廉,忠于职守。程启南为官期间,曾历任湖、广、云、贵同考试官。作为主考大人,他始终奉行"不吃请、不受贿、不徇私舞弊,坚持秉公执法,公正取士"的原则。"天下廉吏第一",受之无愧。

程启南致仕后,返归故土武乡。时逢沁州武乡荒旱,百姓徭役繁重,程启南不避怨谤,上书两院,呈请免徭减赋,使沁州豁免征粮累金3000余两。李自成义军攻占北京后,大顺朝廷知其清廉正直,曾下旨请程启南出山任职,程启南严词拒绝。为了不受搅扰,程启南从告老回乡后所居住的县城,再次迁回老家信义故宅,专门修建一寨,取名"双修寨",构筑草亭数间,杜门谢客。终日钻研《周易》以及各家医学专著,每有心得,则欣然为文。先后著有《易宗圣录》、《阴符解》、《也足园集易时草》、《医学纂要》、《集贤录》、《心著集解》等等。他家教甚严,不拘大小长幼,均要以节义仁慈简朴传家;无论贫富贵贱,均要以诗书礼乐为教。所以,子孙辈多有建树,世代为官,书香满门。

傅山隐居武乡

傅山(1607—1684),字青竹,后改青主。山西阳曲西村(今西村划入太原市区)人。明末清初著名的思想家、文学家、诗人、医学家、书画家。

著有《霜红龛全集》、《傅青主女科》、《傅青主男科》等。善画山水墨竹，工诗文及金石篆刻，亦精医学。明末，时局混乱，不少文人学士习气腐恶，他独艰苦，持气节。清顺治初年，朝廷求贤甚急，多次诏往而不应，甘居土窑奉养其母。为避难，曾于顺治二年（1645）春夏之间来武乡县隐居。傅山与武乡名宦魏光绪（明宣大总督）之子贡生魏骝，素为知交，所以到武乡后，住在魏家窑魏骝家山择堂之西南隅，与魏骝终日畅谈古今忠孝及国家兴亡、人臣进退等家国之事；又与魏骝邀当地诸名士，同游武乡名山胜景，所到之处皆有吟咏，遗迹甚多。晚间，则与魏骝围炉对饮，开怀畅谈，常达旦不寐；魏骝亦工山水墨画，傅山常为其题字。住一年余返太原。

傅山画像

傅山在武乡留下许多书法真迹：

南山普济寺的楹联："读罢楞严闲听鸟声啼茂竹，烧残麝脑静观花影步苍苔。太原傅山撰"。

南山观音堂的匾额："便是西天"。

南山僧房中堂的对联："诸葛一生唯谨慎，吕端大事不糊涂"。

魏光绪的墓碑：《明进士通议大夫巡抚湖广等处地方提督军务都察院右副都御使升总督宣大兵部右侍郎元白魏公墓表碑》，颜楷大字，今存。

此外，还写了唐人祖咏的《苏氏别业》："别业居幽处，到来生隐心。

南山当户牖,沣水映园林。竹覆经冬雪,庭昏未夕阴。寥寥人境外,闲坐听春禽。"并镌刻镶嵌于南山僧堂檐壁,借诗言志,体现了他隐居不仕的气节。

受傅山雅重的魏光绪

魏光绪,字孟韬,号元白,上党武乡县魏家窑村人。父亲魏鳌,曾任香河、府谷县令。明朝万历二十二年(1594)生,万历四十年(1612)科考中第一名举人,万历四十一年(1613)连捷辛丑科进士高等,授行人平命使,到湖北、河南一带考察行勘,执行公务。按照惯例,楚豫诸省的权贵们,对到他们属地行勘的朝廷官员,都要赠送"金帛",但魏光绪一概婉言谢绝,不予接受。当行勘结束时,魏光绪将所过之处的各种利弊逐条上陈,事实清楚,洞若观火,分析透彻,切中时弊。

万历四十八年(1620),魏光绪丁父忧服满,奉诏回京,升任云南道御使。天启三年(1623)补福建巡道,后巡案山东,声震海岳。与宋玫、马之骥等十人兴书院,结文社,活跃一时。后因受奸党魏忠贤所忌,被降职外用。崇祯元年(1628)奉诏还京巡视京营(卫戍部队),他严肃军纪,整顿军风,使京营"戎政一新"。不久,魏光绪晋秩少京兆,主持科考。崇祯二年(1629)年底,升为太仆寺正卿。他到任后,争回牧地数万顷,设法筹集白银两万两,购买西部的良马,装备京营骑兵,受到了崇祯皇帝的嘉奖。

崇祯八年(1635)抚军征剿楚中农民起义,一支义军攻占了桂阳,朝中对魏光绪心存成见的人便以此为口实,极力上书弹劾,于是朝廷将魏光绪罢免。

魏光绪免官归田后,崇祯八年、十年、十三年武乡遭遇了3次大灾。崇祯八年(1635)还乡。救灾济贫于大旱之年,设立慈幼局收容遗弃婴儿,筑城垣,修炮台,设义冢,行医施药,办了很多公益之事。每一次大灾降临，必是饿殍相望，哀鸿遍野。魏光绪把家中囤积粮米尽数发出，分厂设粥棚赈济灾民。同时，他设立慈幼局，派人收拣在路途中遗弃的婴幼儿，给以哺乳；他出资建造义冢，收葬那些被抛尸在外的孤魂野鬼；他行医施药，救死扶伤，为穷苦百姓解除病痛。一日，他出游来到监漳村，发现村南青溪涧水日夜流淌，完全可以用来浇灌田园。于是，他直接出资，说动当地百姓，并亲自勘测设计，亲督工役疏浚，开挖修建了一条自流引水渠，将涧水引入良田。这便是武乡县历史记载最早的一项水利工程设施。

崇祯五年十月，起义军一支经由襄垣直扑武乡县城，魏光绪亲自协助县令守城，他亲自运筹，三战三捷，将其击败。

魏光绪性喜为文，言辞风雅，意境深远。崇祯十四年（1641），帝诏旧属还朝，他正修纂县志，未出，当年冬逝，终年48岁。在他死后，重新启用他为宣大总督的诏书才到家，但为时已晚。生前著有《抚楚奏议》、《西台封事》、《南华诂字通》、《家乘带草楼诗稿》、《潞水客谈》等。

明末清初著名的思想家、文学家、诗人、医学家、书画家傅山，为其撰写《魏公墓表碑》，今存原墓地。

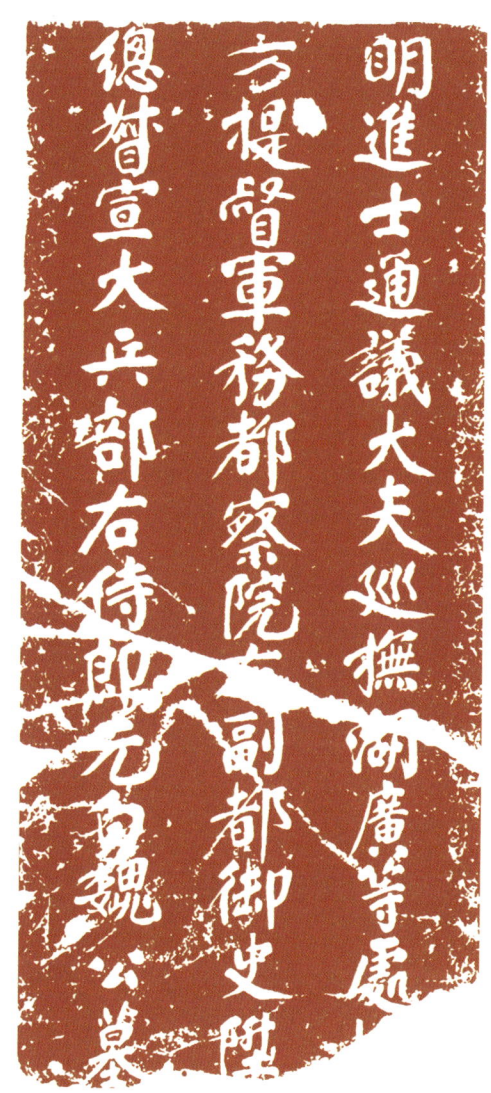

《魏公墓表碑》正面拓片

刘芳亮攻占沈王府

明崇祯十七年（1644）正月初，农民军领袖李自成在西安建国，国号大顺，建元永昌。正月初八，李自成亲率大顺军主力由西安出发，分兵两路进军山西。一路由刘芳亮统率从蒲坂抢渡黄河，占领山西芮城后，沿黄河北岸向东进军，渐次占领了平陆、垣曲。而后出山西占领河南怀庆

长治市明清上党城（《山西省历史地图集》）

地区，安抚地方后再次入山西，于二月十二日攻占了山西东南重镇泽州、潞安府。其后刘芳亮继而率军东下河南彰德府，取道磁州进入畿辅地区，协助李自成主力攻取北京。刘芳亮攻取潞安时，守土官员早已遁逃，城门大开，郡城不守。刘芳亮遂拥众入城，分置大顺各官，以孙明翼为防御使、师心知为府尹、刘延历为长子县令、张士英为屯留县令。刘芳亮攻占沈府，执沈王朱迥洣，留宫中搜刮金银、销熔宝器数日。又追索郡王、宗室、乡绅及故官子孙、乡士大夫捐助，对于死去的官吏，复收其子孙，严刑酷拷。陵川王朱效链、右副都督同知郑其心、昌平知州焦崇功，皆惨毙于酷刑之下。大索金银，动辄以千万计，各县也都如此执行，无一得免者。刘芳亮率军东下河南，留起义将领刘忠据守郡城。八月，驱在城男子八岁以上者，悉数出城，折毁四关及附近角沿村、李家庄、五马村等处村舍，只剩长治孤城屹立。十月，清兵自泽州北上，刘忠并各官皆逃去，清兵占据潞安，所至秋毫无犯。以匿于民间的明通判冯圣兆摄冀南道事，诛杀大顺防御使孙明翼、府尹师心知、长子县令刘延历、屯留县令张士英等。清兵随即北上攻太原，之后，刘忠虚复来攻潞安城，缚云梯，穿地道，潞安几至失陷。署道冯圣兆登城固守，攻之不克。清兵自太原赴援，潞安围解。

顺治"国师"王常月

王常月（1522—1680），明末清初著名道士，俗名平，法名常月，号昆阳，山西潞安府长治县人。属全真龙门派，为全真道龙门支派律宗的第七代律师。他最大的贡献，是让本已衰落的龙门派复兴，也可说是令全真复兴，甚至可以说是整个道教离现今时代最近的一次复兴。

王常月生于明嘉靖元年（1522）。年甫弱冠，慨然有出尘之心，即遍历名山，参求大道，博览三教典籍，研修仙道多年，参师20余位。中年师事全真龙门派第六代律师赵复阳，见其学道诚恳，赵复阳便密于天坛王

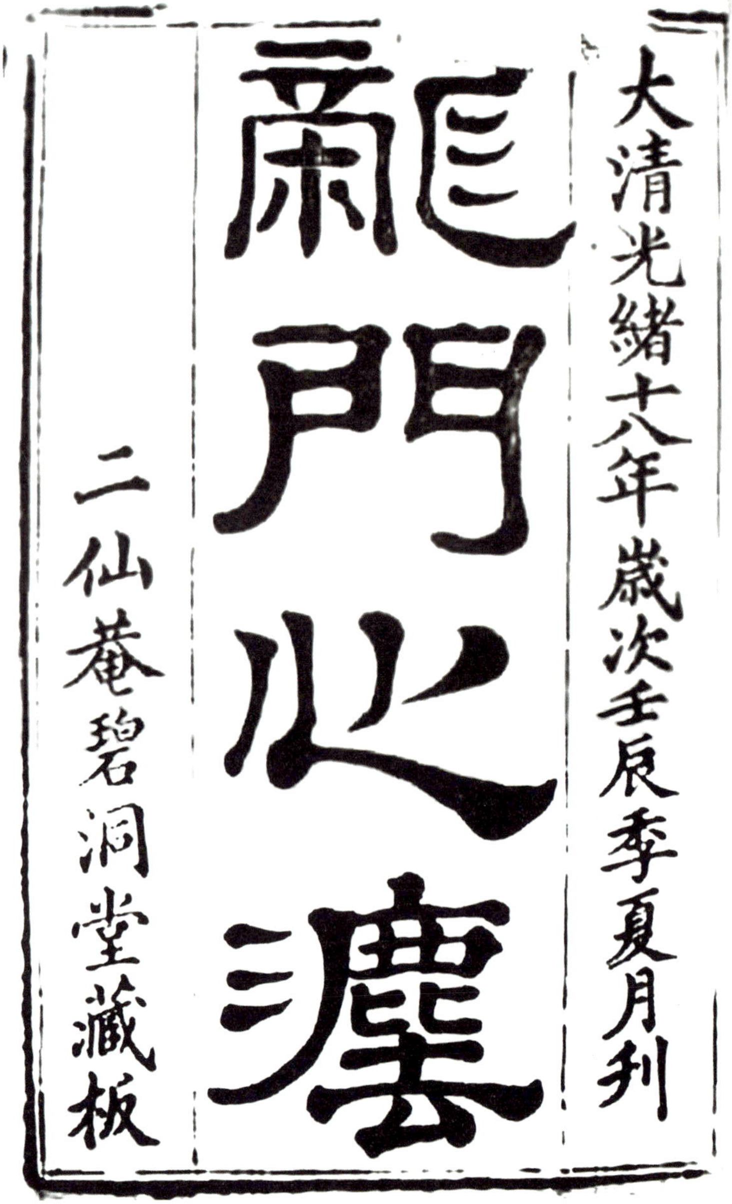

龍門心法

大清光緒十六年歲次壬辰季夏月刊

二仙菴碧洞堂藏板

王常月撰《龙门心法》书影

屋山王母洞告盟天地，授以戒律心法。王常月后来在九宫山再次见到其师赵复阳。赵复阳又以《天仙大戒》密授之。王常月别师之后，隐栖华山拜斗台。清顺治皇帝入关之始，王常月即北上挂单于灵佑宫。顺治十三年（1656）三月，奉旨主讲于北京白云观，先后三次登坛说戒，度弟子千余人，为顺治帝所器重，赐为"国师"。康熙皇帝曾从其受方便戒，从而使道风大振，后被誉为全真龙门派的中兴之祖。

康熙二年或三年（1662或1663），王常月亲率弟子詹守春、邵守善等南下，在南京、杭州、湖州和武当山等地开坛授戒。一时之间，南方道士纷至门下。由此，龙门派在当时整个道教日趋衰颓的情势下，呈现复兴之

王常月画像

象，并成为全真道中势力最大、影响最深的一个支派。闵一得在《金盖心灯》中称其是"我朝高士第一流人物"。王常月的弟子众多，于各地形成多个全真道龙门派支派，有的直至现代还颇为兴旺。

康熙十九年（1680）九月九日，王常月"以衣钵授弟子谭守诚，留颂而逝"。徒众将他安葬在白云观西偏殿。康熙皇帝闻知，敕赠"抱一高士"之号，降旨筑飨堂、塑法像，每年忌日遣官祭祀。

王常月生前撰有讲稿《心法正言》，后代弟子整理为《龙门心法》。他曾言："戒是全真第一关"，强调要皈依三宝，忏悔罪孽，断除障碍，定心守意，清静身心，最后才能功德圆满。他还认为，欲修仙道，先修人道，人道不修，仙道远矣。

清初四大家之一的"诗伯"程康庄

程康庄(1613—1679),字坦如,别号昆仑,山西武乡人,明末清初杰出的文学家、书法家和诗人。其祖父程启南,是刑部官员。小时候康庄随祖父在京城读书,即有文名。崇祯七年(1634),程康庄21岁时,师从于山西学政袁继咸。次年,考取拔贡。崇祯九年,袁继咸被山西巡按御史张孙振诬陷,押解入京,傅山等联络山西生员百余人,赴京为袁诉冤请愿,冤抑得申,程康庄也参加了这次历时八个月的斗争。

程康庄勒石书法题刻

清顺治十一年（1654），程康庄被山西巡抚保荐隐逸，应试高等。十六年（1659）任江苏镇江府通判。当时，清政府政局甫定，镇江地处要冲，有驻军镇守。程康庄佐幕府，严禁驻军扰民，安定了地方。他在镇江任上前后有8个年头，大概是他一生中最为得意的时期，不仅政绩斐然，还依据初拓全本补刻了焦山《瘗鹤铭》。而且他学识深湛，工于诗词古文，著述颇多，名噪一时。其时，在扬州任推官的清代江南文坛领袖王士祯，因公渡江，与程康庄纵游名胜，诗文酬唱，过从甚密，一时齐名。人们将他与王士祯称为"上下江诗伯"。

康熙六年（1667），升为安徽安庆府同知。他到任后制定防江策，平息盗风，社会大治。因前任事的牵连，他又被降补为陕西耀州知州。那时的耀州也很不安定。一次，万余叛军涌来将城围住，耀州的城墙本来就很残破，情势十分危急。程康庄亲率城中百姓，边筑城边防守，叛军久攻不下，退去，城得以保全。随后防军到来，而军需供应极其浩繁，耀州财

力顿时吃紧。程康庄只好倾其私有,并以个人名义借债,方保供应。

康熙十四年(1675)程康庄多次上书要求退休还乡,得到准核。当他离开耀州时,耀州人为他立了德政碑,以纪念他勤政爱民的功德。

程康庄虽在官场,仍不废吟咏。先后知交的除王士祯外,还有吴伟业、钱谦益、王士禄、孙枝蔚、宋琬、施闰章、林古度等,均为清初著名文人。程康庄的主要著作《自课堂集》,由清代钱谦益、陈维崧二人选注。程康庄的诗词,还有康熙年间刻版的《程昆仑诗草》一卷。陈维崧曾选《四大家文选》,由钱谦益、吴伟业诸名流为该书作序,序文中对程康庄推崇备至,赞曰:"武乡程康庄古文,则以险绝胜",其诗"饶有清刚之气"。中华书局出版的《全清词》中,收录有程康庄词作44首。他的诗词,汲取唐诗宋词的古法遗风,既重于真情实感的抒发,为文练句又颇下功夫,从而形成了自己的独特风格。

程康庄致仕后,回到了上党武乡,最后病逝于故里。

清朝重臣吴琠

吴琠塑像

吴琠(1637—1705),字伯美,号铜川,山西沁州(今长治市沁县)徐村人,吴琠出生于一个普通知识分子之家,其父吴道默是当时沁州一代的著名教师,家道小康,兄弟三人,吴琠为长,大弟吴琪为康熙壬午科举人,但并未外出做官,只在家乡管理家务,三弟一直在家侍奉父母。吴琠从小有良好的学习环境,受到严格的家庭教育。10岁即能作诗,15岁应童子试,23岁(顺治十六年)中进士,任河南确山知县,累迁兵部侍郎,授湖广巡抚、左都御史。康熙三十六年（1697）典会试,后擢为刑部尚书。康熙三十七年（1698）再加官为保和殿大学士兼刑部尚书。他几次要求病退回乡,康熙始终不准,对人说:"吴琠为人诚实,怎么能让他回乡呢?"康熙还曾把他亲临的米芾《千字文》赐给吴琠,并在背面题词:"吴琠为人宽厚和平,持己清廉。先任封疆,军民实受其惠。朝中之事,面折廷争,必得其正。朕甚重之,故书其后以纪其大臣之体。"三十九年,复典会试。康熙四十四年（1705）吴

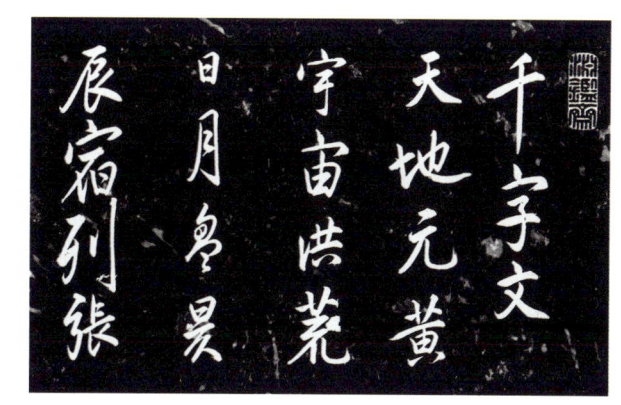
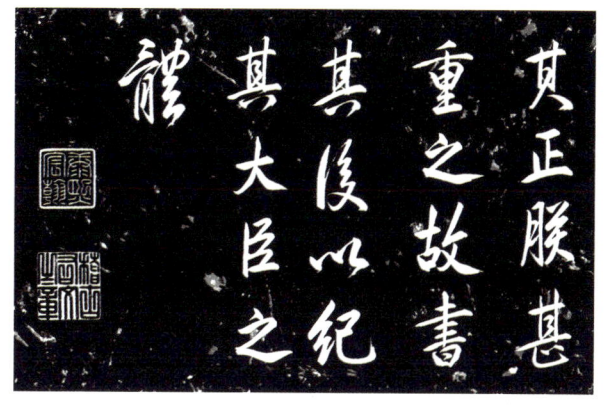

清康熙皇帝写赐重臣良相吴琠《千字文》拓片局部

琠在内阁值班时发病,逝于任上,享年68岁。康熙帝派重臣致祭,赐"文端"谥号。

吴琠作为一位太平时代的重臣良相,重视民生,关心民间疾苦;清正廉洁,不谋取私利;兢兢业业,忠于职守,悉心操理政务。康熙四十七年（1708）康熙帝命礼部侍郎孙岳前往沁州,带去御制墓碑文,刻石勒铭。在碑文中,康熙帝赞扬吴琠"操履端方,性资凝重""休休大度,尽消偏党之私,寄以腹心"。由此可知康熙对吴琠的评价之高。

"沁州三件宝,鸡蛋、瓜子、吴阁老。"这一首追念贤相吴琠的歌谣,一直在长治地区广为流传,人人皆知。300多年过去了,吴琠没有被人们遗忘,都知道他是一位清官、好官。

清代"上党三绝"之书法家冯士翘

冯士翘(1718—？)，字怀远，号秬山。清代著名书法家，长子县城北街人。其父冯秉直，字寅清，文人。其兄冯士励，字修吉，瘰生。其弟冯士甄，字古陶，进士，国子监学正。清《长子县志》载：冯士翘"倔强有奇气，工八法，尤精擘窠书(方格内写大字)，喜蓄金石。邑中断碑残碣搜罗无遗。能文章诗词，善古今书法，潞泽之为屏障匾额者，率金求怀远书"。冯士翘书法兼蓄王、欧、颜、柳各家之长，融为一体，锦绣俊逸，行笔雄健，自成一体。著有诗集《秬山草堂遗咏》。

乾隆年间，壶关冯文止到长子廉山书院任山长，冯文止为乾隆己卯科解元，癸未岁进士，诗词歌赋无所不通，为官多年后病归故里教学，著有《东山堂集》，其文章极有功底。冯文止对冯士翘书法赞赏不已。当时长治县石匠常大中刻碑技艺高超，人兽虫草俱能，尤以刻字见长，所刻作品刀刀求精，笔笔有韵，三人互慕，往从甚密。冯士翘书法、冯文止文章、常大中镌刻，被时人称为"上党三绝"。三人合作，为上党地区的一些庙宇、寺观、亭台楼阁书写镌刻了大量碑文、匾额等。冯士翘书有长子北高庙的《纯阳祠碑》、北街王家院《王郎碑》、壶关大安桥碑、长子城西街钟鼓楼上《声远楼》大匾、道场庙大门上《河山一览》大匾、东街牌坊石刻等，今存甚少。最著名的应该是现存

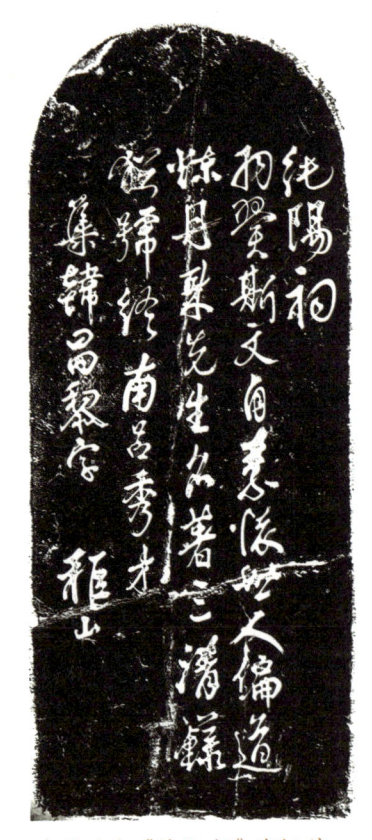

清冯士翘《纯阳祠》碑拓片

于长子北高庙的《纯阳祠碑》、壶关的《大安桥题额碑》《王郎碑》等，完整地保存了冯士翘的书法及常大中的镌刻，为我们研究"上党三绝"留下了宝贵的实物资料。

据传乾隆皇帝十分欣赏冯士翘的书法，并为他写下"天下书法第七把手"的赞词。

明代潞商的崛起

明代商业经济领域为世所瞩目的现象，是山西商人的兴起。明代中国商人按地域分，有西商、徽商、江右商、闽商、粤商、吴越商、关陕商等，其中徽商、西商实力最强大。徽商即南直隶徽州（今安徽歙县）之商人，因境内有新安江，又称新安商人。西商即是以山西平阳（临汾）、潞（长治）、泽（晋城）商人为代表的晋商。有时与关陕商合称山陕商人。

谢肇淛《五杂俎》卷4称："富室之称雄者，江南则推新安，江北则推山右（山西）。……山右或盐或丝，或转贩，或窖粟，其富甚于新安。"明人沈思孝在《晋录》中说："平阳、泽、潞豪商大贾甲天下，非数十万不称富。"

潞商的崛起始于盐铁、铁粮的交换。明代"开中法"的实施为潞商的发展提供了政策上的保障。地处河南、晋中、晋南交通要冲的区位优势则加速了潞商的发迹，并很快成为一个地区性的商业集团。到明中叶，潞商已经成为国内举足轻重的商帮。泽潞商人因地域相连很自然地在晋商中形成了"泽潞之纲"，"纲"就是行帮群体，这是潞商形成的最早形态。

明代长治丝绸织造业发展迅速。明洪武年间，朝廷在山西设立织染局，主管为皇家派造潞绸，上党的潞绸被列为贡品，潞州也就成了一个规模庞大的北方织造中心，声誉极高。当时，潞州六县有桑树8万余株，织机9千余张，分为6班72号，各机户均被登记在册，发给执照，犹如职工档案。明朝政府每十年在潞州派造潞绸4970匹。明中后期,有钱人家乃至一般平民皆可衣用潞绸。所谓"潞州机杼斗巧,织作绮丽,衣天下"。同时,潞绸还流向了国外。潞绸原料为蚕丝,潞绸之兴带动了销售蚕丝的丝行,购丝"远及川湖之地"。潞绸商铺开设于外地还进而,河北宣化有潞州绸铺、泽州帕铺,明末北京前门多有晋商绸店。但到明末,潞绸业因天灾人祸而逐渐衰落。万历十四年至十八年(1586—1590),潞安府潞城、黎城、屯留等县大旱,桑树枯槁,蚕丝大减,而明廷"商税苛繁","征榷之使急如星火,搜刮之令密如牛毛"。十余年间,坐派潞绸15000匹,用银80064两;造成机户困急、赔累难支,倾家荡产者甚多。

与潞绸同负盛名的潞安砂器精致适用,嘉靖年间成为贡品。万历时吕坤上《停止砂锅潞绸疏》载,嘉靖年间征派潞安府砂器为5000个,次年剧增为15000个,万历十八年(1590)更增至19500个,合银110余两。其每个仅值5厘多,而耗运费大大高于器物工本。原用荆筐装运,嘉靖年间又改为红木柜装置,运费尤重。万历年间又规定以白净棉花垫塞,购棉需到河南,兼之沿途打点,成本费高得惊人,达工本价26倍之多。这类贡品皆系征派,潞州之民实在不堪重负,故砂器业急剧衰落。及至清初,统治者较明代更为苛刻,潞绸及砂器业更加衰敝不振了。

明代潞州烧酒是山西的名酒,明人谢肇淛

长治县荫城古镇

《五杂俎》称"襄陵甚冽,而潞酒奇苦"。

商品集散地逐渐成为著名市镇,鲍店镇以药材业、荫城镇以铁业,成为当时著名的商业集镇,均店铺林立,货通八方,各以特色产品驰誉四海。

"明塑之珠"——观音堂悬塑艺术

长治观音堂位于长治市郊区大辛庄镇梁家庄村东,距市区约三公里。创建于明代万历九年(1581)至十一年(1583)。

观音堂占地面积约七千平方米,两进院落,坐东朝西。现存建筑有:山门(戏楼)、天王殿、钟鼓二楼、南北配殿、献亭、观音殿。观音殿及殿前献亭为明代原构,其余为清代修建及现代复建与迁建。院内一株千年古桧苍翠凌霄,十分罕见。观音堂规模小巧,构造精美,反映了明代时期我国古建筑构架与布局的特点及上党地区的地方风格与手法,同时也是

长治市郊区梁家庄观音堂俯瞰图

一座反映儒、释、道教和民间信仰的宗教建筑,是我国明代时期宗教、思想文化的遗迹和载体,有着较高的历史、科学、艺术价值和深刻的文化内涵。2001年6月25日,被国务院正式公布为第五批全国重点文物保护单位。

正殿为观音殿,建筑面积62.02平方米,坐东朝西,面阔三间,六檩前廊式构造, 单檐悬山顶, 灰筒瓦屋面。门楣上挂有明万历十一年(1583)诰封兵部侍郎郜钦题写的"观音堂"楷书鎏金木匾。主殿前为献亭,面阔三间,进深五檩,卷棚顶。两侧山面连主殿山墙造砖雕八字影壁,团龙纹饰细致精巧。题匾的郜钦,明清方志记载,是长治人郜光先父亲。郜光先是明嘉靖三十八年进士,累官至兵部尚书,加太子少保。

观音殿沿后墙与两山墙建有宽约2米、高约1米的凹字形供台,由此往上塑列宗教塑像。观音殿的正面(东壁后墙)塑有佛教三大士,在明间观世音菩萨华盖上部显著的位置塑有儒、释、道三教祖师。南、北两壁的一、二、三层均为佛教人物:第一层为十八罗汉,第二层为二十四诸

长治观音堂北壁罗汉局部

长治观音堂正壁普贤上部

天,第三层为十二圆觉。在南壁第四层以上和南次间文殊菩萨花盖上部、南次间横梁的南侧,塑造的是玉皇大帝、二十八宿、三官大帝、西王母、天门三将、玄天大帝、道教仙乐等道教人物。在南次间补间斗拱的后尾部,则塑有八仙庆寿的故事。在北壁的第四、五层和北次间横梁的北侧塑造的是儒教人物孔门七十二贤。在孔门七十二贤的上部及北次间文殊菩萨华盖的上部和北次间补间斗拱的后尾部均为佛教人物。在北次间十二圆觉南侧和西壁门窗上部则讲述的是明代民间宗教西大乘教的故事。南次间的窗户上为佛教典故"唐王迎经"。在众多的神像中间,又用祥云、瑞兽、植物、楼阁以及次要的神仙人物做陪衬,布局安排合理,主次分明,既充分利用空间多而全地满足了广大百姓对各路神仙礼拜的需求,也不违背教义的基本原则。

观音殿现存的这些明代泥质彩塑、悬塑宗教造像,大小共五百余尊,形象生动,手法精妙,反映了明代三教合一的宗教思潮,具有极高的艺术、宗教、历史价值,被专家誉为"明塑之珠"。

著名美术史论家、书画家徐建融在他的一部著作《菩萨造像》里专门用一个篇章《浪漫洪流》阐述梁家庄观音堂的彩塑艺术是"一幅幅平淡无奇却五花八门、多彩多姿的社会风俗画。"

以我国著名雕塑家钱绍武先生为团长的"炎黄艺术（古代彩塑）之旅"考察团曾考察观音堂。钱绍武评价说："站在这里，我觉得最华丽的辞藻也难以形容，不妨借用古人的一句话概而言之：'日出江花红胜火！'这些艺术品可以提高我们对中国文化艺术的自信心，也使我们的艺术家产生一种自豪感。我可以毫不夸张地说，这些彩塑足以震惊世界！"著名佛教艺术家、美术史论家金维诺先生也叹道："敦煌、新疆等地的彩塑发展到唐代以后就中断了，山西彩塑的复兴具有继往开来的意义。"美术理论家、《中国美术》主编李松说："看了长治的彩塑后，我觉得中国美术史太不完整了。重修美术史，无疑应浓墨重笔地加上山西彩塑这一宏丽的篇章！"

上党戏剧的兴盛

上党是古老的音乐戏曲之乡。唐代时潞州的民间音乐、歌舞已比较普遍并具有相当水平。唐玄宗在潞州常与民间艺人交往，相互答谢唱酬，可见"上党歌舞先梨园"的说法并非空穴来风。唐开元二年（714），玄宗于长安禁苑开创梨园，此后被历代戏曲艺人尊为开山之祖，为"老郎爷"。旧时在上党，每年农历四月二十四日，所有戏曲班社，都要在玄宗像前举行隆重的祭祀活动，唱戏酬神，因为传说这一天是唐玄宗的生日。

我国的戏曲发展到元代，形成了元杂剧，成为中国戏剧史上的一个高峰。而元杂剧又是在宋代诸宫调、金院本的直接影响下形成的。而诸宫调这种戏曲艺术，则首创于上党泽州人孔三传。孔三传的诸宫调，是用传奇、灵怪故事编写的诸宫调唱本，可惜均已失传。我们今天称上党梆子又作"上党宫调"，即由此而来。

长治唐代坐部伎乐陶俑

上党戏为我国的戏剧发展做出了贡献。它虽然古老，但并不"封闭"，而是一个"开放型"的剧种。它广泛接纳外来戏曲，至今上党梆子仍具有昆、梆、罗、卷、簧等多部声腔，并由上党梆子派生出了今日的山东"枣梆"、河北"西调"等剧种。上党梆子高亢、激烈，金戈铁马，悲壮慷慨，多武打戏、清官戏、忠义戏，又体现了上党人自古而来的强悍、好勇、刚正的风习。

在上党戏曲中，除了梆子和落子，还有诸多的秧歌戏：武乡秧歌、襄垣秧歌、沁源秧歌、壶关秧歌、西火秧歌……秧歌的品种之多是他地不可比拟的。这些秧歌多由戏曲和民间小调演化而来，如一朵朵芳香馥郁的山花，盛开在上党的田野山川。

明代，尤其是永乐、嘉靖、万历年间，政治相对安定，经济发展迅速，文化艺术又到了一个繁荣期。在南方，魏良辅改革海盐、弋阳两腔为"水磨调"新昆腔；稍后，梁辰鱼又创作了昆腔《浣纱记》，推动昆曲逐步成了全国主要声腔剧种。在北方，元杂剧不因元朝的灭亡而衰落，虽然北方因伐元的战争而使元杂剧艺人流离失所、风光不再，但它的艺人、它的剧目，以及它的体制，依然完全地保存下来并得到改造。明代中后期，西秦腔挟元杂剧余威，呼啸东进，很快在山陕地区站稳了脚跟，并与当地的民间艺术、地方戏曲重新融合，创造出了新的剧种。秦腔、蒲州梆子、上党大戏即在此间应运而生。

1985年10月从潞城南舍村堪舆（阴阳生）世家曹占鳌（1908—1994）、曹占标（1925—1990）兄弟家中获得的明万历二年（1574）抄本《迎神赛社礼节传簿四十曲宫调》，在祭祀的剧目中有金院本8个，宋元杂剧剧目26个。来自宫廷的戏曲艺术，直接传播到了民间。它对上党梆子的催生作用，是不可低估的。这也是20世纪30年代有些人把上党梆子称作"上党宫调"的原因之一。

在中华民族的民间艺术中，美不胜收的地方戏曲艺术，可谓民族艺术之集大成者。就像京剧是华夏民族的文化灵魂一样，上党梆子同样展示着三千年的上党民族文化。

上党梆子同蒲州梆子、中路梆子、北路梆子并称为山西四大梆子而

潞城辛安泉镇南马村昭泽龙王庙戏台

壶关县东井岭乡木雕戏剧人物

又在四大梆子中独树一帜。

上党梆子无论音乐唱腔，还是表演程式，无论舞台场面，还是传统剧目，甚至连服装脸谱，都极富个性。它没有越剧、黄梅的温婉文雅，却饱含北国塞上的奔放豪情；它缺乏南音苏昆的恬淡静逸，却充盈京梆的火爆炽热；它鲜见南疆的柔情似水，却常现莽原的金戈铁马；它少有江南的小窗碧玉，却张扬出太行的大气磅礴。虽原始，却古朴；虽粗犷，却昂扬。这个性特点，饱含着上党盆地深厚浓重的民族文化底蕴。

"戏曲发端于歌舞"，这是公认之说；"戏曲是从民间艺术进化而来的"，这也是公认之说。这如同"金元本"、"宋杂剧"、"元杂剧"都是从民间讲唱艺术发展而来的一样，上党梆子的初期形态，是对民间艺术的兼收并蓄。

早期的上党大戏，虽有自己的剧目，但在声腔上，却昆、梆、罗、卷、簧都唱。其中的"卷腔"，是唐代宣讲佛经的唱卷流变而来；"罗罗腔"是取材于本地的民间小唱，并且在吸收"昆、簧"之前，上党戏是以唱"罗戏"为主的。上党梆子早期这种"五腔同台"的戏曲演唱，并没有影响它在演出剧目上确立自己的特色。从明万历二年的傩祭剧目，到今天仍然

长治县八义镇民居砖雕戏剧人物

壶关县东井岭乡民居砖雕戏剧人物

活跃在舞台上的演出剧目，600余年是一脉相承的。而其中的"列国戏"、"三国戏"、"杨家戏"，占很大比重，而且都是表现战争场面的，这又和上党是"自古兵家必争之地"的地缘历史有关。三国纷争、宋金割据、元明相斗的民族战争史，在上党梆子的演出剧目中几乎全得到了反映。特别是明末清初以来，上党梆子的演出剧目逐渐确立了"南（州底）岳（岳家戏）北（潞府）杨（杨家戏）"的主流系统。这种情况，是全国其他地方戏曲所没有的特色。

清代"康、雍、乾、嘉"，是上党梆子繁荣的盛世。这时，潞商扶植戏班，戏班服务潞商。这种相互依存的关系，使上党梆子东至齐鲁皖，南下云贵川。上党南北两大著名班社"鸣凤班"和"十万班"就是代表前后两个时期闪耀的光辉。上党梆子的班社在清代多如牛毛，且基本上是民办的"家生戏"。除著名的"鸣凤班"、"乐意（十万）班"外，其他班社的名字就体现了浓浓的合作意识，像"三义班"、"三合班"、"六合班"、"双庆班"等。这些班社，为了生存发展，出太行，下中原，过冀州，进齐鲁，把上党梆子的种子，撒到了四面八方。河北永年的"西调"、山东菏泽的"枣梆"，就是光绪年间上党梆子艺人外出传艺的成果。

第六章

太行深处　西风渐拂
（晚清民国时期）

概述

　　近代新风吹入长治,应始于太平军入晋和第二次鸦片战争。首先打破尘封的事件是太平军进入上党。第一次鸦片战争后,清廷为支付对列强的巨额赔款,加紧搜刮人民,贪官污吏、土豪劣绅乘机盘剥勒索,加剧了社会矛盾。洪秀全于1851年秋,在广西桂平金田村发动起义,史称"金田起义",建号"太平天国",义军称"太平军"。1852年,太平军北上,攻克南京,改名天京,定都与清廷对峙。1853年,派林凤祥、李开芳北伐,并进入山西,纵横驰骋,谱写出中国人民反抗暴政的斗争篇章。咸丰三年(1853),北伐的太平军主力东折,经岳阳(今古县)、永乐,入屯留、长子,击溃清军托明阿部,占领潞城。接着,攻黎城,城陷,乃由黎城入河北涉县。太平军在山西转战约25天(1853年7月29日—8月24日)。

　　第二次鸦片战争后,西方列强迫使清政府签订《天津条约》,准许西方传教士入内地传教。天主教在山西迅速发展。同治九年(1870),意大利人江类思任太原主教,天主教势力在晋分北境和南境。北境教区在太原以北及晋中各州县,教徒有1.3万余人;南境教区在晋东南与晋南,中心设在潞安,由荷兰方济各会士管理,教徒发展到1.8万人。

1911年10月10日,孙中山领导的武昌起义推翻了清廷统治,结束了几千年来中国古代的帝制时期,建立了中华民国。在武昌起义后不久,10月29日,山西的革命党人也发动起义,光复太原和山西全省,阎锡山任都督,温寿泉为副都督,宣告山西省军政府成立。太原首义后,留日生、同盟会员襄垣人孙宗武向阎锡山自荐赴潞安宣抚,他单人匹马,未费一枪一弹而使潞安地区光复,革命即告成功,颇富传奇色彩。这实际是潞安地区诸多进步人士配合、拥护的结果。

民国元年(1912),实行省、道、县3级制,废潞安府,原潞安府所领各县均属冀宁道。同年4月,于今长治市置潞泽辽沁镇守使署;民国5年(1916)改为潞泽辽沁营务处。民国13年(1924),撤销营务处。民国19年(1930),撤销冀宁道,各县直隶山西省。民国26年(1937),山西省政府(阎锡山政权)置第三、第五专区。

太平军北伐转战潞安

咸丰三年（1853）五月，太平天国派天官副丞相林凤祥、地官正丞相李开芳和春官副丞相吉文元率二万余人北伐，任务是直捣清朝老巢北京。北伐军从仪征（今江苏省仪征）出发，很快攻入河南，清政府马上调兵堵截太平军过黄河入河北。9月2日，太平军在河南济源受到清军胜

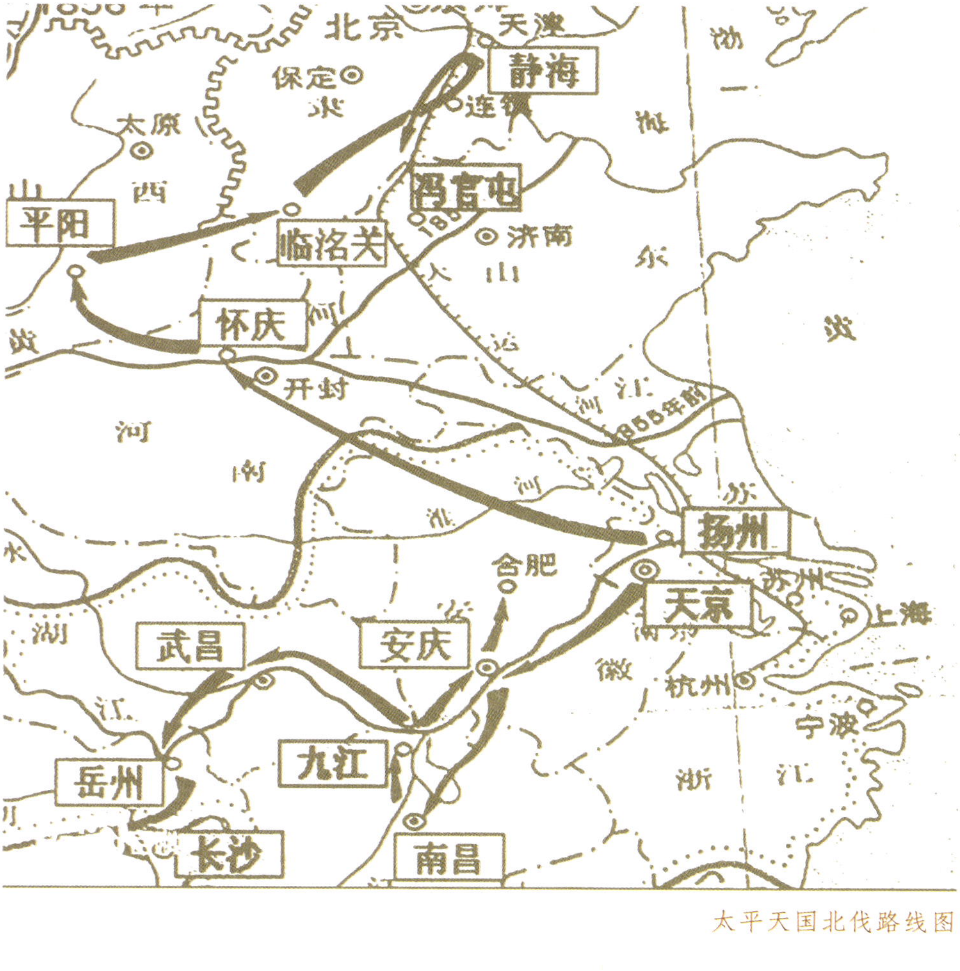

太平天国北伐路线图

保阻止后，改由封门口（今河南省济源市封门口，即古之轵关陉）进入山西垣曲县境内，绕道进击北京。

9月3日，太平军攻克垣曲县城，清河道观察使张锡藩战死，知县晏宗望等官吏被杀。太平军开仓济民，休整三日后，攻占绛县，杀知县潘名魁；次日，破曲沃城，知县丁璜被杀。清廷急令内阁大学士胜保率军全面围堵太平军。9月12日，

长治市出土的太平天国铜钱

太平军攻下临汾，稍作休整即出洪洞北上，在高河桥边遭到清军伏击。太平军当即改北行为东进，经岳阳县之古县镇（今古县）进入长治的屯留、长子县境。9月25日下午攻占黎城，次日拂晓便从黎城出发，经东阳关进入涉县（今属河北），直抵直隶临洺关（今河北永年县境），太平军绕道山西入河北的战略目标得以实现。

太平天国北伐军从9月2日由河南济源进入山西垣曲，到9月26日经东阳关出山西，共在山西达25天，先后占领过垣曲、绛县、曲沃、平阳、洪洞、潞城、黎城等一府六县。

太平北伐军转战潞安，清代潞城人申兆奎《粤匪过境约略》有较详细的记载，称为"癸丑之变"。

咸丰三年八月初，北伐军将由洪洞至赵城，为官兵横截，北伐军被分为两股，南股仍返临汾，北股由洪洞窜岳阳，直抵潞安府属屯留县毛鬟岭东口下，发现潞安府派出探信的官兵，在柳花璞遭遇交战，官兵败逃长子城，北伐军则连夜投宿长子县的鲍店镇驻扎。八月二十二日凌晨丑时，北伐军出发，天明时分已进入潞城西乡史兴里下省村、起云台、张公庄、张庄等地，沿三垂冈又北至南舍村、北舍村、北荆庄。上午9时至上午11时进入潞城，大军盘住城内，有五六万人，潞城四关几乎不能容纳兵众。

此前二日，有自称为"吉林兵"清兵四十余名，奉清政府军令调派西

行,路过潞城时索要骡马军需,当时民情惶恐,县令没有立即支给,骡马留存在城里,北伐军入城后全部宰杀于东门口之店坊。街道上贴满了太平军的告示和传帖,民众才知道是太平军的北伐军到来,元帅为李开芳等情况。第二天一早,北伐军由五里后、微子镇、神头涧口等村直达黎城县,沿途有焚毁神庙,掳掠壮者,欺辱妇女的情形发生。

太平军入潞城县,县城中只有岁贡生武振明、禀生梁镇韩、生员武维扬、团防团长任丕基等遇害。县令段金瓯、典史宋绅、虹梯巡检城守司等人,或逃窜他处,或被掳掠,惟训导郭树兰守署未出,身遭凌辱。北伐军离去后,潞城县城里一片混乱,官兵搅扰,土匪抢掠,凡属富民铺户,无不受伤,而当铺尤甚,世变至此,令人自危。

著名革命家石璜

石璜,字子佩,乳名起首。

1877年,在平顺大山里一个名叫苤兰岩的小村庄里,石璜在村里的一个农家小院呱呱坠地。由于家境还算过得去,石璜从小就有着较好的家教,幼年即在地方名绅石匣村张玉龙先生名下读私塾。他勤奋好学,成绩优异,这也让他有了比同龄人更加迫切的想法——早日走出深山。

石璜青少年时代,正是清朝封建统治穷途末路之时,康有为、梁启超等人变法图强给他以巨大的精神鼓舞。身处太行山穷乡僻壤的石璜,立志要刻苦攻读,为改变国弱民贫的现状而奋斗。1903年他以优异的成绩考入山西大学堂中学专斋。1906年,在太原读书的石璜很快接受了革命思想,并参加了孙中山领导的同盟会。1908年山西大学堂毕业后,受聘于潞安中学堂(现长治二中)斋务长兼博物地理教员,并秘密进行推翻清朝统治的革命活动。宣统元年(1909),石璜被举为"孝廉方正",成为地方的才俊。1911年10月10日武昌起义成功后,石璜与在山西的同盟会员,积极响应,并参加了辛亥太原起义。起义成功后,他被选为山西省临时议会议员。

1912年,石璜以山西省议会议员身份发布了《恢复县治通知书》,并联络平顺乡绅积极推动复县活动的开展,活动得到了广泛的支持,最终复县成功,他的举动也在平顺的发展史上留下了宝贵的一笔。平顺县设立于明嘉靖八年(1529),清乾隆二十九年(1764)裁县为乡,能够复县,一是有赖于当时的大背景,正如石璜《恢复县治通告书》中所言:"今幸临时省议会通过官制草案,取直接制以县为单位。凡府、厅、州、乡一律改县。"二是有赖于石璜、崔维新、张玉龙、原庆澜等"奔走呼号、舌敝唇焦、任劳任怨、百折不回",方有恢复县治的结果。

民国元年(1912),石璜又被选为民国第一届国会众议员,委任为潞、泽、辽、沁镇守使随营参赞。民国2年(1913)就职国会。然而好景不长,他的人生便走向了跌宕起伏。民国3年(1914),袁世凯复辟帝制,石璜的议员资格被撤销。

民国4年(1915),新任山西巡按使金永以"幅员不甚广袤,户口亦非殷繁……迨经改乡为县之后,事更清简,不但分治,而财政困难,政治未能悉举……当时议会因一时意见所及,未能通盘筹划,遂有此举"

平顺县关乡苤兰岩村石璜故居

的理由,请示大总统批复,平顺县再次被裁。民国6年(1917),石璜联合省议员张玉龙、县议会会长崔维新、公民代表师孔仁等,提出《平顺公民代表师孔仁等请议规复该乡为县并请增筹经费书》,针对以前山西巡按使金永裁撤平顺为乡的理由,从地方治安、百姓生活、学生上学、经费筹措等四个方面进行了辩驳,复县理由充分,对复县起了至关重要的作用。《兼署内务府总长范源廉呈大总统拟准山西省恢复清源平顺县治文》中说:"自民国四年裁并后,全境悉隶潞城一县,鞭长莫及,势所难免;该乡地方险要,亦非县佐权力所能震慑,似以恢复县治为宜。"民国6年(1917)5月3日得到了大总统的批复,完成了第二次复县。

民国7年(1918),石璜又赴广州军政府护法,任海陆军元帅孙中山先生咨议。到民国13年(1924),石璜再次供职国会。其后,相继担任过山西省怀仁县知事、稷山县县长等职。但却变更频繁,时日不长,建树平平,直至辗转回乡。

除了为平顺复县,编写县志也是石璜报效桑梓的另一个举动。1938年至1940年期间,处于困顿之中的石璜,穷其精力和同乡的文人积极致力于编纂平顺县志,广泛收集前人的著作、诗文,以及各种文章中有关平顺的记载,他抱着一颗为家乡做事的心,不管是身居高位,还是归宿山中,哪怕是在人生最不如意的时间里,也要腾出时间编写县志,为平顺留下了一笔宝贵的财富。

石璜一直处于支持民主和抗日救国的状态,他在民族危亡时的表现还是令后人,特别是当时的社会贤达、民主人士所感动,赢得了社会各界的称赞。1941年,作为同情革命、支持抗战的进步人士,石璜被推选为晋冀鲁豫边区临时参议会驻会委员。"皖南事变"发生后,石璜义愤填膺,联络97名边区知名人士,致电新四军以为声援,坚决反对国民党的卑劣行径,显示了疾恶如仇的太行山人性情。

1942年春,日军对我根据地发动了灭绝人性的大扫荡,石璜只身躲在虹梯关乡茔兰岩村的一个山洞中不幸病故。石璜去世的消息传出后,为了缅怀这位民主革命家的功绩,晋冀鲁豫边区政府在河北省涉县召开万人追悼大会,悼念这位革命先驱。朱德总司令还亲自送上了"悼念国民党元老临参会驻会委员石璜老先生"的挽联,以寄托哀思。

潞安革命成功

1911年10月10日，孙中山领导的辛亥革命推翻了清廷统治，结束了几千年来中国古代的帝制时期，建立了中华民国。在武昌起义后不久，10月29日，山西的革命党人也发动起义，光复太原和山西全省，一致通过选阎锡山任都督，并选温寿泉为副都督，宣告山西省军政府成立。

在太原首义后，留日生、同盟会员襄垣人孙宗武向阎锡山自荐赴潞安宣抚。此时潞安虽无同盟会组织，却有同盟会会员五台人赵承经、襄垣人苗雨润积极活动。赵承经与阎锡山留学日本时相识，由阎以手枪相胁，拉其入会，归国后任潞安中学堂（现长治二中）教员。苗雨润乃长治高小学堂教员。此外，潞安中学堂教职员多为山西大学堂毕业生，倾向进步，对二人多有掩护，而其时潞安官府头面人物、知府斌衍（满族）及继任者周渤、潘礼彦皆开明人士，对中学教职员分外友好，中学堂经费及庶务，皆由知府一手帮办，甚至请教职员参与政务，如宣统元年省咨议局成立，议员之选举皆由教职员协助。潞安光复前，山东人、同盟会会员刘冠生曾扮为书商到中学堂与赵承经见面，密商起义。而清军驻潞安之巡防队，有兵士200余人，纪律废弛，内部腐败，毫无战斗力。太原首义消息传到潞安，当任知府英华忽然病死，即日开吊（有传说英华逃到北京，以死掩人耳目）。知府空悬，无人主政，学校即自行停课。进步人士盼望革命，纷纷剪掉辫子，宣传革命。

这个时候孙宗武至潞安宣抚，潞安各县知县不敢拒绝，唯有请进步人士与孙宗武周旋，孙宗武到各县仅通知一声，知县如表示接受革命，可将孙宗武所携告示贴出，公布于众即可宣告革命成功，而政治实权仍由地方士绅把持。孙宗武单人匹马，未费一枪一弹，使潞安地区光复，革命即告成功，看起来颇富传奇色彩，实则是潞安地区诸多进步人士配合、拥护的结果。

1912年，南北议和成功，阎锡山重返太原。潞安中学堂王家驹、石瑛、申秉衡、赵安国等教职员自行集合，择日开课。因学堂基金存于各县盐店，应交利息由知府收取，现以知府虚位，便由各教职员倡议成立潞安八县参议会，代行知府职权。于是，推李庆芳（襄垣人）、赵永泉（壶关人）为正副议长及各县7人为驻会参事，驻二府衙门为参事会办公地址，各县新政皆由该会领导。各县由此相继成立县参事会，改组了县政府，有的县选出了新县长，清廷旧官员则闻讯纷纷逃逸。八县参议事实际上取代了知府衙门。

1912年4月，潞安巡防队发生兵变，哄抢商号。阎锡山派杨沛霖为潞泽辽沁镇守使，并选石瑛、王家驹先后为参赞。八县参议会得到了镇守使署的支持。参事会及中学堂教职员，后来多成为第一届国会众议员及省议会议员。不久，八县参议会改为董事会，专主学堂事务。

阎锡山镇压"干草会"与"天门会"

1911年11月初，武昌首义和太原起义的消息传到各县府，对于苦难中的人民产生了巨大影响。时值完粮季节，由于地方政事废弛，军阀官僚与士绅相勾结把持各地政权，捐税有增无减，各县怨声载道，危机四伏，激起农民的抗捐斗争，上党地区爆发了一场大规模的火烧劣绅的自发反封建反压迫的斗争，人们手持干草一束，聚众烧毁官衙和劣绅房屋，史称"干草会运动"。

11月上旬，高平县街上出现历数

阎锡山像

本县豪绅罪状的无名揭帖，接着东乡开始传递号召众聚会火烧豪绅的鸡毛传单。11月12日，携带干草的东乡等四个乡农民2000余人，烧开高平县城门，蜂拥入城，先捣毁巡警局，焚烧高等学校，然后汇集于县署门前示威，强烈要求免粮免税。知县朱士俊被迫出示了免粮免税的告示。数日内，高平全县被干草会焚烧的劣绅达四五十户。干草会烈火自高平县开端，势如燎原，向北迅速蔓延。不过半月，"干草会运动"在长治、长子、壶关、襄垣等县都如火如荼地开展起来。长治县干草会运动历时半月之久，烧毁劣绅房屋一百多家。沁县参加暴动者达数万之众，烧毁城乡四十八家房屋。声势之大，一时轰动省内外。

在干草会运动打击下，清廷在上党地区的统治政权进一步瓦解。1911年12月底，孙宗武等人和平光复上党地区，但政权仍在地方豪绅手中。1912年初，代行知府职权的上党地区八县参议会产生，清代遗老刘祖尧等劣绅摇身一变成为参议会的参事。新政权组成后，豪绅立即向参加干草会运动的农民群众反扑过来。2月，各县官吏在地方豪绅驱使下，对干草会运动的首领和积极分子大肆搜捕，干草会运动的首领和积极分子除少数人闻风潜逃外，大多数人被抓捕。不久，阎锡山派杨沛霖担任潞、泽、辽、沁镇守使。同年夏天，杨沛霖亲自指挥士兵镇压干草会运动。长治县干草会运动的首领陈双马、冯丙演、苏小兴、赵铁忠等五人被斩首示众。其余被捕人员，有的被判徒刑，有的被罚款保释。而杨沛霖对被烧劣绅却大加周济，每家每人发结仓谷五石，并在各村勒索木材，重新为劣绅修建房屋。

1923年，以贫苦农民郭官林、韩欲明为领袖的天门大会（简称天门会）在河南林县东油村秘密成立。经过3年的隐蔽活动，1926年4月，在总团师韩欲明领导下，公开竖起大旗，举行武装起义。天门会农民起义武装，抗捐抗税，深受贫苦农民拥护，会众迅速发展至豫、晋两省的23个县，达30多万人。1927年春，当北伐军入豫同奉军作战之时，天门会在中国共产党的影响和帮助下，高举反奉旗帜、响应革命军，英勇战斗，在总团师韩欲明的统一指挥下，在冀南和豫北接连同奉军展开3次大战，三战三捷，阻挡了奉军南下。同时，天门会同红枪会、农民协会配合，袭扰奉军后方，切断交通，阻止军运，攻占县城，夺取政权。天门会武装先后占领林县、辉县、涉县、武安、滑县等县城，声势浩大。1927年秋,河南林县天门会部分会员进入长治县境内,先后在东火天子岭、荫城、太义掌、八义鹞子山等地设点聚众,发展会友。是年农历八月十三日,阎锡山派陆军第八师张会诏率大军星夜由太原赶赴长治,围剿天门会各点。次日,天子岭战,阎锡山部于梁家庄河射炮数十发,掩护步兵冲向山顶,西庄的孤松山坛点会友千余人与晋军展开肉搏,激战一小时,晋军死亡320余人,天门会会友死亡80余人,其中仅东火村就有50余人被杀。同日,晋军大炮遍布于八义沟湾河,面对鹞子山天门会坛点发炮一小时,掩护官兵至鹞子山。在激战中,天门会会友200余人被枪杀于山下炮掌沟。天门会损伤惨重,随即撤出县境向南发展。

在第一次大革命失败后,天门会仍坚持反军阀、反豪绅的斗争,先后遭到庞炳勋、阎锡山等军阀的围剿。天门会农民武装依托太行山的险要地势和人民群众的支持,三起三落,坚持战斗达10年之久,终在国民党军队的镇压下,惨遭失败。

上党官僚资本家裴宝堂

裴宝堂(1880—1941)出身于潞安府(今长治市)南郊南石槽村一个书香门第,后留学日本。

第一次世界大战期间,欧洲由于战事紧张而导致食品紧缺。1916年,天津口岸出口蛋粉的价格每百斤竟涨至一千元左右。但是在山西上党地区,城市每个鸡蛋仅作价制钱二文,农村每个鸡蛋即使卖制钱一文钱也不易卖出。留学回国后,在长治师范学校当教员的裴宝堂得到这个信息,认为开设蛋厂是个一本万利之举,便向贾书农及其侄儿贾景德(阎锡山的秘书长)提出开设蛋厂之事。贾家叔侄慨然应允,托裴宝堂全权处理,裴宝堂立即辞去师范教员之职,在长治城内南街兴工筹办蛋厂,很快便宣告成立,取名"同益厚",成为上党第一家蛋厂。裴宝堂抓住机遇,加快发展,使蛋厂越做越大,资本积累越来越多,很快成为上党

长治市南石槽村裴宝堂旧居

巨富。

同益厚蛋厂的兴起，不仅使裴宝堂赚足了大把的利润，而且也使裴宝堂有了参与政治的资本。1919年，裴宝堂凭着经济实力以及他与贾景德的特殊关系，竞选议员成功，当上了徐世昌的众议会议员。

同益厚蛋厂的成功，如同无声的号令，吸引和刺激了上党打蛋业的迅猛发展。一时间，上党地区的蛋厂如雨后春笋般相继开设，各县绅商纷纷组织起蛋厂企业。自1922年至1928年，上党蛋厂竟发展到20余家。

裴宝堂利用打蛋厂赚取的巨额利润，在长治城内又开设了集昌祥银号、义长顺绸缎庄、潞阳春杂货行兼糕点铺（义合元前身），并以同益厚为主要股东，召集其他零股，接办了长治、长子、晋城各官运总局（盐店），另外还有布庄、纸店和洋货铺。可以说，当时除了理发所、澡堂、栈房等裴宝堂没有涉足外，其余各行生意应有尽有。所以，后来蛋厂的衰落，并没有给裴宝堂带来多少经济上的损失。

裴宝堂因蛋业起家，成为民国时期上党地区最大的官僚资本家之一。1938年春季，日军攻陷长治，裴宝堂因留恋财产，未及逃出，躲到荷兰人创办的天主堂内。日军进城后，烧杀抢掠，裴家各商号的经理为保护资产计，极力怂恿裴宝堂出面维持，日军也威胁利诱，裴宝堂终于没有守住最后的底线，做了日军的维持会长，沦为汉奸。同年4月，八路军粉碎日军对晋东南的九路围攻,收复长治城,裴宝棠以汉奸罪被逮捕。阎锡山电令将裴宝棠解交第二战区长官部,后病死于陕西。1939年7月,日军二次入侵长治,裴宝棠在长治、壶关、晋城等地开设的诸多商号,均被日军洗劫一空。

长治巨商陈慎德

陈慎德(1891—1966),字懋俭,号子先,长治县经坊村人。他出身富商家庭,20岁时其父陈孟松送他到日本留学(日本明治大学),民国2年(1913)学成归来后,继承祖业,总理商务,纵横商海几十年,成为清末

长治县经坊村陈家圪廊陈家大院故居大门

长治县经坊村陈慎德家族旧居照壁

至民国时期潞商的代表人物。

陈家祖籍河北邯郸。明朝末年,天灾人祸,民不聊生,陈家人一路乞讨来到潞安府,最后在长治县经坊村最东边那个叫小洞沟的地方住了下来。

约在清嘉庆初年,荫城铁货正处在兴旺期时。陈家一位祖先带着儿子陈钟生到铁府荫城谋生,租了一门店做铁货生意,陈家常年从一李姓铁货庄进货,当时才十几岁的陈钟生得到李家赏识,被收为门徒。经过几年的历练,陈钟生具备了独立经营的能力,被聘为掌柜,成为北京同行业中赫赫有名的人物。陈钟生也一直将儿子陈毓祺带在身边,让他跟自己学习经商,至咸丰年间,二十出头的陈毓祺已谙熟经营之道,终于发家致富。之后,其子陈孟松、其孙陈慎德均未辜负父辈期望,秉承祖业,开拓进取,与时俱进,使陈家的生意滚雪球般越做越大。

民间有一种说法,说当年陈家的买卖做得很大,到底有多大,很少有人能说得清,只传说偌大一个北京城,陈家的买卖就占了半条街。相比之下,同行业中陈家的买卖确实做得不小,说他跨入富翁行列也不为过,但说"占了半条街"不知有多大,就有些夸大了。资料显示,至民国初年,陈家在北京、天津一带有字号的门面店铺共6处,分别是:

东和丰:清乾隆年间开设,地址在北京前门大街路东,前有三间门

长治县经坊村陈慎德家族旧居砖雕

长治县经坊村陈慎德家族旧居石雕

面,后有库房十间。

西和丰:清嘉庆年间开设,地址在北京哈德门外路西,有门面五间。20世纪50年代初,本县石炭峪的刘贵在此处当掌柜,1966年关闭。

丰裕成:清末开设,地址在北京哈德门外路东,与西和丰隔路相对。新中国成立初期,由本县石炭峪村王富则当掌柜,停业时间不详。

恒盛裕:民国初年开设,地址在前门外大街,有门面五间。20世纪50年代停业。

秀升和:20世纪20年代开设,地址在天津宫南大街抹脸子胡同,门面三间。

德生和:民国23年开设,地址在天津河北大街,有门面三间。

陈慎德为扩大经营、解决铁货长途运输问题,创新一种商业模式,他首先在今长治市十字街西开设了"上义客货栈",然后向京津拓展业务,相继在黎城、涉县、邯郸、邢台、石家庄、保定、北京、天津等地开设客栈门店,大约每隔20里就开设一个店铺,从经坊动身去北京,一路上无须住客栈、旅店,只在自己开设的门店歇息打尖就可以了,既扩大了业务经营,又能顺便检查监督下属的工作情况。其实,这既是陈慎德为解决铁货长途运输问题的无奈之举,也是他创新思维扩大经营的一种商业策略。

陈慎德对家乡多有善举。1925年他曾把大批粮食和被服捐赠辽县赈灾济寒。1930年捐献两万银圆,在莲花池圣泉寺后院建造了长治市第一座图书馆。1941—1942年,他响应晋冀鲁豫边区政府做好赈济工作的号召,带头捐粮捐款,赈济上党灾民,也为八路军捐赠了军费,当时被誉为"开明绅士"。

陈慎德乡土观念浓厚,对乡亲的慷慨和善被传为美谈。有老人回忆说,陈慎德以在北京、天津做买卖为主,但家中仍雇人种着300多亩地。农忙时节给在地里干活的人送饭时,他往往叫管事人多送几份,让邻地里干活的人也过来同吃。伏天收小麦时,他不要求把地里的麦子收得很净,说是收得不尽,可以让拾麦穗的人多拾一点。村里有人向他张口借钱时,他从不拒绝,说是"张口容易合口难",甚至让借钱的人自己去取,需要多少,取多少,显得很大度。逢年过节,他便把看家护院的狗关起来,将盛着干果点心之类的家什摆在大门口,让孩子们随便抓吃。正月十五村里闹红火,总是他家雇人出钱,戏班子唱戏,也是先到他家联系。以上说法虽仅仅是一种传闻,但他在村子里的口碑极好却是事实。

经坊村中陈家圪廊现存庞大的陈家大院故居,几乎占据了村东的整片土地,气势恢宏,充分展示出潞商的深厚财力和当时生意的繁荣。

陈家大院由13个院落29个小院组成,一条南北走向的青石道路分开,形成了南北两个大院。各个院落分工明确,有家人居住的,工人居住的,还有仓库、车马房以及修建有鱼池、花池和假山的陈家后花园。一大片风格相近的古代建筑,紧紧相连,高矮相衬,错落有致,让人有一种置身于迷宫的错觉。虽然不少房屋出现了坍塌现象,不再完好如初,但是造型独特的院门,气宇轩昂,配合精致的照壁,充分显示出主人的地位和气度;院落里的各种石雕、木雕和砖雕依旧栩栩如生,不但雕刻别致,工艺精美,千差万别,但又和谐统一。

看着精妙绝伦的大院,听着乡亲们讲述的往事,我们仿佛被带回到那个铁货畅销,繁荣奢华的时代。

长治"自盛李记"堆花

长治堆花,是长治本土独特的传统手工艺品。它以中国传统绘画为基础,以丝绸锦缎为主要面料,以硬纸板、棉花为骨架,再根据需要拔硬褶或捏软褶,用特制颜料彩绘人物的脸、手等部,堆制、粘结,经过十几道纯手工工艺,最后制作成具有浮雕效果的成品,形成一种独特的视觉效果,具有高度的观赏价值。长治堆花是上党地区几代,乃至十几代能工巧匠的智慧结晶,蕴藏着上党地区悠久的历史文化和朴素的民俗风情,是我国民间传统工艺美术中的一朵奇葩,是中国传统文化的一部分。有专家推论,长治堆花约产生于隋唐时期。

长治"自盛李记"堆花家族世代传承并发展堆花技艺,长治堆花史在某种意义上就是一部李家堆花史。现存的《上党李氏宗族世系族谱图系》记录着"自盛李记"堆花世家的传承辈分序列。

始祖李鸾,明代正统、弘治年间人,系唐高祖李渊第十一子韩王李元嘉(618—688)后裔。因出粟赈济,明正统三年(1438)六月十六日,朝廷给敕褒嘉,旌为义民。当时《钦命敕山西潞州民李鸾碑》古碑,现存于长治县东和村的李氏古宅中。

李镐,李鸾十三代孙,现有清咸丰十一年(1861)辛酉冬月所作堆花画稿"耄耋富贵图"存世。

李治清(1845—1918),李鸾十四代孙,李镐第三子,清末民初长治城内炉坊巷人,传承祖业,是一位堆花全能艺术家。育有三子,长子李椿、次子李模、三子李楷。

李模(1867—1933),字子才,李治清次子,是"自盛李记"堆花的主要传承人之一。他天资聪慧,敏而好学,尤擅丹青。成年后,凭着自己的聪明才智,勤勉精进,经过长期的潜心学习、研究,很快就全面地掌握了堆花的工艺,并反复试验改进,成熟了自己的艺术风格和制作技巧,李模一生中,主要的作品有传统的"八仙过海"、"唐僧取经"、"苏武牧羊"、"刘海戏蟾"、"黛玉葬花"、"五子登科"、"富贵牡丹"、"四季花卉"等,其作品图案新颖,形态逼真,工艺精湛,造型典雅。

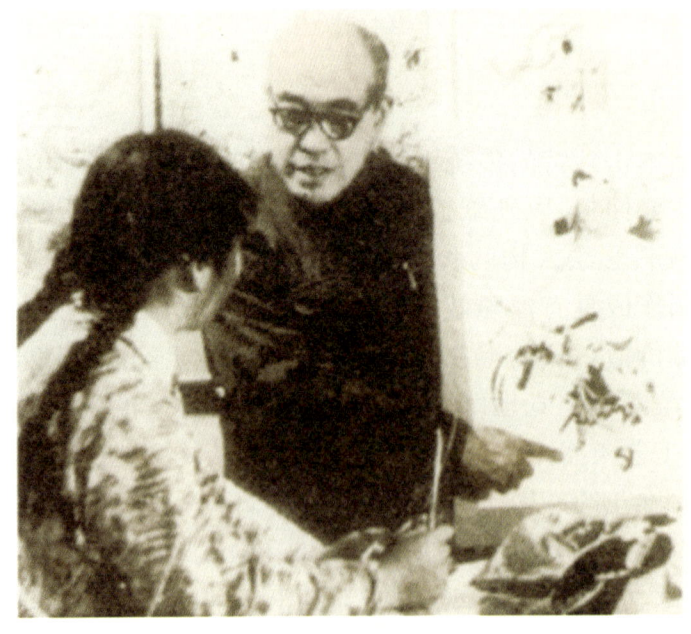

堆花艺人李时杰

闫向军堆锦作品《前程似锦》

第六章 太行深处 西风渐拂

李楷(1870—1934),李治清三子。为清光绪二十年(1894)甲午科举人。幼习孔孟,饱读诗书,知识广博,兴趣广泛,多才多艺,尤擅书画,一生好学不倦,个人涵养与艺术领悟非常人所能及,耳濡目染,子承父业,亦擅堆花。历经多年的观察与实践,他把自己醇厚的艺术造诣融会贯通于堆花技艺之中,成为长治堆花艺人中的翘楚,"自盛李记"堆花技艺在他的手中迈上了一个新的台阶,作品更加脱俗,富有神韵和美感。李楷恪守祖训,治家极严并定有家规,不准嫖赌,不准纳妾,不准酗酒。

清宣统三年(1911),李模、李楷兄弟及李模儿子李时忠三人应邀前往晋中、平遥、太原、吕梁、宁武和广武等地传艺。在此期间,他们还先后为冯玉祥、吴佩孚、黎元洪及阎锡山等人堆制了一批肖像。袁世凯死后,为其葬礼堆制过"走马像"等。当时,因堆花肖像作品,惟妙惟肖,逼真写实,深受活跃在中国的各国传教士们的喜爱,他们提供了大量的堆制教皇和耶稣像等人物肖像的订单,之后成品也随他们的回国被陆续带到荷兰、美国等地。

1915年2月,在美国西海岸的旧金山市举办"巴拿马太平洋万国博览会",山西巴拿马赛会事务局、山西巴拿马赛会出口协会征集长治"自盛李记"堆花。李治清带领儿子李模、李楷及其长孙李时忠祖孙三代,历时三个月精心制作了"梅兰竹菊"一套及其他作品多种,被选送到巴拿马万国博览会参展。其中"梅兰竹菊"堆花四条屏,以其独特的造型和精湛的工艺荣获了巴拿马万国博览会银质奖牌。

从此长治堆花声名鹊起,蜚声海内外,长治"自盛李记"堆花品牌,成为山西最早获得世界级奖项的文化产品之一,李家父子也名声大振,巨富的晋商争先恐后地将李家兄弟(李模、李楷)、李家父子(李模、李时忠)、(李楷、李时云)请到自己家中,根据各自的环境、喜好提出要求,向李家定制四条屏、六条屏、中堂和规格不同的单幅画。一时间,收藏长治堆花艺术品,成了达官贵人和富豪商贾追逐的一种时尚。近年在开发祁县乔家大院和晋中榆次常家庄园过程中,发现了58幅清末民初时期长治"自盛李记"制作的堆花。这些精品中多以四季花卉条屏为主,还有"富贵荣华"、"多子多福"及"八仙"、"七宝"等道、释二教的内容,条屏数量多是四条屏和六条屏,也有一些单幅的堆花作品。长治堆花绵延至今数百年,"自盛李记"李氏祖孙三代长期的艺术实践活动,为其打下了良

闫德明堆锦作品《文殊菩萨》

第六章 太行深处 西风渐拂

211

现代自盛李氏堆花作品

好基础。

1933—1934年，李模和李楷兄弟因病相继去世。李模之子李时忠、李楷长子李时云、三子李时俊，都已随父学艺多年，在绘画和工艺制作方面都已有了相当高的水平，成为本族同辈堆花艺人中的佼佼者。

李时云（1910—1952），李楷长子；其妻陈玉珍（1916—1979）。两人是堆花全能艺人，勤奋好学，为人忠厚，德才兼备，修养极高，在堆花作品的创作上，很注重创新，并能在瞬间捕捉到时代的气息。李时云制作于20世纪二三十年代的堆花画稿"戏曲人物小品"，用最简练的笔触捕捉到人物一刹那的身姿，寥寥数笔便把人物扮相、面部神情、身段拿捏得

第六章 太行深处 西风渐拂

闫德明堆花作品

精准到位,别有一种生动之美。

李时俊(1917—1966),李楷三子,1937年结婚,娶妻秦月娥,后去省城太原,做起了堆花生意。其间为阎锡山的四姨太制作了一幅肖像堆花,生意一下子红火了起来,每天来做堆花的客人络绎不绝。李时俊在太原做堆花的几年间,大多以人物花草为主。1949年秋,李时俊举家返回长治。

李时忠(1891—1967),李模之子。是长治"自盛李记"堆花艺术的主要传承人之一。1954年,参加了长治市油漆裱糊工艺合作社,1955年当选为长治市的第一届人大代表,接着列席了山西省政协的一届一次会议,出席了长治市政协的一届一次会议。1957年,李时忠出席了全国首届工艺美术艺人代表大会,1959年又出席了全国群英会。在这两次全国会议期间,李时忠与出席会议的全体代表一起受到毛泽东、朱德等党和国家领导人的亲切接见。

李时杰(1920—1994),李楷四子,长治自盛李堆花十五世传人。1954年,参加了长治市油漆裱糊工艺合作社,组建堆花小组,为长治市城区政协委员。抗美援朝期间,李时杰与李时忠、陈玉珍等共同制作了"英雄常在"(雄鹰和松树),被有关部门赠给朝鲜友人。

20世纪60年代初,山西省手工业管理局工艺美术处调研组的专家把"堆花"改名为"长治堆锦",简称堆锦。将"长治市油漆裱糊合作工厂"更名为"长治市工艺美术厂"。

1954年以后,李氏堆花传人李时忠、李时杰、陈玉珍积极响应政府号召,在长治市油漆裱糊生产合作社成立堆花小组,正式对外带徒传艺。当代堆锦名家弓春香、闫德明、涂必成等,都是李氏堆锦的优秀传承人。

长治堆花艺术,历经数百年绵延至今,传承不辍,享誉海内外。2008年长治堆花被列入第二批国家级非物质文化遗产保护名录。

第七章

巍巍太行 民族脊梁
（抗日战争与解放战争时期）

■ 概述

20世纪20年代后期和30年代初期，长治建立了中国共产党的各级组织，政治面貌焕然一新。七七事变后，全面抗战爆发，中共中央北方局、八路军总部等党政军领导机关也进入太行根据地，直接领导敌后抗战。八路军挺进敌后，开辟太行、太岳抗日根据地，在中国共产党的领导下，根据地的民主政权建设和经济建设，取得辉煌成就。敌后军民在抗击日本侵略者的同时，也创造了先进灿烂的根据地文化，鼓舞了根据地军民乃至全国军民的抗日斗志。八年抗战，太行、太岳军民浴血奋战，坚强不屈，挺起民族脊梁，孕育铸就了流芳千古的"太行精神"。

抗战胜利之后，上党战役拉开了全国解放战争的序幕。1946年，长治建市，成为中国共产党领导下的市级政权，它领导组织生产，较早完成土地改革，使长治成为支援全国解放战争的稳固大后方，为中国革命的最后胜利做出了巨大贡献。

据不完全统计，在抗日战争和解放战争期间，上党地区9万多人参军参战，7万多人为国捐躯，2.5万多名干部南下北上支援新区。仅武乡一县，为部队筹集公粮2.5亿斤，妇女做军鞋49.5万双,做米袋、挎包100.75万条,提供蔬菜、肉类和食油500.75万公斤,提供煤炭、木材等燃料30.7万公斤,提供畜力车辆4300多头(辆)。

毛泽东曾说:"战争最深厚的根源在于民众之中。"八年抗战证明了这一点,解放战争也证明了这一点。

长治早期党组织的建立

长治是山西省中国共产党建党较早的地区之一。1921年,中国共产党在上海成立,新思想的风吹过太行山,极大地激发了长治进步知识分子寻求真理,投身革命的激情,使马克思主义在长治得到较为广泛的传播,为中共党组织在长治的建立和发展奠定了思想基础。1919年五四运动以来,在新思想迅猛传播和影响下,长治的学生运动也蓬勃开展起来,在学生运动中,长治城内的省立第四中学、省立第四师范学校、省立第四女子师范、省立第三职业学校的学生,成立了长治中学生联合会。在学生运动中涌现出来的运动骨干和代表人物,成为中国共产党在长治建立党组织的坚强力量。

1926年初,根据中共中央四届二次扩大会议"应广泛吸收一切革命分子入党"的指示精神,中共太原地方执行委员会委员周玉麟到长治、晋城等地进行建党活动,向在晋城老家度寒假的山西省立第四中学(驻长治)学生孙新宣传马列主义和中国共产党的理论和纲领,并介绍孙新加入了中国共产党,使孙新成为长治地区第一个中共党员。孙新返校后,根据党组织的指示,秘密开展组织活动,很快在四中成立了马列主义研究小组,向进步学生宣传马列主义。短时间内先后发展袁政和(高平县瓦窑头村)、侯充之(高平县周篆村)、康森奇(襄垣县庄头村)、王魁生(洪洞县李村)等4人入党,并于4月初建立了四中中共党小组。7月,按照党"为适应大革命发展的需要,在全国范围内建立和发展党

长治首个党组织的创立者孙新

沁源党组织的创始人宋乃德

的组织,有三人以上即可组织支部"的指示精神,在四中建立了中共潞安支部(亦称中共长治支部),孙新任党支部书记。中国共产党潞安支部是中国共产党在长治地区建立的第一个地方党组织,孙新成为长治中共党组织的第一任支部书记。

中共潞安支部成立后,积极开展工作,召开了长治中等学校学生代表大会,培训骨干,学习宣传马列主义,使长治地区的革命形势出现了新的局面。1926年7月在太原读书的中共党员罗灌中(罗连年)根据上级党组织的指示,回家乡屯留成立了屯留县中等以上学校学生联合会,并发动民众开展了要求津贴、反对贪官污吏、抗拒苛捐杂税的斗争。11月,罗灌中按照上级党组织"共产党员到农村去"的号召,同中共党员宋冠英在屯留发展了本县第一个中共党员杨葆田。12月,在屯留南宋村创建了中共屯留支部,时有党员4人。

1927年4月,省立第四师范学校(驻长治)也建立了中共党支部。当时在学校求学的有史纪言、王中青、赵树理等一大批进步青年,他们思想活跃,要求进步,积极向组织靠拢,后来,都先后参加了中共党组织。至此,长治地区在省立四中、屯留、省立第四师范学校先后成立了3个中共党支部,党员29人。

1927年大革命失败后,全国的中共党组织遭到破坏,大批共产党员被杀。在山西,阎锡山按照蒋介石的命令进行"清党",山西的中共党组织面临严峻的挑战。8月,省立四中党支部遭到破坏,人员被迫转移。省立第四师范支部和屯留支部在白色恐怖下继续坚持斗争,并在斗争中得到逐步发展。当时,仅省立第四师范支部就发展了12名党员,并于11月14日组织领导了震惊上党的"驱逐反动校长姚用中"的学潮,王春、史纪言、王中青、赵树理等都是学潮中的积极分子。

1927年夏,中共山西省委派襄垣籍中共党员梁品青回上党地区开展党的工作,他回到上党地区之后,协助屯留罗灌中建立了屯留农村党支部,组织了农民协会、妇女协会、青年协会。之后,他回到老家襄垣,发展了两名党员,并于1927年9月在邕子村成立了中共襄垣支部,他任支部书记。支部直属山西省委领导。党支部建立之后,组织领导襄垣农民协会、妇女协会和进步青年进行革命活动。1928年三四月间,由于中共山西省委在太原的通讯机构暴露,支部领导成员被捕入狱。刚建立半年时间的中共襄垣支部也遭破坏,斗争形势十分严峻。为了保存革命力量,根据上级指示精神,党组织由城镇逐步转移到边远山区,在艰苦的环境中继续发展。

1930年,中共沁源县委秘密成立。在沁源党组织成立前后,中共早期党员宋乃德发挥了积极作用。宋乃德,1926年入党。9月受中共太原执委派遣,到家乡沁源及屯留、安泽、霍县一带从事党的地下工作,以"读书会"、"农民夜校"、"平民学校"等形式宣传革命,发展壮大党组织,发动农民革命。1927年大革命失败后,他在家乡组织农民暴动,捣毁了国民党县党部。1931年,任沁源县委书记。

1932年10月,武乡籍的中共党员李逸三被捕释放后回到老家武乡北良侯村,以小学教员为掩护,秘密进行革命活动,并建立了武乡第一个农村党支部——北良侯支部。1933年8月,李逸三与史怀璧等五人一起建立了中共武乡县委,李逸三成为武乡县第一任县委书记。

1933年初,中共山西省特委为了重新恢复长治地区党组织,委派回长子原籍养病的北平朝阳大学学生、中共党员陈华甫组建了中共长子特别支部(亦称屯长支部),秘密组织领导了屯留、长子两县的学生运动和农民抗税斗争。

至1933年底,长治地区的屯留、长子、壶关、平顺、武乡、沁源、长治等县共先后成立了2个县委、1个特支、7个基层支部,党员100多名。其间,各个党组织虽不同程度遭到破坏,但斗争一直未停止过,为日后中国共产党创建太行、太岳抗日根据地奠定了良好的群众基础和干部基础。

在20世纪20年代和30年代早期,长治地区的党组织的创建者大多为青年学生,这与他们能够较早地较快地接受新思想有着密切关系,也与他们原为本地子弟对基层了解深刻有着密切关系。马列主义的传入,为他们追求真理的道路点燃了一盏明灯,使他们在救国救民、追求真理的道路上迈出光辉的一步,为长治马列主义的传播和党的建设做出了巨大贡献。

牺盟会在长治

抗日战争爆发前夕,中共山西省工委通过薄一波领导的"山西牺牲救国同盟会"(简称牺盟会)向长治所属各县派了一批牺盟会特派员。这些特派员,名义上为牺盟会所派,实际上是共产党员。按照当时的工作规定,牺盟会是公开的,山西省工委是地下的,牺盟会不和党的山西工委发生横向关系,是党的工作的两条战线。牺盟会派出的特派员,按照党的指示,深入基层,秘密建立了一批中共党组织,发展了一批中共党员。

1936年11月,共产党员宋乃德以牺盟特派员的身份来到长治,在成立长治县牺盟会的基础上,组织上党乡村师范、省立第四中学、省立第四师范等学校200多名师生组成了"学生突击队"。不久,又吸收80多名青年组成了"长治牺盟突击队",并在突击队中发展党员50多名,组建了党支部,成为长治地方党组织领导下的第一支抗日武装。他们不仅进行军事训练,还活跃于街头,深入乡村,演抗日戏曲,进行抗日宣传,营造了一个有利于团结抗战的舆论氛围,为后来八路军顺利进入晋东南打下了重要的群众基础。

1936年7月,山西牺盟总会派进步青年胡广恩来长子县任牺盟分会特派员。他来到长子后很快和陈甫华、李定刊等相识,并与李定刊两人住在县第一高小开始着手进行牺盟工作。经过准备,于7月下旬,胡广恩、李定刊等共同发起,在县城西街城隍庙观音堂成立了"山西牺牲救国同盟会长子分会",内设有秘书处、组织部和宣传部,除胡广恩负总责,李定刊等兼一、二、三、四、五区的牺盟工作员。随着牺盟分会的建立,原来阎锡山的"长子公道团"也随之解散。

1938年8月,襄垣县的牺盟会组织成立。在此之前,牺盟会已派董渺川任襄垣县牺盟特派员。6月初上级党组织派多运海接替董渺川任

长治市城区牺盟会旧址

牺盟会特派员。同时,多运海还担任了襄垣动委会(战地总动员委员会)副主任。12月11日,襄垣县在城内城隍庙召开了牺盟代表大会。之后,各区、村也成立了牺盟组织,在全县开展了党的建设和抗日政权建设工作。

1937年5月,牺盟会潞城分会成立。牺盟分会机关设在潞城城隍庙,牺盟分会实际上就是中共潞城县委机关。在牺盟会的旗帜下,他们大刀阔斧地开展工作,发展了党员,加强党的领导,组织了人民抗日自卫队。

1937年5月,山西牺盟总会派张恒业(共产党员)为壶关牺盟会特派员。不久,又派姚希圣等进步青年来到壶关,他们来到壶关后,组建了壶关的牺盟会组织,即山西牺牲救国同盟会壶关分会。

山西牺盟总会沁源分会成立于1936年6月。最早的负责人为特派员李芝亭和秦任山。由于沁源的敌对势力较为强大,所以沁源牺盟分会的工作十分艰苦。经过艰苦的工作,1938年4月,反动县长和公安局长逃跑,牺盟会和决死队任命谭永华为县长,沁源的全部政权为牺盟会和决死队所掌握。1939年"十二月事变"之后,沁源的政权已全部为中共所掌握,牺盟会随之解散。

1936年6月山西牺盟总会派李旭华和吕凤彩担任黎城牺盟会特派员,在他们的领导下,黎城的牺盟分会正式成立。在牺盟分会的宣传发动和组织下,全县的抗日救亡运动开展起来,村村成立革命室、救亡室,并建立了黎城的地方抗日武装——黎城游击队。1940年春,黎城牺盟分会完成了自己的历史使命,宣布解散。

1936年的冬季,山西牺盟总会派出村政协理员到武乡进行抗日宣传,并准备在武乡成立牺盟组织。1937年7月,山西牺盟总会派韩洪宾、姚伯功任武乡牺盟会特派员。在他们的推动和领导下,武乡正式成立了牺盟分会,接着便在区、村建立了区分会和编村分会。在牺盟分会的领导下,于1937年10月组建了武乡抗日自卫大队和武乡牺盟游击队。武乡的牺盟分会共存在了三年零八个月,于1941年3月解散。

1937年11月8日,薄一波正式就任山西第三行政区政治主任,随即改为山西第三区专员公署专员,辖区为正太路以南,同蒲路以东,包括:沁县、沁源、安泽、黎城、襄垣、武乡、榆社、辽县、和顺、昔阳、祁县、太谷、榆次等13个县。薄一波到任之后,随即建立"牺盟上党中心区",利用牺盟会是阎锡山承认的官办团体这一有利条件,进行党的工作和根据地的建设工作及建立并扩大中国共产党领导下的抗日武装。由于薄一波是山西牺盟总会的实际负责人,随着薄一波的到来,山西省牺盟总会的活动重心也移到上党地区。抗日战争爆发初期,阎锡山看到他的旧军官和旧官僚已不能适应新的形势,迫使他在一定程度上依靠政治上进步的牺盟会。在当时的全省100多个县中,由牺盟会和决死队派出担任县长的占到百分之八十。在第三、五专署的努力下,晋东南大部县长都换由牺盟会和决死队所派出的人担任。在这统一战线的形式下,中国共产党尽可能地发展壮大力量,为动员全民抗战建立群众基础。

1939年12月17日至27日,山西牺盟会在沁源的柏木村召开了全省代表大会,总会及晋东南、晋西、晋南、晋东北各中心区的代表都到会,共有500多人出席。这次代表大会是在中共中央北方局的授意下用薄一波的名义召开的,也是山西牺盟会最后一次全省代表大会。薄一波在大会上做了报告,总结了1936年10月到1939年"十二月事变"以来牺盟会和决死队的工作，总结了三年来的工作经验。由于阎锡山公开和山西进步力量决裂，牺盟会的公开工作已不能进行，因此大会决定牺盟会在根据地内只保留招牌，机构撤销，人员由地方党组织分配工作。这次代表大会标志着山西牺盟会已经完成了自己的历史使命。

牺盟会是山西抗日统一战线的特殊形式，是中国共产党领导抗日统一战线工作的成功范例。山西党组织依托这一特殊的统一战线形式，利用合法的身份，团结了广大的人民群众，建立了抗日武装，为后来进入晋东南的八路军创建晋东南抗日根据地打下了基础。

川军长治抗战记

1937年，抗日战争全面爆发后，川军爱国将领李家钰（时任国民革命军陆军第四十七军军长）出于军人职责和民族大义，率全军通电请缨抗战，并作诗明志："男儿仗剑出四川，不灭倭寇誓不还。埋骨何须桑梓地，人间到处是青山。"通电既出，全川为之震动，全国各进步力量也为之响应。国民党中央军事委员会遂令李家钰率军出川。李家钰稍事整顿，便于9月初率全军从西昌出发。川军部队单衣草鞋，昼夜兼程，于12月抵达山西晋东南地区，在长治、黎城、潞城一带布防。四十七军辖第一〇四、一七八两个师，一〇四师辖两旅四团，一七八师为新编部队，无旅建制，直辖三个团。李家钰率部驻防长治期间，八路军一二九师师长刘伯承因公路过长治，李家钰诚请刘伯承到四十七军为营以上军官讲授游击战术。李家钰与刘伯承同为四川人，刘伯承曾为川军将领，李家钰也曾与红军作战，久闻刘伯承大名。刘伯承为四十七军讲授游击战术一周，使四十七军全军将士深受教育与鼓舞。此后，李家钰又派出数名营长以上军官，到八路军总部学习。这些军官学习回来之后，把从八路军那里学来的战略战术传授给部队，大大地提高了川军的游击作战能力。

川军抗日阵亡将士纪念碑

1938年2月,日军108师团在师团长下元熊弥的指挥下由邯郸向西攻击。一七八师师长李宗昉奉命率部防守东阳关,阻击日军进攻。2月14日,战斗打响,李宗昉以一〇六二团防守香炉峰,以一〇六三团防守天主坳。日军依仗飞机和优势炮火,轮番向守军阵地发起猛攻。一七八师官兵依托有利地形,与日军殊死拼杀,战斗激烈的时候,传令兵无法听清指挥官下达的命令,指挥官只得自己亲自到前沿用手比画着指挥。在战斗中,守卫天主坳的两个营伤亡殆尽,紧急中师长派出师部警卫连增援,天主坳才转危为安。17日下午,一支日军部队在汉奸的带领下,抄小路突袭了川军的一个防守阵地,其后续部队迅即向黎城方向进攻,一七八师面临着后路被切断的险境,李家钰被迫下达撤出战斗的命令。李宗昉遂下令连长黄高翼率部在香炉峰掩护全师撤出战斗。黄高翼率部顽强抗击,直至牺牲。黄高翼牺牲后,几名部属抬着他的遗体后撤,撤至停河铺时,因日军追至,只好就地掩埋。东阳关阻击战进行了三天,川军歼敌一千余人,营长周策勋及最后担任掩护任务的连长黄高翼以下一七八师官兵伤亡二千余人。

东阳关失守之后,日军迅速进犯长治。四十七军来不及休整,迅即展开长治保卫战。2月19日,日军骑兵三四百名窜犯长治。长治保卫战就此展开。李家钰以一〇四师三一二旅六二四团守长治,日寇依仗火力优势,向我军发起了疯狂的进攻。守军则把四门堵死,与敌人展开了殊死的搏斗。由于日军炮火猛烈,北门首先被炸开,战斗从城外打到城内,在城内进行巷战。川军将士与日军逐巷争夺,进行近战肉搏,直杀得长治城中尸积如山,血流成河。战斗中,三一二旅旅长李克源、参谋李浩东身负重伤,营长杨岳眠以下1500人英勇牺牲,足见战斗之惨烈。李家钰见自己孤军奋战,伤亡太大,敌人援兵又源源不断,无力坚持,只好率部下撤出长治。长治保卫战是四十七军出川以来自东阳关阻击战后又一次大规模的战斗。战斗虽只进行了两天,但毙敌在千余名以上,日军侵占了长治城,没能生俘一个川军将士。川军将士的牺牲精神,赢得了敌人的尊重,日军在俞家洎池将牺牲的川军将士埋葬,并竖立了一木质墓牌,日军官兵过往,也予敬礼。

川军四十七军东阳关阻击战和保卫长治之战,沉重地打击了日军,表现了中华民族同仇敌忾、共御外侮的伟大精神。四十七军在晋东南驻扎期间,受第二战区东路军总指挥朱德指挥,和八路军保持了友好的关系。1940年春,李家钰得悉八路军朱德总司令由武乡赴洛阳开会途经其驻地时,曾派兵一个连前往迎接并设宴款待。当晚,朱德就团结御侮、抗日及民主等问题,同李家钰促膝长谈至深夜。当时,第一次反共高潮刚刚过去,国民党内的反共势力仍然存在。席间,朱德举杯问道:"其相(李家钰字其相)兄,他日你若奉命与我军兵戎相见,你当如何?"李家钰举杯道:"我当效晋文公退避三舍,再战。"两人心照不宣,相视而笑。李家钰后升任国民革命军三十六集团军总司令。1944年5月21日他率部与日军遭遇,战斗中以身殉国,时年52岁,被国民政府追赠为陆军上将。

八路军总部在晋东南

1937年8月25日,中共中央决定,将中国工农红军改编为国民革命军第八路军,遂组成八路军总部,朱德任总指挥,彭德怀任副总指挥,叶剑英任参谋长,左权任副参谋长,任弼时任政治部主任,邓小平任副主任。9月11日,根据国民革命军战斗序列,改称第十八集团军总部,简称集总(习惯仍称八路军)。由司令部、政治部和供给部组成。八路军总部成为中国共产党领导下的人民军队和各进步抗日武装的直接指挥者。

王家峪八路军总部旧址纪念馆

1938年2月13日,朱德和彭德怀在临汾参加第二战区召开的军事会议——土门会议。也正是在这次会议上,阎锡山和卫立煌(时任第二战区副司令长官)决定将滞留在晋东南的国民党部队归朱德和彭德怀指挥,同时要朱、彭任东路军正、副总指挥。土门会议后,彭德怀提前一天带电台乘车先往长治,朱德和左权率总部人员于20日离开洪洞县的马牧村向晋东南转移,经安泽古县又经刘垣进至武乡县山交村。彭德怀所率领的一部经沁水、高平等地,3月1日与朱德、左权在山交村会合,这标志着八路军总部进入晋东南,开启了八路军总部在晋东南的光辉岁月。3月24日至28日朱德以第二战区东路军总指挥的名义在沁县小东岭主持召开了第二战区东路军将领会议,史称"小东岭会议"。3月20日,总部进驻武乡县寨上。4月10日,总部抵武乡马牧村。4月14日总部进至武乡义门,在此指挥了一二九师三八六旅长乐村急袭战斗。5月23日到达沁县的南底水村。在此期间,朱德、彭德怀、朱瑞、傅钟参加了中共晋冀豫省委召开的重要会议。朱德和左权还从这里去端氏参加了一一五师三四四旅召开的会议。8月8日,总部离开南底水,经苏村进入屯留县的故县村。在此期间,召开了总部、一二九师、晋冀豫区党委

潞城市店上镇北村八路军总司令部(北村)旧址

郊区故县八路军总部旧址

武乡县八路军纪念馆

会议和晋东南各军参谋长会议。12月27日,总部由故县村迁至潞城北村,在此期间,总部领导人到沁县参加了晋东南各界"反汪拥蒋"四万人大会;在襄垣南丰沟召开了工作会议,部署了派遣主力挺进冀南、冀中、鲁西北、大青山、山东等战略行动。

1939年7月初,日军沿白晋线进攻长治。八路军总部于7月15日首次进驻武乡县砖壁村。在此,总部领导人指挥根据地军民粉碎了日军对晋东南的第二次九路围攻,参加了在东堡村召开的中共晋冀豫第一次党代表大会,并在砖壁村召开了总直干部会议。11月11日总部迁至武乡王家峪。在此,八路军总部召开了晋东南各界反汪拥蒋大会,太行文化人座谈会,总部领导人参加了抗大第六期学员开学典礼;接待了印度援华医疗队、中华全国文艺界抗敌协会、作家访问团、战地妇女儿童考察团及晋察冀军区司令员聂荣臻、冀中军区司令员吕正操和友军将领范汉杰等。为争取朱怀冰等共同抗日,朱德、彭德怀等总部领导人在王家峪与国民党九十七军军长朱怀冰等进行多次谈判,晓以民族大义,要求其停止破坏抗战行为。在谈判无果的情况下,朱德、彭德怀、左权等决定调集力量,部署指挥了磁县、武安、涉县、林县反顽战役,对顽固势力进行有力反击。

1940年6月27日,八路军总部由王家峪反迁回砖壁村。由于朱德在五月间与洛阳国民党第一战区司令长官卫立煌谈判后返回延安,总部工作由彭德怀实际主持。在砖壁期间,总部组织巡视团开赴济南、鲁西北、山东考察,并派出考察团到晋察冀、冀中、平西等地区考察北线部队。在砖壁,总部彭德怀等领导人发动、指挥了震惊中外的"百团大战"。11月8日,八路军总部进入辽县(今左权县)武军寺。在1942年5月的反"扫荡"作战中,八路军副总参谋长左权在辽县(今左权县)十字岭不幸以身殉国。5月27日,彭德怀等总部主要领导人第三次迁驻砖壁村,后经王家峪转经太岳区阎寨等地,于6月17日再次东返辽县(今左权县)麻田。

1943年9月,彭德怀等总部主要领导人回延安,八路军总部与一二九师师部合并,为八路军前方总部,简称前总。直接指挥八路军一二九师所统辖的太行、太岳、冀南等部队,其他军区的八路军部队则由中央军委直接指挥。

1945年抗日战争胜利,八路军总部与晋冀鲁豫军区合并,完成了它的历史使命。

在中国人民艰苦卓绝的抗日战争中,长治地区是八路军总部的主要驻扎地。朱德、彭德怀、左权等总部领导人在这里指挥了八路军主要的战役战斗,谱写了可歌可泣的篇章,为中国人民反侵略战争的最后胜利做出了不可磨灭的贡献。

中共中央北方局在晋东南

中共中央北方局是中国共产党的一个重要机关,它最初建于1924年,李大钊任书记、谭平山为副书记。北方局负责直隶(今河北)、山西、山东、河南、内蒙古、满洲等地党的工作。1925年初撤销。1927年,又重新设立北方局,随即于11月11日撤销。1930年,由顺直省委改组为中共中央北方局,至1936年4月,由刘少奇任北方局书记,营救北平草岚子监狱薄一波等一批干部出狱。山西牺盟会工作的开展,就是在中共中央北方局的直接领导下进行的。抗日战争爆发后,中共中央北方局进驻山西太原、孝义等地。根据中共中央的指示,北方局大力恢复与发展地方党组织,充实和健全各战略区的党的领导,运用多种形式建立统一战线,发动群众,组织武装,广泛开展游击战争,建立抗日根据地,是中国共产党在华北的最高领导机关。

1938年初,中共中央北方局派朱瑞作为代表驻晋东南,代表中共中央北方局指导晋东南党的工作。1938年11月,根据中共六届六中全会精神,中共中央决定由朱德、彭德怀、杨尚昆、聂荣臻、关向应、邓小平、彭真、程子华、郭洪涛等任北方局委员,朱德、彭德怀、杨尚昆为常委,杨尚昆接任书记。中央决定,北方局机关从此由晋西移驻晋东南,随八路军总部一起行动。12月初,杨尚昆率北方局机关到达屯留故县,与总部会合。杨尚昆在回忆录中说,北方局只管党,不管军队的事。12月

潞城市店上镇北村中共中央北方局（北村）旧址

中旬杨尚昆出席晋冀豫区党委扩大会议，在会上传达党的六中全会精神。调整充实北方局机关，设党校，筹办作为北方局机关报的《新华日报》（华北版）和机关刊物《党的生活》半月刊；相继建立政权工作部、处、调查研究室、社会部、城市工作部及华北财政委员会等，对各区进行政策指导。12月12日，北方局发出《关于华北工作的指示》：要求面对日寇的"扫荡"和"蚕食"，党内外要纠正盲目乐观和消极悲观两种情绪，准备克服一切困难，争取最后胜利。要加强分区委及地委的领导力量，准备独立指导工作；各地委应配1000—5000人的基干武装，并加强自卫队的组织与训练，加强筹集粮食和物资，以支持战争。

1939年1月1日中共中央北方局机关报《新华日报》（华北版）创刊，杨尚昆主持党报委员会工作。此后，他在《新华日报》（华北版）上先后发表《论目前形势与华北抗战》等文章。随即,《党的生活》半月刊也创刊,它与《新华日报》(华北版)成为中共中央北方局指导华北党的工作的重要思想阵地。1939年2月,针对日军即将对晋东南抗日根据地进行的扫荡,北方局召开晋冀豫区党委联会,在会上北方局书记杨尚昆作目前形势与战争动员的报告。会议号召全党全区民众紧急动员起来,保卫晋东南根据地。要求各区党委疏散干部,加强县委领导能力,建立战时交通网,屯储粮食,清仓空野,拆城破路,优待抗属,艰苦、踏实、深入地去领导战争。至1939年8月底,中共中央北方局辖晋冀豫区5个地委(冀中、冀豫、太南、晋豫、太岳),共70县;山东分局16个地委,95个县;冀南区7个地委,46个县。11月,杨尚昆在《党的生活》上发表《华北党建设中的几个问题》和《华北党目前的任务》,系统地指出华北党的任务:在日寇"扫荡",顽固派投降倒退、摩擦激化的局面下,阶级关系的组成和分化"将更激烈与明显"。华北党组织是在抗战初壮大起来的。今后在根据地的基本地区,"一般应停止发展而专心致力于整理",教育党员增强阶级意识和组织纪律性,有系统地经常地清理组织。组织系统的划分,要突破县区界线,按战略意义和工作基础建立,实行小地委、县区委,缩减层次,干部深入基层;注意选拔当地干部,开办党校培训干部,严格检查工作,建设模范支部等。遵照中央指示,相持阶段,华北党"要在长期艰苦的连续战斗中,巩固各个抗日根据地,准备在任何困难的环境之下,坚持华北抗战"。鉴于山西阎锡山的反共倒退,统一战线内部摩擦不断,杨尚昆在《党的生活》发表《统一战线与摩擦问题》一文,指出摩擦是统一战线内"阶级斗争的表现形式","进步是在斗争与摩擦中发展与巩固的",要在"坚持统战、巩固国共合作"前提下"说明我之正确主张与严正批评对方的错误"。5月下旬,杨尚昆听取薄一波汇报阎锡山召开的晋绥军政民高干会议(即秋林会议)情况。6月初杨尚昆在晋冀豫区党委召开的第三、第五专署干部会上做报告,指出,山西一切进步势力与广大群众,应在"巩固山西内部团结","巩固民族革命统一战线","拥护阎锡山坚持抗战"和"巩固八路军和晋绥军团结"的口号下,开展抗日反顽斗争。同时,北方局向各分局、区委和师发出《对晋统战工作的指示》电,要求严格注意巩固党在山西已取得的阵地,巩固牺盟会,加强对牺盟会干部的领导,在反汪(精卫)反汉奸的动员下,反对一切反共限共的企图。6月7日,杨尚昆向地委委员写了《关于山西时局与统战问题的一封信》。指出经过秋林会议,阎锡山改编新派的决死队,取消政委,限制专员权限,取消战地动员会(政权性质的),限制民众运动,预计今后摩擦可能增加,我党我军可能受打击;但由于全国继续抗战,山西新派势力已渗透于各方,和我党统一战线政策的影响,山西的整个局势"尚不致有基本的重大变化",因此要"具体灵活地去执行统一战线,善于团结一切进步分子,善于孤立分化顽固分子,则争取阎锡山停止其向右动摇,推动其继续进步,仍然是可能的"。在斗争中,要用一切努力保持"山西各方已得的阵地";要"集中精力反对复兴(社)、CC两分子;争取旧势力,分化内部,团结其中较开明分子;抵制国民党,坚决反对顽固分子"等。北方局授意薄一波在沁源召开了全省牺盟会第一次代表大会,总结牺盟会工作,做维护与阎锡山统一战线的最后努力。1939年底,阎锡山制造"十二月事变",向山西新军等抗日进步力量进攻,挑起第一次反共高潮。

1940年1月12日,北方局在山西武乡王家峪召开扩大会议,讨论了在反逆流斗争中的自卫反击问题。会后杨尚昆在《党的生活》发表《论晋南政治事变的教训》一文,指出,发生在湖南平江、河南确山、晋西事变后的晋南事变,是资产阶级反共、倒退,"准备投降的步骤",是当前时局中最大的危险。但部分同志对此认识不深刻,存在着政治麻痹、组织上自由主义的严重缺点。晋南事变的教训,对全华北都有极大意义。文章剖析,像晋南地区的党组织,是在全民族抗战的浪潮中发展起来的,一般说来缺乏阶级斗争的锻炼,阶级意识不强;党的干部大都缺乏大革命失败的经验和切身体会。突发事变发生时,没有给投降反共分子"应有的打击",使事态局限于小的范围,反而涉及几个县的范围。杨尚昆这里说的"晋南事变"是指发生在晋城、阳城、沁水地区的阎锡山孙楚部向决死队和抗日政权进攻的事件,当时也称"晋、沁、阳事变"。

4月11日至26日,北方局主持召开"黎城会议",即冀南、太行、太岳3个根据地党政军高级干部会议。16日,杨尚昆在会上作《目前形势与统一战线的策略问题》的报告。会议根据打退第一次反共高潮后的新形势,提出建军、建政、建党是巩固敌后根据地、支持长期抗战的战略任务。为此,急需在晋冀豫地区成立统一的抗日民主政权,发行统一的货

黎城会议旧址

币和制定统一的财政政策等。会议决定成立冀南、太行、太岳联合办事处,统一领导党政军群工作。会后不久,晋冀鲁豫边区政府宣告成立。"黎城会议"之后的5月,杨尚昆率北方局机关转移到辽县(今左权)麻田一带,离开了晋东南。

1940年11月,杨尚昆离开北方局,返回延安。北方局的工作由常委彭德怀主持,并于1942年7月正式担任北方局书记。彭德怀于1943年9月回延安后,由邓小平代理书记。

中共中央北方局在晋东南的时间虽然不长,但正值中华民族抗战的关键时刻,它在华北正确地执行了党的路线方针,领导了华北军民的敌后抗战并击退了第一次反共高潮,维护了抗日统一战线,建设了华北抗日政权,培养了大批干部,发挥了中国共产党在抗战时期中流砥柱的作用。

敌后撑持百世功

1938年2月下旬,朱德的脚步踏上晋东南的土地。几天之后的3月1日,他与左权率八路军总部直属机关一部与彭德怀所率的另一部总部直属机关在山西武乡县的山交村会合。至此,朱德、八路军总部便和晋东南这片土地连在了一起,开始了朱德在晋东南两年多的战斗岁月。

中国人民全面抗战开始之后,八路军向山西挺进,向敌后展开,一二〇师之向晋西北、一一五师之向晋东北。1937年10月,中共中央和毛泽东就指示一一五师罗荣桓率一部主力向山东,另以一部转向晋西,建立晋西根据地(以后形势发生变化,这个目标没有实现,一一五师三四四旅留在晋东南一段时期),一二九师由晋东北转晋东南。晋绥军晋北抗战及忻口战役、临汾失守之后,山西抗战形势发生了很大变化,八

第一一五师在晋西隰县午城镇和蒲县井沟村战斗中缴获的日军汽车

路军调整战略方向,做第二次的战略展开。这一次新的战略展开,是新形势的要求,也是中国共产党主动适应形势所做出的正确的战略决策,是中国抗日战争的一次重大转折,同时也是整个世界反法西斯战争的重要节点。在这个重要的时期,作为八路军总指挥在前线主持具体工作的朱德发挥了关键的作用。

根据中共中央和毛泽东的战略部署,朱德早在1937年率八路军总部挺进晋东北的时候,就指示薄一波带领决死队向晋东南挺进,为建立晋东南抗日根据地做准备。忻口会战及临汾失守之后,朱德率八路军总部向晋东南转移,把晋东南作为八路军及华北抗战甚至全国抗战的一个重要的战略支点。

1938年2月21日,朱德致电一二九师师长刘伯承和副师长徐向前、一一五师三四四旅长徐海东、政委黄克诚,要求在正太路作战的一二九师迅速经和顺至辽县以南地区作战,参加晋东南对敌作战,并令一一五师三四四旅同时转移到正太线,协同一二九师作战。

3月1日,朱德和彭德怀电令一二〇师师长贺龙、政委关向应等,一二〇师应乘敌南进,后方兵力薄弱之机,发动民众及游击队,继续破坏同蒲路北段及一切被敌利用之道路。

3月12日,朱德和彭德怀致电一一五师代师长陈光、政治部主任罗荣桓:为给进攻晋西南的敌人造成困难,一一五师应经常以一部转移至山西中阳、汾阳、郭家掌以北地区活动,彻底破坏汾阳公路。

3月13日至28日期间,令一二九师在神头岭、响堂铺设伏,歼敌近两千人。

4月1日,朱德和彭德怀致电刘伯承、徐向前、邓小平并陈再道(时任八路军东进纵队司令员)、宋任穷(时任东进纵队政委),令停留在河北南宫县附近的津浦支队从山东临清县及武城县渡过运河,然后即以高唐、恩城、夏津线为依据,向济南、德州之线发展,暂不过津浦路以东。同时致电贺龙、萧克、关向应,派宋时轮率1500人组成察热支队,先在集宁市、张家口市一带活动,然后转至赤城地区与邓华支队接近。必要时可与邓华支队会合,创造热察冀边区抗日根据地。

鉴于一一五师主力于3月中旬在山西隰县午城、井沟地区歼敌1000余人,开始创立晋西抗日根据地,朱德与彭德怀于4月3日和4

日致电陈光和罗荣桓,洪洞、赵城、灵石一线将来是我军出入的孔道,请以一个或者至少两个营,配备足够的政治干部,加紧地方工作,努力建立基干游击队。一一五师主力应在隰县、蒲县、汾西及灵石、临汾之线以西地区活动,加紧发动群众,破坏敌人后方交通,打击和消灭敌之小部队。

4月4日,日军调集三万余兵力向晋东南根据地发动"九路围攻",朱德与彭德怀等总部首长指挥反"九路围攻"战役,至4月27日,反"九路围攻"战役胜利结束。晋东南根据地得到进一步巩固,华北乃至全国抗日战争的一个重要战略支点形成。

在指挥晋东南根据地军民反"九路围攻"期间,根据毛泽东、洛甫、刘少奇的指示:根据抗战以来的经验,在河北、山东平原地区发展和坚持游击战争是可能的,应在河北、山东平原划分若干游击军区,有计划、有系统地去发展游击战争。朱德4月22日电令一二九师主力和一一五师三四四旅一部迅速从太行山区向冀南、豫北平原向铁路沿线展开。

5月9日至20日,朱德和彭德怀相继致电聂荣臻、刘伯承、贺龙、关向应、萧克并王震,令聂、刘以前派出之东进部队向沧州、德州一线积极动作,配合津浦路北段作战;令宋时轮、邓华两支队在平、绥路北(平)、张(家口)段南北会合后,组成第四纵队,以宋时轮为司令员、邓华为政委。该纵队的任务是在冀

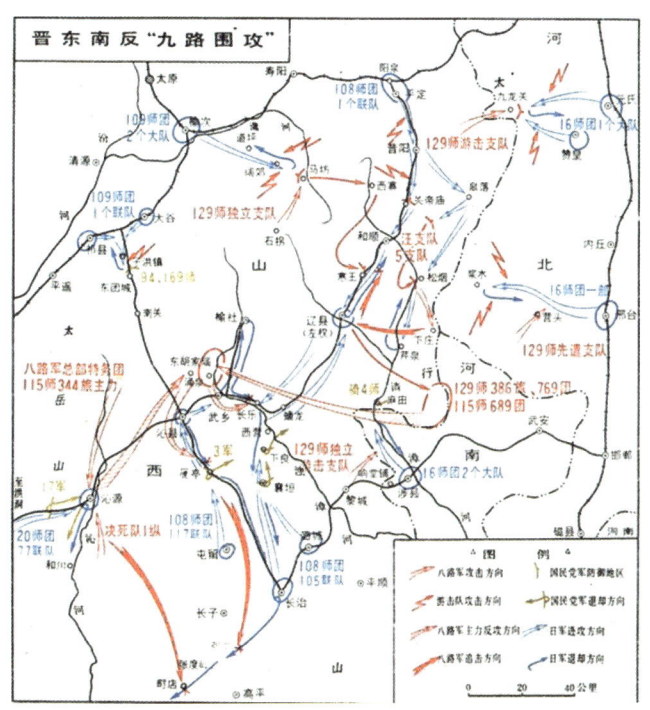

晋东南反"九路围攻"形势图

东、热南、察东北建立抗日根据地。令贺、关、肖、王率部进到山西应县、浑源和河北阳原、蔚县等地,发动群众,扩大武装,相机袭扰同蒲路和平绥路,并和晋西北、晋察冀联系。

6月10日,朱德和彭德怀致电毛泽东,提出在大青山、青龙山建立抗日根据地,并提出该地区寒冷,建议组织骑兵支队前往。次日,毛泽东复电同意。朱德和彭德怀于12日致电贺龙、关向应、萧克并报毛泽东,着派李井泉(时任三五八旅政委)率一个建制团到大青山建立抗日根据地。21日贺龙遂派李井泉率七一五团并师直骑兵一个连到大青山地区建立根据地。

7月1日,朱德在《解放》周刊第四十三、四十四期合刊上发表《八路军抗战的一周年》一文。文中指出,八路军一年来已经晋西北、晋东北、冀察晋边、晋东南、冀鲁豫边等地建立了战略支点,并依托这些战略支点,有阵地地向前发展,东面已跨过平汉线,东北面已抵达北平附近的门头沟、昌平、丰台等地,北面已靠近平绥路,深入敌人深远的后方和交通枢纽。在敌人的后方和翼侧建立许多的支点和根据地,应当成为战略指导中重要方针之一。坚持华北的游击战争,努力地创造和扩大抗日根据地,是整个战略问题中的主要任务。

7月间,朱德离开晋东南去延安参加六届六中全会,在此期间,还电示彭德怀、左权等领导人,提出在沁河流域建立根据地,并指示从一一五师三四三旅调一批军政老干部随肖华到河北去建立新的部队。

1939年4月,朱德与彭德怀致电率一一五师初入鲁西的一一五师代师长陈光及政委罗荣桓,指出:创立鲁西地区的抗日根据地需经过较长时间的坚持斗争,坚持平原游击战争,是我坚持华北抗战与争取政治影响的重要方针之一。

1939年6月,根据八路军总部和北方局的建议,中共中央派一二九师副师长徐向前从冀南与朱瑞所带领的部分从八路军总部、八路军野战政治部和抗大选调的干部会合,向山东进发。为加强山东我军力量,8月,组成八路军山东第一纵队,由徐向前任司令员,朱瑞任政委。

朱德和八路军总部在晋东南的短短几个月时间,完成了晋东南抗日根据地创建和八路军的第二次战略展开,使晋东南成为华北乃至全国抗战的一个稳固的战略支点,这个战略支点连接西北我党中央大本营与华中、华东各抗日根据地,并为华中、华东各抗日根据地以有力支持,为日后抗日根据地的扩大和八路军的发展打下坚实的基础。

1938年3月2日,朱德就任第二战区东路军总指挥,并成立东路军总指挥部,在晋东南前线指挥作战,东路军所辖部队为八路军一二九师、一一五师三四四旅、山西青年抗敌决死第一、第三纵队及国民党第三军、第十七军、第四十七军、第九十四师、第十七师、骑兵第四师、第五二九旅等。

朱德十分注重贯彻执行中国共产党关于抗日民族统一战线的方针政策,在八路军第一阶段战略展开时,就指挥八路军各部积极配合国民党军队忻口、津浦路、保卫武汉等的正面作战,并十分注重与国民党军队的联系和互相支持,与卫立煌(时任第二战区副司令长官、第二战区前敌总指挥)、李默庵(时任国民党第十四军军长)、郭寄峤(时任国民党第九军军长)等国民党高级将领保持了良好的关系,并指示刘伯承、徐向前、邓小平,在使用卫立煌的部队时,不要用在过分艰苦和复杂的区域,而且要帮助他们侦察和警戒,以免受到敌人的意外袭击。要以一切方法帮助友军进步和解决某些行动中的困难,要以虚心诚恳的态度对待友军,切勿骄傲。在2月28日,朱德就致电第三军军长曾万钟、第四十七军军长李家钰、第一六九师师长武士敏、第九十四师师长朱怀冰及第五二九旅旅长杨觉天等国民党将领,通报敌情,提出自己的战略思想。3月3日,朱德和彭德怀致电刘伯承、徐向前、邓小平,要他们配合曾万军的两个师,侧击山西黎城东阳关向长治方向前进的敌人及其辎重部队,彻底破坏这条公路,并和曾军取得密切联系,帮助他们搞好军事、民运等工作,解决他们的粮食问题。

3月24日至28日,朱德在沁县小东岭召开东路军会议,所属部队的主要指挥官都到会参加。朱德在会上讲话,他分析敌后形势,介绍八路军粉碎日军进攻和坚持敌后战争的战略战术,鼓励国民党军队的将领为抗日做出贡献。这次会议上朱德、彭德怀、左权的讲话了稳定了东路军中国民党部队将领的情绪,提升了他们抗战的信心。针对国民党将领中有些人不了解或看不起八路军战略战术,提高他们对八路军战略战术的认识,朱德专门安排与会将领实地参观由徐向前指挥的八路军响堂铺伏击战,给他们一次深刻的教育。

朱德在赴延安参加六届六中全会期间，与第二战区副司令长官卫立煌、第一战区司令长官程潜会晤，向他们介绍八路军的战斗情况，呼吁团结。程潜对朱德的建议深表赞同。朱德专门转道晋西吉县，与第二战区司令长官阎锡山会晤，和阎锡山协商建立"第十八集团军驻第二战区司令长官部办事处"。

在延安，朱德向抗大师生做报告时指出：华北抗战能够获得这些胜利，主要是忠实执行了民族统一战线的结果。

1939年的元旦，朱德于山西省第三、第五专员公署在沁县联合召开的晋东南各界"拥蒋反汪"大会上讲话，痛斥汪精卫的投降卖国活动，强调巩固和发展抗日民族统一战线，团结一致，共同对敌。

随着国民党《限制异党活动办法》的公布，国民党顽固派频频制造与共产党和八路军之间的摩擦，进攻我抗日部队，残杀我抗日军民。为了维护抗日民族统一战线，朱德指挥八路军各部向国民党顽固派进行了坚决反击。

3月17日，朱德和彭德怀致电蒋介石、程潜、阎锡山、卫立煌，要求他们制止河北鹿钟麟屡次向我军挑衅，制造摩擦的反动行径。6月28日，朱德和彭德怀致电蒋介石、程潜、阎锡山、卫立煌，通告河北张荫梧包围八路军驻河北深县刘家庄部队，杀死杀伤八路军官兵400余人的恶劣行为，要求他们加以制止。

面对越来越严重的形势，朱德等八路军总部领导人下令对顽固派进行坚决反击。6月22日，八路军一举歼灭张荫梧部2000余人，有力地打击了这股反共顽固势力。

1939年，阎锡山制造"十二月事变"，指挥所部向山西新军发动攻击，阎锡山所属第八集团军孙楚部在晋东南策动阳城等六县政变，杀害我抗日军政人员和共产党员。朱德等致电阎锡山，要求他加以制止，避免事态扩大。同时，朱德指出，对顽固派杀害共产党员及八路军工作人员，八路军对此不能漠不关心。在规劝阎锡山的同时，指挥晋西、晋东南八路军及山西新军对顽固派的进攻给予有力反击，实现了山西晋西南、晋东南新军在太岳区的大汇合，保存了山西新军的骨干力量。

1940年1月2日，八路军总部决心进行讨伐石友三的战役。在程子华（时任八路军冀中军区政委）和宋任穷的统一指挥下，向石友三所部发起攻击,消灭了其有生力量,沉重地打击了石友三的投降活动。1月19日,令陈赓(时任一二九师三八六旅旅长)率主力部队进入太岳区,反击顽固派向太岳区的进攻,保卫巩固了太岳区。在河北,朱德和彭德怀指挥八路军向朱怀冰部发起进攻,彻底打垮了朱怀冰部。

在指挥反顽作战中,朱德坚持"硬不破裂统一战线,软不丧失政治立场"的原则,坚持"有理、有利、有节"的方针。朱德、彭德怀、刘伯承、邓小平曾多次亲自与河北的鹿钟麟、张荫梧、朱怀冰、石友三等谈判,晓以民族大义,要他们不要与八路军搞摩擦,不要做破坏抗战的事。在山西也多次与阎锡山及孙楚、王靖国等谈判。在反击阎锡山对山西新军的进攻之后,根据中共中央和毛泽东的部署,与阎锡山进行了谈判,保持了与阎锡山的联系通道。在太南地区,对卫立煌也做了相应的让步,令太南地区的八路军部队适当北撤,保持了与卫立煌的友好关系。

朱德在晋东南期间,一方面与友军保持了良好的关系,维护了抗日民族统一战线,同时对顽固派进行了坚决的打击,使抗日民族统一战线得以巩固,使山西的形势基本稳定下来,给山西军民发展抗日游击战争创造了比较好的大环境,使朱德于1940年5月返回延安之后,山西的抗日游击战争在反摩擦斗争的环境中仍然能够不断发展。

"小东岭会议"

1938年春,日军攻取太原之后,沿同蒲路南下。随着临汾失守,山西正面战场渐呈瓦解之势,已无力组织大规模的战役战斗。第二战区司令长官阎锡山、副司令长官卫立煌为了作战和指挥上的便利,以更好地发挥各部队的作用,遂将分散在这一地区的国民党中央军、地方军和在指挥序列上归第二战区指挥的八路军一二九师、一一五师三四四旅,决死队的一、三纵队等部队,组建为第二战区的东路军,请朱德、彭德怀分

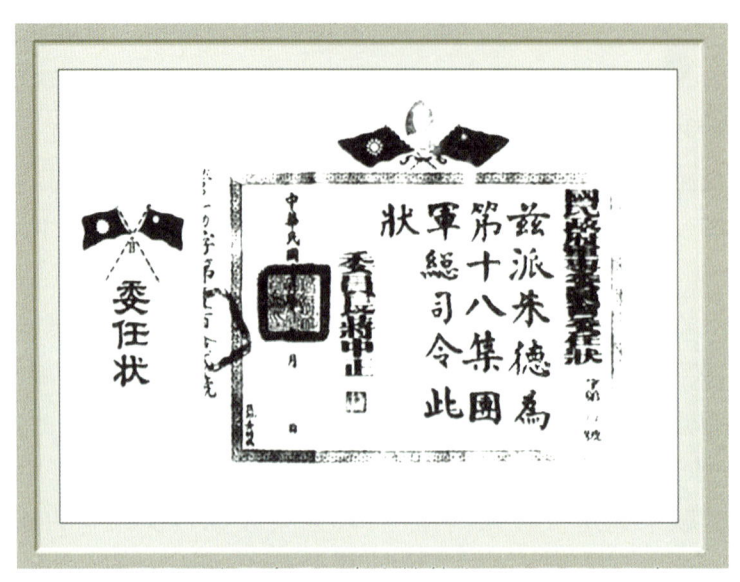

国民政府军事委员会发给第十八集团军总司令朱德的委任状

任总、副指挥。为担负起民族抗日战争的大任,朱、彭遂于 1938 年 3 月 2 日就职。

八路军总部 3 月 15 日驻扎于沁县城东南的小东岭村。为更好地发挥部队的作用,提高作战能力,明确作战任务,确定作战方针,促进统一战线。3 月 24 日,朱、彭正副总指挥在小东岭村的关帝庙里召开了东路军将领会议。参加会议的有八路军将领左权、朱瑞、刘伯承、张浩、徐海东、傅钟、李达、王新亭和薄一波(决死一纵队政委)等人,国民党军队将领有李家钰(四十七军军长)、李默庵(十四军军长)、曾万钟(第三军军长)、高桂滋(十七军军长)、朱怀冰(九十四师师长)、武士敏(一六九师师长)、赵寿山(十七师师长)等,共 30 余人。

会议由朱德主持并发表重要讲话,详细分析抗战形势,号召东路军将领齐心协力,建立敌后抗日根据地,开展游击战争,坚持华北抗战。彭德怀作关于东路军作战纲领的报告,在深入分析抗战形势的基础上,彭德怀要求大家接受南京、太原沦陷的惨痛教训,采用新的作战原则,即实行战略上的防御战,战术上的进攻战;战略上的持久战与消耗战,战术上的速决战与歼灭战;运用运动战以消灭敌人有生力量,发展游击战以造成我基干军队在运动中大量歼敌的机会。他针对国民党将领的封建性统御，特别忠告他们："要了解、巩固、团结部队，须实行合理统御，自觉纪律，禁止打骂，从与士兵同艰苦做起。要解释、说服、规劝、感动，以身作则去统御部下，而避免威吓、打骂、欺骗和无理由的服从，要使士兵知道为什么要守纪律，自觉地去遵守纪律"。他根据国民党将领对八路军官兵一致、军民团结的钦佩心理，语重心长地告诫他们：士兵与长官要风雨同舟，尤其是长官与士兵间的生活距离应尽量缩小……与士卒同艰苦，是团结部队的重要条件之一。而对待民众有几件基本的事，就是实行买卖公平，说话和气，借物要还，损物赔偿，离开驻扎地时，实行纪律检查。我们只要做到这几项，就可以获得民众的好感与帮助，军民也就可以慢慢团结一致了。

朱德和彭德怀的讲话，增强了与会者坚持敌后抗战的信心。与会的友军将领有些是和红军交过手的，对八路军的战略战术很感兴趣，一再要求八路军首长们为他们介绍一些八路军的游击战经验。为此，八路军副总参谋长左权专门做了一场报告。不久前，左权在八路军总部编印的《战术研究材料》第一期上发表了一篇题为"论山西敌人的动态和我军应采用的战术"的文章。左权结合这篇文章，在报告中针对山西战场的形势及敌我特点，提出了当前应采用的15条战术原则。

小东岭会议的一个重要议程，就是部署下一步的军事行动。八路军已得到情报，日军将于近日对晋东南进行大的军事进攻，这就是稍后的日军对晋东南的"九路围攻"。朱、彭等总部首长一方面进行战役部署，一方面与国民党军队将领进行恳切交流，取得抗日民族统一战线的团结，形成共同对敌的决心。同时划分了各作战部队的任务。国民党军队将领表示愿意听从朱、彭指挥，粉碎日军进攻。

在小东岭会议快要结束的时候，八路军一二九师决定在河北涉县和山西东阳关之间的响堂铺打一个伏击战。战斗的目的是为了切断日军的运输补给线。朱德和彭德怀批准了这个作战计划，由一二九师副师长徐向前统一指挥这次战斗。在与会的国民党将领中，有些不了解或怀疑八路军的战略战术及战斗力。为了让与会的国民党将领认识八路军的战术和战斗精神，朱德特地邀请他们到战场实地观战，以实战来教育和感染他们。响堂铺是邯（郸）长（治）公路上的一个小村镇。镇南侧山势陡峭；镇北侧也是高山，但山势较平缓。两山之间是一条长长的峡谷，日

响堂铺伏击战纪念碑

军依山顺谷修建了一条简易公路。响堂铺恰是由河北进入山西，翻越太行山的咽喉。选择在这里伏击日军，既利于我军展开战斗，又可抓住敌人要害，予以沉重打击。在徐向前的指挥下，我参战部队斗志饱满，战术精当，伏击战打得干净利落，此战歼灭日军400余人，击毁汽车180余辆，缴获各种枪支130余支、迫击炮4门，以及大批军用物资。战场实地观战的国民党将领，第一次实地看到了八路军的战术和战斗精神，给他们以很大的震动和教育。

在参加"小东岭会议"的国民党将领中，朱怀冰是和共产党八路军搞摩擦最严重的一个。朱怀冰自恃拥有实力，骄横狂妄，在隶属关系上，他受朱德指挥，但他从来不听朱德指挥，竟要求八路军让出河北，并气势汹汹地问朱德是让还是要打。朱德和彭德怀曾与他进行过几天几夜的谈判，但朱怀冰毫无以民族大义为重之心，反而一再进攻八路军，残杀抗日人士。1940年3月八路军发起磁武涉林战役，一举消灭了朱怀冰的主力，朱怀冰本人侥幸逃脱。这一战役，沉重地打击了河北的顽固势力，保障了晋冀鲁豫根据地的巩固。除朱怀冰之外，李家钰、李默庵、曾万钟、高桂滋、武士敏、赵寿山等国民党将领，在抗战期间均与共产党和八路军保持了良好的关系，武士敏后来升任九十八军军长，在与日军的战斗中以身殉国。赵寿山后升至三十八军军长,解放战争期间,三十八军一部起义,赵寿山脱离国民党,投奔解放区,曾任第一野战军副司令员。

"小东岭会议"是山西战场上规模最大的一次抗日民族统一战线性质的军事会议,是抗日战争初期国共两党、两军共同抗日的一次成功的会议,也是以共产党的战略思想为指导的一次重要军事会议。左权将军在《坚持华北抗战两年中之八路军》一文中,高度评价了这次会议,指出这一会议大大提高了军民心情,稳定了晋东南各方的抗日情绪,坚定了坚持敌后抗战的信心。这一会议对于不久以后晋东南粉碎日军之"九路围攻",以及坚持整个华北的抗战,都有极重大的意义。

一二九师首战晋东南

1938年2月中旬,侵华日军为配合其津浦线作战,以其第十四、第十六、第二十、第一〇八、第一八九师团各一部,共3万余人,从平汉、同蒲、道清(河南滑县至博爱之间的一段旧铁路)等铁路线,向晋东南发动进攻。

当时我八路军第一二九师,根据独立自主的山地游击战的战略方针,在正太线上积极开展游击战争,开辟根据地,建立和发展地方武装力量。2月22日以吸打援敌的战法,在井陉、旧关之间的长生口设伏,歼敌一部。此后,南移至武乡、襄垣地区,破坏敌后方补给线,寻机歼敌,以策应我第一一五师在晋西的作战行动,钳制日军向潼关进攻。3月8日,一二九师进至襄垣以北的下良镇、西营一带,开始了征战晋东南的历程。根据当时敌我情况,一二九师首长拟定了"在黎城、东阳关、涉县之线,寻求敌人弱点或诱其暴露弱点而痛击之"的作战方针,并立即开始周密的侦察,进行必要的作战准备。邯(郸)长(治)公路是晋西南的日军从平汉线取得补给的主要交通线,为了保障这条交通线,日军于涉县驻四百余人,黎城驻一千余人,潞城驻三千余人,构成强大的交通军事

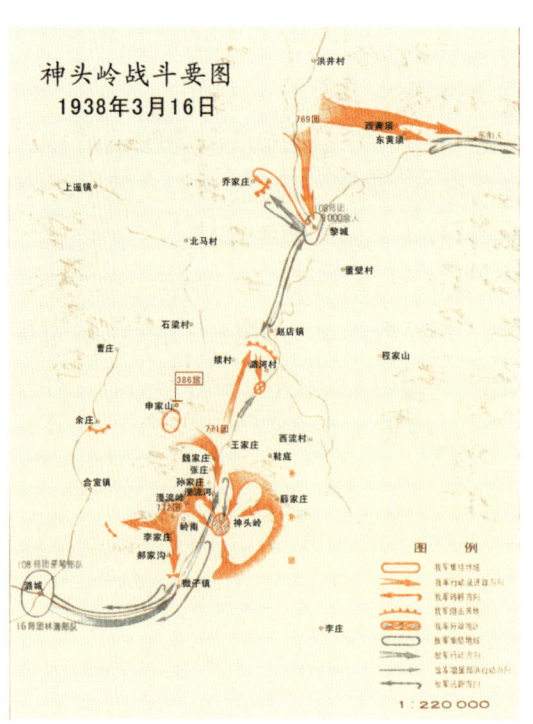

潞城市微子镇神头村神头岭战斗形势图

保障。

根据当时侦察的情况判断,和日军"一处受袭,他处必援"的规律,一二九师首长决定,首先以吸打援敌的战法,在神头村地区伏击歼敌,尔后寻机再战。

3月15日21时,部队向伏击地区开进。16日2时,我第三八六旅首长接到侦察组报告,神头村南北的一段公路是在山岭上,不在山沟内,神头岭上地形开阔,不便隐蔽,但公路两侧20米百米处有国民党军队过去修筑的工事,可以利用。据此,当即调整部署,以第七七一团主力埋伏在张庄、王家庄以东公路两侧,正面阻击敌人,并将一个营置于申家山,作为预备队;团特务连前伸至潞河村,向黎城方向警戒,并破坏赵店木桥,断敌交通,确保主力歼敌;以第七七二团主力埋伏在1187高地和神头村西侧,对敌实施主要突击,利用旧工事严密伪装隐蔽;以第3营(欠一个连)在李家庄以东,准备适时出击,断敌退路;以一个连伸至潞城东北1505高地袭扰潞城之敌,使敌不敢倾巢出援;另一个排在余庄,保障主力侧后安全;以补充团埋伏在薛家庄、安南岭以西地区,从公路东侧突击敌人,还派出便衣二十余人至潞城西南监视长治之敌。

3月16日4时,我第七六九团第1营突入黎城城内,与敌展开激战。在得知潞城、黎城及涉县之敌均已出援之后,即主动撤至黎城西北乔家庄地区。战至9时许,敌被我击退,返回黎城。

涉县之敌惊闻黎城被袭,以数百人乘汽车来援。刚过东阳关,即发现我第七六九团设伏部队,并向我射击,我部迅速组织出击,该敌稍事抵抗,即向涉县回撤。

潞城之敌得知黎城被袭,随即抽调步骑兵一千五百余人向黎城增援。8时30分,敌先头分队乘汽车2辆和骑兵20余人,沿公路通过我设伏地区向黎城开去,我伏击部队将该敌放过。此时,赵店木桥已被我焚毁,该敌被阻于浊漳河南岸。

9时,敌主力纵队先头进至神头村,并派骑兵向附近侦察搜索。由于我设伏部队坚定沉着,伪装良好,隐蔽严密,日军的搜索部队距我军近在咫尺,都没有发觉。

日军确信可以安全通过时,9时30分,继续前进。当日军主力完全进入我设伏区后,各部队按照统一信号,向敌突然开火,发起冲击。第七七一团拦头,第七七二团第3营断尾,第七七二团主力和补充团从公路两侧向敌突击,顿时将敌截为数段。敌在我突然打击下,阵脚大乱,指挥失措,四处奔逃。激战约半小时,我预备队第七七一团第2营一部投入战斗,敌虽利用大车、死马作掩护,全力顽抗,但大部被我交叉火力和手

八路军第一二九师部队行进在晋东南

八路军第一二九师战斗在太行

榴弹杀伤消灭,一股残部窜入神头村内凭借民房抵抗,也很快被我部消灭。战至11时30分,除敌百余人由潞城方向逃跑外,其余全部被歼。此时,先前越过我伏击地区进到浊漳河南岸之敌,也被我第七七一团特务连歼灭。

当神头岭围歼战激烈进行之时,黎城之敌一部曾向神头岭方向增援,但被浊漳河所隔,并遭我特务连阻击。该敌遂在炮火掩护下抢修赵店桥。当神头岭伏歼战基本结束时,我特务连奉命撤回,该敌将桥修复后亦退回黎城。黄昏后,我军又将该桥焚毁。

13时,潞城留守之敌,慌忙增援,被我第七七二团第7连歼灭于神头村以南。14时,敌又出动百余人来援,大部被我军歼灭,其余窜回潞城。

至16时,神头岭伏击战胜利结束时,共毙伤俘敌1500余人,毙伤和俘获骡马600余匹,缴获各种枪支300余支(挺),击毁敌汽车百余辆。

神头岭伏击战是我八路军一二九师主力进入晋东南根据地所进行的第一次大的战斗。这次战斗巧妙设伏,出其不意,取得了很好的战果。既沉重地打击了日军的嚣张气焰,也提高了八路军的战斗声望,增强了晋东南抗日军民的斗争信心。

反日军"九路围攻"

1938年3月,八路军第一二九师主力在邯(郸)长(治)公路上进行的神头岭等战斗,使侵入晋东南的日军后方交通运输线受到严重威胁。日军华北方面军为打通和保障运输线,遂从第二十、一〇八、一〇九、十六、十四五个师团及酒井旅团抽调八个步兵联队和炮兵、骑兵、工兵、辎重等联队,总兵力达3万余人,在第1军司令官香月清司统一指挥下,由同蒲、正太、平汉铁路线和邯长公路及长治、屯留等地出动,分9路向晋东南地区大举围攻,企图将八路军第一二九师、一一五师三四四旅

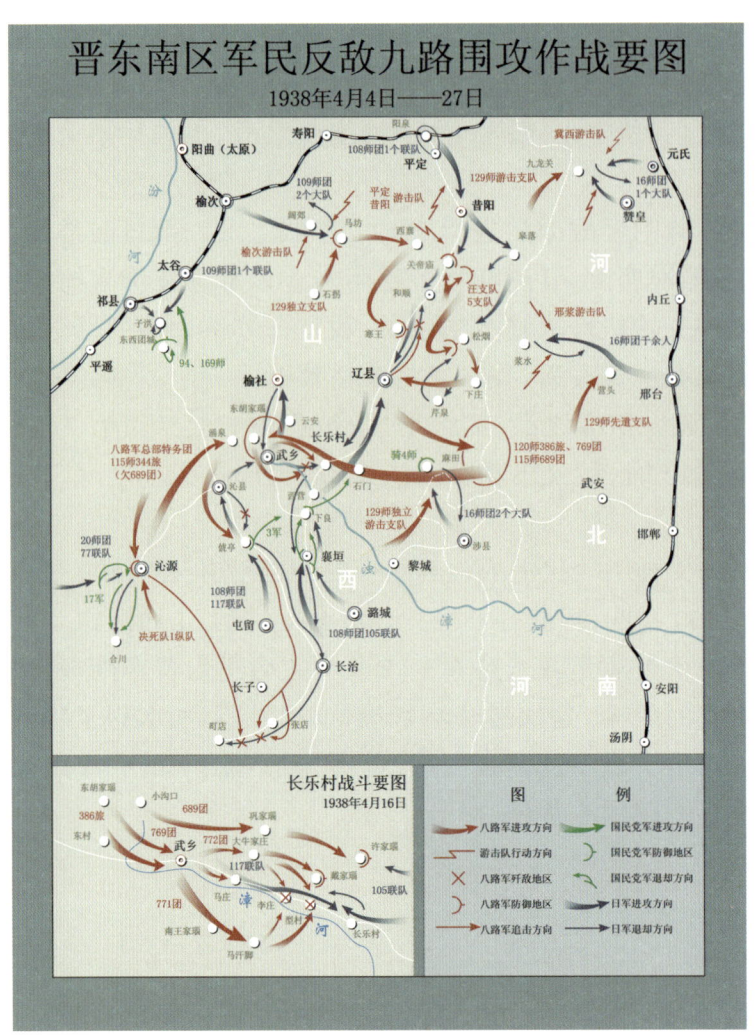

晋东南区军民反敌九路围攻作战要图

等部和在这一地区的国民党军围歼在辽县（今左权县）、榆社、武乡地区。

日军以第 108 师团 117 联队为主，配属一个步兵大队及骑兵、炮兵、工兵、辎重兵各一部，由屯留经襄垣、沁县向武乡进攻；以 108 师团 105 联队为主，配属骑兵、炮兵、工兵、辎重兵各一部由长治、襄垣向辽县进攻；以第 20 师团 77 联队为主，配以炮兵、工兵、骑兵各一部，由洪洞经安泽向沁源、沁县进攻；以酒井旅团的一个步兵联队及炮兵、工兵一部，由太谷、白圭镇向沁县进攻；以 109 师团两个步兵大队及炮兵、骑

反日军"九路围攻"前,八路军第三八六旅参谋长周希汉在动员大会上讲话

武乡县长乐之战旧址

兵一部由榆次、长凝、阔郊、马坊向榆社进攻；以16师团一个步兵联队，配以炮兵、工兵、骑兵各一部，由平定、昔阳经和顺向辽县进攻；以16师团一个步兵大队，由元氏、赞皇向九龙关方向进攻；以14师团步兵人千余人由邢台营头向浆水镇方向进攻；以14师团两个步兵大队，由涉县经麻田镇向辽县方向进攻。

4月4日，日军的"九路围攻"开始。九路来敌，气势汹汹。

日军的"九路围攻"之前，八路军从神头岭战斗中缴获的日军文件里，已获悉日军将在4月有大的作战行动。为粉碎日军围攻，巩固晋东南抗日根据地，八路军总部决定，采取以一部兵力钳制其他各路日军，集中主要兵力击破日军一路的作战方针。3月24—28日，由八路军总司令兼第二战区东路军总指挥朱德在沁县小东岭主持召开东路军将领会议，统一了反围攻的作战方针，确定了作战部署，区分了八路军、山西青年抗敌决死队和国民党军各部的作战任务，并布置了动员群众坚壁清野，加强县、区、村人民武装等准备工作。八路军总部还令第一二九师第三八六旅和第三八五旅第七六九团及第三四四旅第六八九团，由辽县以南转移到日军合围线外的涉县以北地区隐蔽待机；令八路军晋察冀军区和第一二○师以部分主力向平汉、同蒲铁路活动，钳制日军。

整个反"九路围攻"作战，分为三个阶段：

战役的第一阶段，以一部兵力抗击削弱疲惫敌人，主力待机歼敌。

11日，由榆次出动的第一○九师团2个大队，被八路军第一二九师独立支队阻滞于道坪、阔郊、马坊一带。由祁县、太谷出动的第一○九师团1个联队攻占子洪镇后，被防守该地的国民党军第九十四师、第一六九师和当地八路军地方游击队，阻击于东西团城地区。由洪洞出动的第二十师团1个联队，被决死队一纵队和国民党军第一七军一部包围于沁源。由长治、屯留出动的第一○八师团2个联队，击破国民党军第三军的防御，迅速从南面侵入沁县、武乡和襄垣、辽县。由元氏、赞皇出动的第十六师团1个大队，被八路军第一二九师游击支队和当地游击队阻滞于赞皇以西地区。由邢台出动的第十六师团1000余人，被八路军第一二九师先遣支队等部阻滞于营头、浆水以东。由涉县出动的第十六师团2个大队，被国民党军骑兵第四师阻滞于麻田地区。由平定、昔阳向和顺、辽县进攻的第一○八师团的1个联队，在八路军第一二九师各游击支队和地方武装的阻击和侧击下,于14日才进至辽县、芹泉地区。至此,9路日军,除屯留、长治、平定出动的3路外,其余6路分别被阻于马坊、东西团城、沁源、麻田、浆水以东及九龙关以东地区。而侵入晋东南抗日根据地腹地的日军第一〇八师团部队,由于不断遭到八路军总部特务团和当地游击队的打击,加之广大群众实行坚壁清野,陷入了饥饿疲惫和被动挨打的境地。

战役的第二阶段,长乐村歼灭战。

深入武乡县的日军第一一七联队,进犯榆社中了"空城计"后,忍饥挨饿地撤回武乡。八路军一二九师探明敌人的情况后,立即商定了和友军协同围困武乡敌人,打击增援之敌的作战方案,并急电上报八路军总部。当晚,朱、彭总副司令立即回电表示同意,并指示如有可能,便截住这股日军并歼灭之。接到总部回电后,第一二九师师长刘伯承立即命令一个连抢在日军前面去攻占武乡。

长乐村战斗路线图

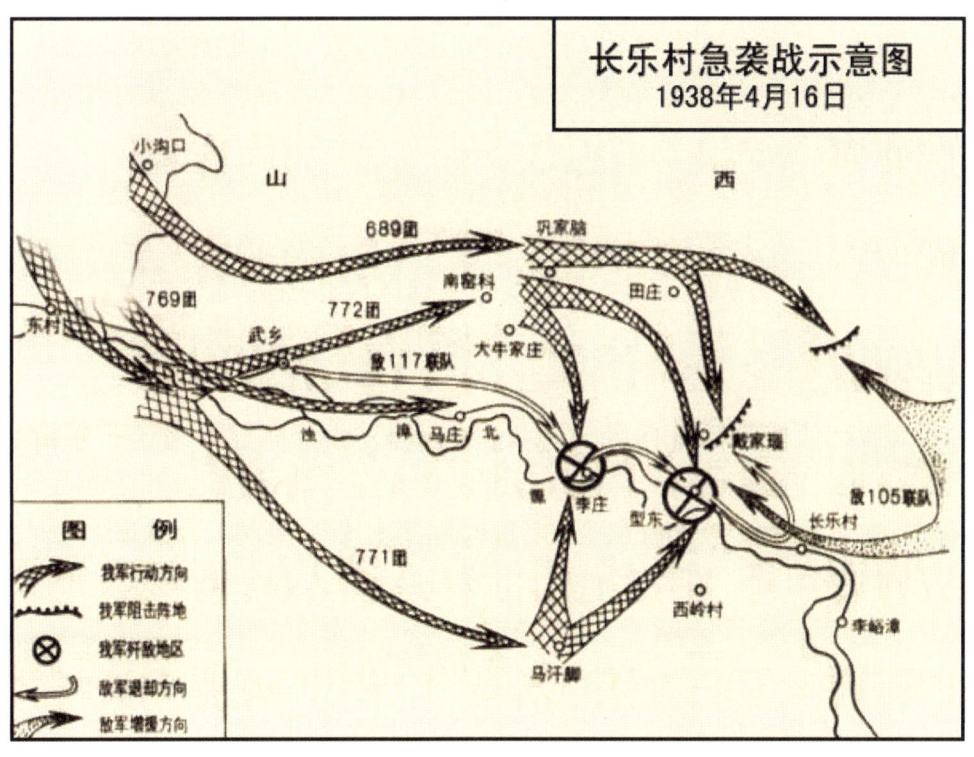

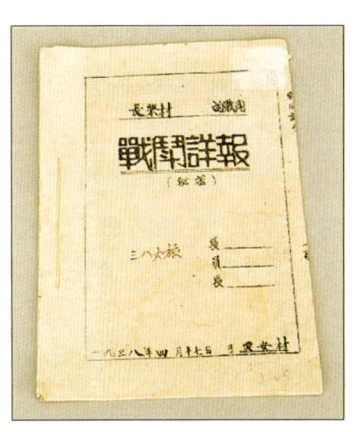 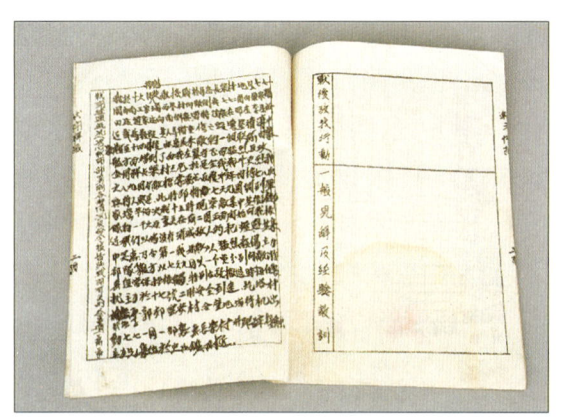

长乐村战斗详报

4月15日,八路军第一二九师师部率主力部队和第三四四旅的六八九团由涉县至武乡的大道向武乡挺进,傍晚到武乡县城西北的东、西黄岩和东、西家垴一带,准备围歼住在武乡的日军第一一七联队。

晚上10点,第一二九师第三八六旅旅长陈赓接到刘伯承师长的命令,第六八九团和第七七二团为左纵队,沿浊漳河北岸追击敌人。第七七一团为右纵队,沿南岸与左纵队平行追击,第七六九团为后续部队,沿武乡至襄垣大道跟着敌人前进。决心抓住敌人两面夹击,将日军歼灭在浊漳河河谷。

陈赓率第七七二团,从敌侧翼经武乡城、小河向东追击。他们飞速前进,经过9个小时的猛追,到16日清晨7点,就发现左前方巩家垴有敌人侧翼警戒部队四五百人。陈赓命令部队停止前进,隐蔽观察。这股日军根本没有想到八路军已追上了他们,丝毫也没发现隐蔽在他们右侧的八路军队伍。

这时,侦察员前来向陈赓报告,敌人的先头部队已经过了长乐村,但敌人队伍拖得很长,他们的辎重部队还在白草地,而后卫部队却在马家庄。这正是个歼敌的好机会。可这时和第七七二团同为左纵队的第六八九团还未赶到。因为第七七二团接到追击敌人命令时,第六八九、第七六九两团的电话线断了,没能及时接到追击命令,所以出发比第七七二团晚。第六八九团没赶到,八路军的战斗力就少了一半。但是如果等第六八九团赶到再出击,有利的战机就可能错过,陈赓此时果断地命令部队出击,将敌人的队伍拦腰截成几段,分别歼灭。随即命令第1、2营沿着山谷小路迅速地占领了浊漳河北岸高地。

为了分段歼敌,第七七二团侦察排找了两个熟悉地形的当地年轻人,将一股日军引向长乐村。侦察排且战且退。日军以为抓住了八路军的主力,一直追着这支小部队打。日军跟得紧,八路军战士们就快退,日军追慢了,八路军就又停下来。这样双方总是不远不近,隔着半里来路,300多名日军被侦察排引到了长乐村。正好这时日军的大队也进入了八路军的包围圈,于是预先赶到埋伏在浊漳河两岸高地的八路军部队就像一把大钳子,向敌人夹拢来。顿时,长乐村和谷口、型村、李庄、白草地一齐响起了枪声,被分段包围的1500多名日军处于八路军的两面夹击之中。

八路军指战员们从山头上和山谷里冲了出来。特务连的战士们从两丈多高的绝壁上飞跃而下,和敌人展开了一场惊心动魄的肉搏战。受到突然打击的日军队伍如被截成数段的毒蛇,瘫在那里。浊漳河南北两岸的八路军各部队,有的打援,有的堵尾,有的在敌人长蛇队的腰脊上开刀,打得敌人乱成一团。有的钻到车底下,有的躲到人马尸体后向八路军射击。有几股日军调整了力量,端着刺刀向八路军阵地反扑。向北侧高地进攻的日军,在李庄被八路军第七七二团第2营迎面打了回去;扑向左侧高地的日军,也被第七七二团密集的火力压回河谷。还有一些日军没命地逃进山脚下的几个窑洞里,被八路军堵住洞口全部歼灭了。

正当八路军胜利在望的时候,已经走过长乐村的日军主力部队,见后面部队遭到伏击,就集中了1000多兵力,掉转头来解救被围的日军。他们向位于八路军第七七二团左翼的戴家垴发起了猛烈的进攻。八路军原部署第六八九团坚守戴家垴阵地。可这时第六八九团还未赶到。刘伯承师长急令陈赓调一个连赶到戴家垴,挡住日军的进攻。陈赓遂令第七七二团第10连担任阻击任务。第10连的勇士们同十倍于己的日军浴血激战了四个多小时,终因寡不敌众,整个连队的战士们全部壮烈牺牲,阵地被日军占领。这时,八路军第一一五师的第六八九团急驰而来,向占领戴家垴阵地的日军发起反攻。反复冲击了七八次,最后终于夺回了阵地。

当第六八九团打退日军数次冲锋,与日军激战的时候,日军从辽县派出了援兵。他们兵分两路，一路由蟠龙向第六八九团阵地攻击，另一路和长乐村的敌人汇合，向第七七二团阵地反扑。根据日军援兵大量增加，形势发生了敌强我弱变化的新情况，刘伯承沉着地分析道："要全部消灭这股援敌，恐怕没有把握……我们首先要阻止这股援兵，避免敌人集中突击。"刘伯承下达命令：通知第七六九、第六八九团各抽出一个连，从侧翼阻击敌人，为了保卫已经取得的胜利，除第一线给日军猛烈火力杀伤外，其他部队立即撤出战斗。

长乐战斗中，我七七二团团长叶成焕不幸负伤牺牲，年仅23岁。叶成焕是我军的优秀指挥员，曾任红四方面军连指导员、营政委、团政委、师长、师政委等职。抗日战争开始后，他所在红三一军九三师改编为八路军三八六旅七七二团，他任团长。他率部先后参加了长生口、神头岭、响堂铺等著名战斗，为一二九师在抗战初期的"三战三捷"做出了重大贡献。叶成焕负伤之后，陈赓旅长彻夜守在他的身边，但终未能挽回叶成焕年轻的生命，陈赓至为痛心。1938年4月18日，八路军一二九师全体将士在榆社云簇村召开了叶成焕的追悼会。刘伯承师长亲致悼词，朱德专门从总部赶来，向叶成焕告别。

4月19日朱德来山西榆社郝壁看望部队时在讲话中总结了这一次战斗的意义和价值："长乐村战斗是这次晋东南反日军'九路围攻'大战役中的一次决定性战斗。在这一战斗里，虽然作为进攻主力的日军没有被全部消灭，但他们的战斗力被完全摧毁了。第七七二团虽然没有得到更多的日军枪支，但在整个晋东南抗战大局上却获得了与几千支枪价值不可同日而语的大战果：彻底粉碎了日军对晋东南的'九路围攻'，进一步巩固了初创的晋冀豫抗日根据地。"

此次长乐村战斗，八路军第一二九师共歼灭日军主力第一〇八师团2200多人，战马五六百匹，对粉碎日军对八路军晋东南抗日根据地的九路围攻起了决定性的作用。

反"九路围攻"历经23天，共歼日军4000余人，收复沁县、榆社、武乡、辽县、沁源、屯留、长治、黎城等县城18座，巩固和扩大了晋东南抗日根据地，并为八路军向冀南、豫北平原发展创造了有利条件。

1939年6月，日军调集14万兵力对晋东南根据地进行"治安肃正计划"作战。这次"扫荡"是对晋东南的第二次"九路围攻"，日军企图消灭八路军总部和八路军主力部队。在朱德、彭德怀等总部首长的指挥下,根据地军民浴血奋战,日军的"治安肃正计划"遭到破产,日军的第二次"九路围攻"也同样被粉碎。但是鉴于日军打通了白晋路,隔断了白晋路两边根据地的联系,八路军总部下令以白晋路为界,路西为太岳区,路东为太行区,晋东南从此分为太行和太岳两个根据地。

晋东南根据地两次反"九路围攻"的胜利,大大鼓舞了抗日军民的抗战信心,巩固了太行、太岳抗日根据地。

血战关家垴

1940年10月下旬,日军不甘心在百团大战中遭受的失败,对抗日根据地进行疯狂扫荡。八路军和其他抗日部队进入反扫荡作战阶段。由日军三十七师团临时抽调部队组成的冈崎支队500余人,从晋南的闻喜出发,经沁源、沁县一路烧杀进入武乡、黎城一带,误打误撞来到了黄崖洞兵工厂。其实,冈崎支队并不知道黄崖洞有八路军的兵工厂。之后,冈崎支队由黄崖洞西犯,窜到了左会、刘家咀地区。在抗日根据地军民的袭扰之下,冈崎支队因地形不熟,不敢离地图所标示的道路太远,于10月28日被迫撤到武乡县蟠龙镇关家垴附近,准备夺道武乡,退回沁县。这表明,冈崎支队的行动带有盲目性质,并没有明确的作战目的。刚打完榆(社)辽(县)战役的八路军一二九师和总部特务团及其他部队,此时就在蟠龙镇附近休整。彭德怀得知冈崎支队撤到关家垴,决心抓住战机,消灭这股日军。

关家垴之战

人民群众将作战物资踊跃运往前线

10月29日下午,彭德怀从黎城火速赶到武乡县蟠龙镇石门村,左权副总参谋长及一二九师师长刘伯承、政治委员邓小平等人也先后赶来。当晚,彭德怀召集一二九师的师、旅干部开会,正式下达八路军总部的作战命令:由刘伯承、邓小平指挥一二九师三八五旅、新编第十旅各一部,三八六旅旅长陈赓指挥一二九师三八六旅一部和决死第一纵队二十五、三十八团各一部,彭德怀亲自指挥总部炮兵团山炮连,于10月30日凌晨4时对日军冈崎支队发起攻击。具体攻击部署是:三八六旅七七二团和总部特务团为一路,从关家垴东北、东南侧攻击;三八五旅七六九团为一路,从关家垴的西北侧与前一路并肩攻击;决死第一纵队之二十五、三十八团各一部为一路,由南向北推进,在关家垴南侧对日军的左翼进行牵制;新编第十旅为一路,由西向东封锁日军西逃之路。会议结束后,各路参战部队按照部署迅速向指定的攻击位置进发。

关家垴位于太行抗日根据地的腹心地区,是群岭环抱的一个高高的土岗,岗顶是一块方圆几百米的平地。其北面是断崖陡壁,下面是一条深沟,东西两侧坡度较陡,南坡为当地居民沿山壁构筑的一孔连一孔的窑洞,窑洞前面坡势较缓,有一条平日里村民进出村的小路。南坡的对面是一个比关家垴更高的叫柳树垴的山岗,从柳树垴上可以用火力控制通往关家垴的小路。冈崎支队在占领关家垴的同时,也占领了柳树垴,并连夜在两地构筑工事。从这一点可以看出,冈崎是一个作战经验非常丰富的日军军官。

10月29日23时左右,左权把特务团的团、营以上军事干部召集到指挥所交代任务:第二营从侧后摸到关家垴山顶,30日凌晨3时发起攻击,除掉山顶上日军的机枪阵地;第三营从关家垴和柳树垴中间突击,斩断两股日军之间的联系,得手后向西突进,摸黑逐个消灭窑洞里的敌人;其他两个营从西北岭插上,防止敌人逃回武乡。八路军总部特务团受领任务后,团长欧致富要各营营长按照左权的部署立即行动。凌晨3时前,特务团各营就已到达预定位置。第二营神不知鬼不觉地摸到了关家垴的山顶。随着寒光一闪,两个日军哨兵便悄无声息地倒下了。接着,第二营的战士把手中的手榴弹甩了出去,沉闷的黑夜顿时被隆隆的爆炸声打破。埋伏在山下的特务团各部随着团长欧致富一声令下,迅速向各自的目标冲去。起初,战斗进展得相当顺利,特务团很快占领了关家垴上的一排窑洞。可正当特务团准备继续向前攻击时,左侧的一间窑洞中突然响起猛烈的机枪声,把特务团压得无法展开,伤亡增大,特务团被迫停止攻击。日军占领关家垴后,把窑洞里的村民赶走,并把窑洞连夜挖通,形成窑洞相连可以互相支援的战斗工事。

10月30日凌晨4时,八路军总部指挥所发出了总攻击信号。随着几发炮弹准确地落到日军的前沿阵地,在日军火力尚未展开之际,八路军对关家垴和柳树垴同时发起了攻击。

决死第一纵队二十五团担任攻打柳树垴的任务。攻击发起前,彭德怀亲自来到该团阵地前沿进行动员:"同志们,你们决死队,要向谁决死呀?""向日本鬼子!"战士们响亮的回答震荡山谷。彭德怀满意地点了点头。他用手指着日军的阵地说:"好!前面打仗的地方,有好几百个日本鬼子被我们包围了。我们今天要消灭他们,你们就是要向他们去决死。我们抗日根据地有一条规定,凡是没有带路条的人,就不能让他走。"八路军副总司令亲自作战前动员,这让决死第一纵队二十五团的指战员们备受鼓舞,他们的战斗情绪一下就被调动起来了。"坚决消灭日本鬼子!"当总攻信号发起后,决一纵二十五团攻占了柳树垴。但是在当夜,日军趁二十五团和三十八团换防之际,偷袭柳树垴成功,我军虽向柳树垴反击,但终未能全部夺回柳树垴,为我军日后攻击造成不利。

由于地形过于复杂险要,日军武器又精良,八路军每攻下一个阵地、每前进一步都要付出不小的代价。日军虽然伤亡不小,但没有撤离逃跑的意思。显然,他们知道,一撤离阵地就必然会遭到数倍于己的八路军的分割包抄而被歼灭,为了避免被歼灭的命运,他们只能利用关家垴的有利地形,困守待援。

10月30日上午9时左右，几架日军飞机对关家垴进行狂轰滥炸。八路军投入进攻的兵力多，而进攻路线狭小，且又过于暴露，无法进行有效的隐蔽，日军飞机的轰炸给八路军造成很大伤亡，八路军不得不暂时停止进攻。

由于攻击地形十分不利，能接近敌人阵地的只有一条不到一尺宽的小道，由东北方向攻击前进的三八六旅七七二团打得异常残酷。战士们一次又一次地攻击，一个台阶一个台阶往上爬，反复与日军短兵相接，伤亡极大。战至中午，七七二团一营原本70多人的一连只剩下3人；50多人的三连只剩下指导员和2名伤员；近70人的四连只剩下10余人。午后，一营剩下的人员在营长蒲大义的带领下仍继续配合兄弟部队向日军攻击。14时，当一营参加进攻的部队被兄弟部队换下来时，只剩下6人。

三八五旅七六九团从西北方向攻击关家垴。这一面，是一个约20米高的陡崖，快到崖顶的地方，有一个略凸出来的壕坎，上面是30多米长的一个斜坡，一直通到关家垴山顶日军的前沿阵地。攻击前，七六九团突击部队曾借助攀登工具和陡崖上的野藤爬到壕坎处，但被日军发觉，日军随即用火力封锁了斜坡。因地形所限，七六九团突击部队既无法发起冲锋，又无法压制日军火力，反被日军压制在壕坎处无法行动。七六九团的后续部队也因地形的限制无法投入战斗。

八路军总部特务团虽然先于大部队攻上了关家垴，并在大部队发起攻击后继续向日军发动攻势，但因受地形及重武器缺乏的限制，未能给关家垴上的日军以致命打击，也无法压制日军的火力，自身伤亡也在不断增加。

经过10月30日一天的激战，八路军虽占领了关家垴和柳树垴部分日军阵地，歼灭了不少日军，但剩下的日军仍占据着两地的主要阵地。日军以2500余人的兵力分别从武乡、辽县出动向关家垴增援，遭到三八五旅和新编第十旅的顽强阻击。激战中，新编第十旅旅长范子侠负伤。此外，由黎城等地出动的数千名日军机动部队，也继续向关家垴开进。在此情况下，三八六旅又派出一个团前去担任阻击任务，八路军其他各部则于10月31日重新组织兵力对关家垴和柳树垴的日军发起了进攻，力争在日军援军到来之前歼灭冈崎支队，结束战斗。然而驰援日军最终逼近关家垴，八路军不得不撤退。

关家垴战斗是"百团大战"第三阶段的一次大战斗，也是八路军在华北打得最为惨烈的一次战斗。由于地形复杂，八路军缺少攻坚武器，与敌相持，加之日军增援部队赶到，最终未能全歼敌人。但关家垴一战，打掉了日军的锐气，使其再不敢以一个大队在根据地内横冲直撞，并为日后与日军作战积累了宝贵的经验。

八路军的"掌上明珠"

1938年11月，毛泽东同志在党的六届六中全会的报告中提出："每个游击根据地，都必须尽量设法建立小的兵工厂，办到自制弹药、步枪、手榴弹的程度，使游击战争无军火缺乏之虞。"全会决定"把提高军事技术，建立必要的军火工厂，准备反击实力"作为"全中华民族的当前紧急任务"之一。根据这一决定，八路军总部于1939年5月成立军工部。1939年7月，八路军总部兵工部奉朱德总司令和左权副总参谋长之命，将设在榆社县韩庄村的总部修械所移到黎城的黄崖洞，扩建为当时华北敌后我军最大的兵工厂，一个初具规模的兵工厂出现在黄崖洞里。随着进一步的发展，兵工厂最多时共有机器设备40多台，其中三节锅炉1台、蒸汽机2部、切削机床20多部。全厂共有12栋房子，有700多名工人。生产能力最高时达月产七九步枪430支、掷弹筒200多门、五〇炮弹3000多发，还可生产刺刀等武器。到了1940年9月，黄崖洞兵工厂的生产完全走上了正轨，生产出来的武器、弹药源源不断地送到各作战部队，年产量可装备16个团，成为八路军在抗日战争期间数一数二的兵工厂。朱德在太行期间，多次到黄崖洞兵工厂视察，关心工厂的建设和军工人才的培养，把黄崖洞兵工厂称为八路军的"掌上明珠"。左权副总参谋长亲自选定黄崖洞兵工厂厂址，直接指挥兵工厂的工程建设，呕心沥血，做出了巨大的贡献，被称为八路军"兵工之父"。

八路军军工人员在制造炮弹

黄崖洞兵工厂不仅为抗日战争的胜利制造了大量武器,而且在艰难困苦的环境下,培养锤炼出了一大批军工人才。依靠这些人才,保证了八路军和日后的中华人民共和国的军工建设的发展。新中国成立后,这些人才奔赴各地,成为军工生产的骨干力量。

1941年11月,为摧毁我黄崖洞兵工厂,扼杀我华北抗日部队的武器生产。日军调集第三十六师团及独立混成旅团各一部7000余人向黄崖洞进攻。负责保卫黄崖洞的部队是八路军总部特务团及其他部队,他们在彭德怀和左权的指挥下进行了黄崖洞保卫战。战前,左权要求该团在保卫战中"一定要抓住一个'稳'字,坚持不骄不躁,不惶不恐,以守为攻,以静制动的原则"。他还就应当注意的战术原则和其他有关注意事项作了具体的布置。

11日凌晨,战斗打响。在一阵漫无目标的炮击之后,日军发起了进攻。为了躲避地雷,日军弄了100多只山羊在进攻队伍的前面,想赶羊"趟雷"开路。谁知左权让人埋的是大踏雷,只有人踏马踩才会引爆,山羊蹄脚轻小,除偶尔触响个把地雷外,雷区安然无事。日军一见便放宽了心,300多名日本步兵紧跟在山羊后头,端着枪向山垭涌来,步兵后边的100多名骑兵也翻身上马,准备一举突进垭口,结果一头撞进了地雷阵中,被炸乱了阵脚。与此同时,成千上万个滚雷也从天而降,日军顿时乱成一团。这时,垭口两侧的机枪扫射过来,敌战马受了惊吓,四处狂奔,日军骑兵纷纷摔倒在地。日军进退无路,要么窝成一堆挨打,要么就死命往前冲。

冲到断桥前的日军,看到吊桥被收起了,桥下是深沟,退不甘心,想爬过崖沟继续进攻,一部分人甚至想贴着悬崖挨过去。守卫在断崖顶上

黎城县黄崖洞烈士纪念塔

和断桥头工事里的特务团八连的指战员,居高临下,沉着应战。等敌人靠近的时候,连长一声"打",步枪、机枪、手榴弹、滚雷,响成一片。日军伤亡惨重,连指挥官也被炸伤了。

黎城县黄崖洞兵工厂弹药库遗址

为了挽回败局，日军炮兵开始灭绝人性地向我军阵地施放毒气弹。欧致富刚向左权报告完日军这一行动，便一阵昏眩，中毒倒下。左权立即指示，马上抢救中毒人员，部队官兵戴好防毒面具，坚守阵地，待机歼敌。下午5时许，日军又开始进攻了，但很快就再一次遭到八路军的沉重打击。守军按照左权副总参谋长的指示顽强坚守阵地，并利用机会组织反击，打退了日军的多次进攻。日军接连失手后改变了策略，企图利用赤峪山东侧的悬崖，居高临下侧击守军阵地。左权及时指示特务团"待机行动，以变应变"，重新配置了防御力量，继续给进攻的日军以重大杀伤，消耗了其有生力量，顿挫了敌军的锐气。

在黄崖洞保卫战中，小号手崔振芳坚守岗位、英勇杀敌、壮烈殉国的感人故事流芳千古。崔振芳是山西洪洞县人，从小家境贫寒。1937年，年仅13岁的他就参加了八路军，14岁被调到总部特务团司号班学习司号通信技术，16岁加入了中国共产党。入党后在7连当司号员。黄崖洞保卫战打响后，崔振芳几度请缨要把守黄崖洞的唯一通道——南口。首长同意了他的请求。整整7天7夜，崔振芳孤身战斗在陡崖上，居高临下，投出了120多枚手榴弹，炸死敌兵数百人。最后，所有的手榴弹都投光了，人也累得爬不起来了。这时他听到了增援部队赶到的呼喊，使尽力气刚站直身体准备迎接战友，不料却被一块炮弹崩起的石块击中了喉咙，壮烈牺牲。

19日，黄崖洞保卫战进入尾声。八路军在三十亩、曹庄一带设下伏兵，当退却的日军进入伏击圈后，立即被密集的弹雨打得阵脚大乱，伤亡惨重，向黎城方向溃逃。21日乘胜追击的八路军收复了黎城，胜利地结束了黄崖洞保卫战。此次战斗日、伪军损失2000余人，敌我伤亡之比为6∶1，是我军挺进敌后以来伤亡最小，战果最大的一次战斗。

中央军委认为，这次保卫战是"最成功的一次，不仅我方损失少，而且给了敌人数倍杀伤，应作为1941年以来反'扫荡'的模范战斗"。

决死队在太岳

1937年8月1日,经薄一波等共产党人的推动,阎锡山同意成立"山西青年抗敌决死总队"(简称决死队),总队长徐绩章、总队政治委员薄一波。随着抗战形势发展,在薄一波等共产党人的努力下,阎锡山同意扩大决死队。10月初,将决死一总队改编为第一纵队,随之成立第二、三、四纵队,薄一波任决死一纵队政治委员,同时中共中央所制定的"扩大八路军十万人计划",也将决死队的发展包括在内。这是一支在阎锡山的支持下,以牺盟会的名义建立的,实际上由中共掌握的抗日部队。部队的军事干部主要为阎锡山所委派,而政治干部则由共产党员担任。它实行政委负责制,政治委员有最高决定权。它的主要成分为青年知识分子。决死队成立之后,经过短暂的训练,薄一波率领决死一纵队奔赴晋东北前线。在前进的途中,薄一波见到八路军总指挥朱德。朱德告诉薄一波,晋东北已有八路军一一五师在那里,要他带部队去晋东南地区,在那里建立根据地,因为目前八路军还没有到达晋东南,而晋东南将是我党建立的重要根据地。薄一波请示阎锡山同意后,遂率部队向晋东南开进,于1937年11月初到达沁县,薄一波同时出任山西第三区公署专员。

决死一纵队到达晋东南之后,即抽调大批干部充实地方党组织,深入农村,进行抗日宣传,改造旧政权,建立新政权,发动群众,惩处汉奸,扩大部队,

山西青年抗敌决死队佩带的臂章

山西青年抗敌决死队

开辟了晋东南抗日救亡新局面。

1937年底和1939年初,决一纵开始在同蒲线的平遥、祁县一带进行游击战,打击日军,锻炼了部队,取得了战果。1938年4月,决一纵参加反"九路围攻"作战,配合八路军主力一二九师及一一五师三四四旅,作战11次,歼日、伪军200余人,收复安泽、沁源、沁县、长治等县城,进一步提高了部队的战斗力。阎锡山虽然在1938年初的土门会议上下令不得再以决死队的名义发展部队,但也不得不承认决死队的战斗成果,并把决死队在战斗中缴获的战利品在他所召集的干部会议上展出。

1937年6月,为进一步提高决一纵的战斗水平,八路军总部在沁县的西林村,专门为决一纵举办了一个训练班,分批轮训决一纵排以上干部。朱德、彭德怀、左权等总部首长分别就游击战术、党的政策、步兵条令等内容亲临讲课。训练班一共办了三期,每期三个月,培训干部700余人。决一纵还专门组织200余中高级军官组成参观团到八路军连队去参观。八路军总部还帮助决一纵建立了军政训练总队,进一步加强决一纵的军政训练。这就是决一纵历史上的"西林整军"。通过"西林整军",决一纵的军政素质有了显著提高,在1939年6月反击日军的

"治安肃正计划"作战中,决一纵已经可以独立进行营以上规模的战斗,并能取得一次歼敌百余人的战果。这是决一纵战斗力的一次质的飞跃。

1939年,阎锡山挑起"十二月事变",企图消灭正在发展壮大的、进步和抗战的山西新军。阎锡山指挥所属部队在晋西北、晋西南、晋东南向决死二纵队、三纵队、四纵队进攻,决死一纵队由于事先准备充分,没有受到损失,山西新军其他各部队受到了一定的损失,但挫败了阎锡山企图消灭新军的阴谋,山西新军经受了严峻的考验。"十二月事变"之后,中共中央一方面做维护抗日统一战线的努力,不致和阎锡山的抗日合作全面破裂,一方面要求八路军总部和中共中央北方局帮助新军部队脱离危险,保存抗日武装。在八路军总部和中共中央北方局的帮助下,晋西南几支新军部队经过与阎锡山旧军的苦战,又突破日、伪、顽军的层层包围封锁,陆续到达太岳区,与太岳区决死一纵队会合。到达太岳区的新军部队有:位于汾河以西的第六专署一批干部和决死二纵队、二〇九旅各一部分,于1939年12月下旬东渡汾河到达沁源;驻防晋南的二一三旅(五十七、五十八团)及汾城、襄陵县的自卫队及地方干部,于次年1月到达沁源;2月下旬,驻防晋南的二一二旅及中条山地区的二一三旅五十九团、晋南独立第一游击支队也转战到沁源。

1940年4月12日。在沁源县紫红村,沁源的洪园游击队与晋南来的新军二一三旅的五十九团,编成决一纵的五十九团。

1940年2月,在沁源县的长乐村,转移到沁源晋西南区党委警卫营与转移到沁源的决二纵一部及六专署汾东办事处警卫营合编为决一纵四十二团。

同月,由晋南转战到沁源的政卫二一三旅五十七团、五十八团与第三专署保安第五团合编为决一纵五十七团。

根据八路军总部命令由晋南转移到沁源的二一二旅归入决一纵建制。

整编后的决一纵部队序列为:

决一纵队长兼政委:薄一波;

副纵队长:牛佩琮;

参谋长:颜天明;

政治部主任:王鹤峰;

二十五团团长：苏鲁，政委：凌则之；

三十八团团长：蔡爱卿，政委：刘有光；

四十二团团长：刘丰，政委：马英；

五十七团团长：黎锡福，政委：周义中；

五十九团团长：胡兆琪，政委：傅雨田；

二一二旅旅长：孙定国，政委：王成林；

山西新军在太岳区的大会合，为我党保存了一支重要的武装力量，整编后的决一纵总兵力达到15000余人，对日后的对日作战，独当一面，建设和扩大太岳抗日根据地，有十分重要的意义。

"十二月事变"之后，以阎锡山为代表队山西顽固派与山西新军公开决裂。为了维护与阎锡山的统一战线，不致使阎锡山公开投敌，根据中共中央的指示，决死队名义上还受阎锡山指挥，但实际上划归八路军序列，归八路军总部直接指挥。决一纵召开了第五次干部大会，这一次干部大会完全以中国共产党的思想路线统一了全军的思想，成为一支不再戴阎锡山帽子的共产党的军队。1940年，决一纵第二十五团、第三十八团参加了"百团大战"。在八路军总部指挥下，决一纵参战部队参加了三个阶段的作战，在马首、上湖、大落坡、王景、沿毕、羊儿岭、双峰、红岩头、温庄、关家垴等大战中，经受了考验，付出了巨大牺牲。"百团大战"期间，薄一波和王新亭指挥决一纵之第四十一、五十七、五十九团及二一二旅在同蒲线和白晋线进行破袭作战，取得了很大的胜利。战后，一二九师政治委员邓小平说："（决死队）这支年轻的部队，在作战、政治工作、平时训练等方面都有很大的进步，表现是好的，和其他老部队一样，能够使指导机关放手使用，完成领导给的任务。"这一评价表明，决一纵已是一支成熟的部队。

1941年初，决一纵兼太岳军区，薄一波任司令员兼政委。之后，决一纵编为决一旅，李聚奎任旅长，成为独当一面的战斗力量。1942年3月，邓小平指挥决一旅与阎锡山之六十一军王靖国部进行浮（山）、翼（城）战役，反击了王靖国部与八路军和决一旅间的摩擦，打击顽固势力的妥协投降活动。1942年10月，日军对太岳根据地进行扫荡，并长期驻扎下来，企图建立所谓"山岳剿共实验区"。决一旅同沁源军民一起进行了二年半的"沁源围困战"，创造了抗日战争史上的模范战例。

抗日战争胜利之后,决一旅改编为太岳纵队第十一旅,成为主力部队之一,参加了上党战役,之后作为陈、谢兵团的主力部队之一,西出汾(阳)、孝(义),南下豫西,直至西南,在中国人民的解放战争中创造了光辉的战绩。

沁源围困战

1942年10月20日,日军华北派遣军司令冈村宁次派第一军参谋长花谷正到临汾,指挥同蒲线六十九师团和白晋线三十六师团共一万余人,分九路向沁源合击,妄图消灭我太岳区领导机关和军区主力部队。由于我主力部队和重要机关及时转移,日军没有达到目的,便组成

沁源县沁河镇阎寨村太岳军区司令部旧址

15个"清剿点"日夜清剿。半个月后抽兵力扫荡岳南地区,留下几个据点由六十九师团的伊藤大队"驻剿",并在沁源挂出一个牌子——"山岳剿共实验区"。

沁源是太岳区党委、太岳军区的所在地,又是中原、华东根据地与延安的重要连接点,战略地位十分重要。日军的行动不仅是要消灭太岳区党委和太岳军区主力部队,而且要阻隔延安与中原、华东等抗日根据地的联系。

太岳区党委和太岳军区领导人分析了日军此次行动的特点,认为这一次敌人要长期地驻扎下来,根据地的抗日军民要做好长期斗争的准备。太岳区党委和太岳军区首长决定用长期围困的策略达到赶走和消灭敌人的目的。

11月中旬,太岳军区发出"在党的一元化领导下,依靠广大群众,广泛开展群众性游击战争,实行长期围困,战胜敌人"的命令。十一月十八日,"沁源围困战"指挥部正式成立,由三十八团团长蔡爱卿任总指挥(后由二十五团参谋长李懋之接任),沁源县委书记刘开基任政委,沁源县长张学纯任副指挥,开始了对日军长达两年半的围困战。太岳军区司令员陈赓指示说:"在党的一元化领导下,统一指挥四个主力团各派去的一个营、县大队和民兵游击队,以武装斗争为中心,紧密依靠群众,发动党政军民总体力量,开展人民游击战争,断敌交通补给,用各种手段打击袭扰敌人,围困敌据点,使敌难以生存。"太岳军区政委薄一波也指示:"兵民是胜利之本,要团结各阶层人民共同战斗。"

围困指挥部首先部署了二沁(沁源至沁县)大道与安(泽)沁(源)公路两侧群众大转移,万余群众全部转移到深山里,对敌实行"坚壁清野",将敌点区成为"无人区",使日军进入到一个无人世界,寸步难行。

围困指挥部将主力部队划为几个围困区,将地方民兵游击队组成六十个轮战队,每个轮战队下辖几个游击小组,游击小组由部队、县大队、民兵组成。游击小组像火种一样撒在敌人的周围。他们机动灵活,各自为战,打得敌人胆战心惊。

二沁大道和安沁公路是敌人的重要补给线,部队和民兵用打伏击、地雷封锁、设路障等方法,使敌人的补给线不能畅通,每一次补给都付出血的代价。二沁大道的敌人哀叹道:"过了圣佛岭,就是鬼门关。如若

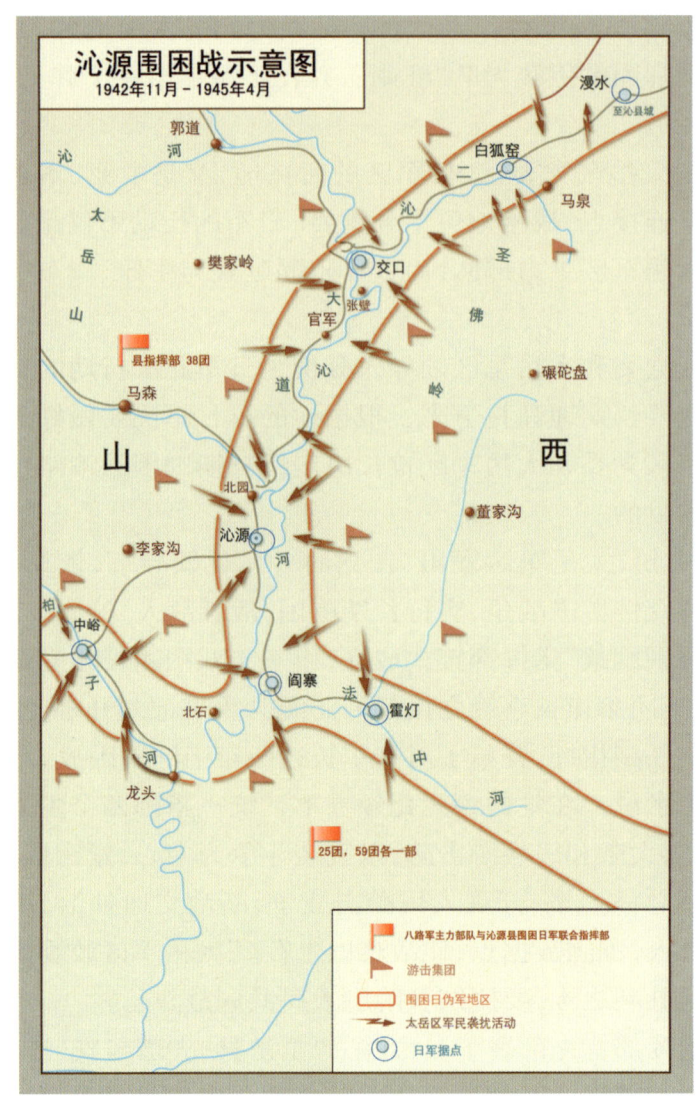

沁源围困战示意图

死不了,就是活神仙"。在安沁公路的黑虎岭和州西岭,部队连续伏击敌人,切断了敌人的这条补给线。

撤到山里的群众,克服一切困难,坚持斗争。部队组织民兵和群众利用黑夜敌人不敢出来活动之际,进城抢粮,救出被捕群众和被敌人抢走的牛羊等。民兵游击队充利用麻雀战、地雷战、交通破袭战等战斗方法,封锁敌人,使之不能出来抢粮。群众往水井里扔死猫死狗,不让敌人喝上水。敌人每次出来担水也要付出死亡代价。

1943年1月,白晋线的斋藤大队来接防伊藤大队。斋藤大队一进沁源就遭到我军民的打击,而撤走的伊藤大队也不敢走安沁公路,而是走小道逃回安泽。斋藤接防之后,狂妄地要在一个月之内建立起"维持会",他一方面宣传什么"中日亲善、共存共荣",做出伪善的样子,收买人心;一方面组织奔袭,抓捕群众,偷袭我部队驻地。面对斋藤的伪善面目,围困指挥部加强了对敌斗争,于五月一日和五月五日组织了对霍登和城关及交口的强袭作战,两次强袭作战,解救了被捕群众,使敌人死伤惨重。七月,由延安回到沁源围困前线的陈赓司令员说,两次强袭作战的胜利,粉碎了敌人建立"维持会"的妄想,奠定了围困战的胜利基础,增强了群众胜利信心。他要前线军民继续深入开展"地雷战"、"麻雀战",加紧断敌粮水供应,困扰敌人。抓住有利战机,也可相机歼敌小部队。

为了弥补武器的不足,围困指挥部组织民兵和群众大力开展地雷战。地雷成为封锁敌人的有力武器,凡是敌人驻扎的地方,经过的地方,都被各种各样的地雷封锁着。敌人每走一步,都会冒着踩上地雷的危险。

1945年3月,太岳区党委和太岳军区决定对龟缩在城关、交口等几个据点的敌人发动总攻击。民兵组成爆炸队,在敌人据点周围,在二沁大道构成一个地雷阵。敌人数次组织突围,都被炸了回去。最后,敌人在夜色的掩护和沁县方向敌人大部队的接应下,于四月十一日逃出沁源。沁源围困战取得最后的胜利。在两年半的围困战中,日伪军伤亡3500多人,始终没有建立起一个"维持会"。敌人的"山岳剿共实验"彻底破产。

"沁源围困战"是沁源人民创造出的敌后军民打击敌人的特殊战例。"沁源围困战"的胜利,是人民战争的胜利,延安《解放日报》发表社论说:"模范的沁源,坚强不屈的沁源,是太岳抗日民主根据地的一面旗帜,是敌后抗战中的模范典型之一。"沁源也因此被誉为"抗日模范县"。

华北书店

1941年元旦，华北书店门市部在太行山敌后根据地桐峪镇正式开张。书店的招牌是书店工作人员手工缝制的布质招牌，但"华北书店"四个鲜红的大字格外醒目。这是三联书店在敌后开设的第一个书店。它出版的第一本书是苏联作家高尔基的《海燕》和《鹰之歌》的合订本，是油印的，出版之后，很快销售一空。

1943年的10月，华北书店由左权县迁往黎城的清泉村，与新华书店合并，开始了华北书店在黎城的工作历程。在黎城期间，从1943年冬到1945年日军投降的近两年时间内，华北书店的同志在党的领导下，和新华书店的同志共同努力，密切合作，为党的出版事业，继续做出积极的贡献。在发行方面，随着根据地的逐渐巩固和扩大，销售的数量和供应的地区也扩大了。在出版方面，大体是这样分工：政治理论书籍，以新华书店名义出版；文艺、自然科学等书籍，用华北书店名义出版。邹韬奋同志逝世后，改华北书店为韬奋书店，则又以韬奋书店名义出版。这样从两店合并到1945年日军投降将近两年中间，共出版了各种书籍60多种。计有：《新民主主义论》、《论联合

兄妹开荒年画

政府》、《论解放区战场》、《整顿三风文件二十二种》、《整风参考文选》、《评中国之命运》、《共产党宣言》、《马恩列斯思想方法论》、《兄妹开荒》、《新秧歌剧》、《李来成家庭》、《李顺达翻身故事》、《孟祥英翻身》、《互助好》、《二流子转变》、《动员起来》，以及苏联的小说《文件》、《复仇的火焰》、《俄罗斯人》、《毁灭》等。赵树理同志的小说《小二黑结婚》、《李有才板话》也是这个时期出版的。冯诗云还主编了群众性通俗刊物《新大众》月刊，彭庆昭则编过一份普及医药常识的杂志《卫生》，都有相当的读者。为了加强对敌占区人民的宣传，根据中共中央北方局的要求出版了毛泽东的三本著作——《论持久战》、《论新阶段》、《新民主主义论》。这是仿线装书的格式排印的。1944年冬，边区在黎城的南委泉村召开了劳模大会和生产展览会，华北书店也展出了许多书刊和印刷工具。尤其是印刷工具，如铅字（活版）、纸型、铅版（浇铸的）等物，让那些平常只见书报，不知印刷过程的观众，开了眼界。

1945年8月日本投降后，华北书店结束了在太行山的工作，离开了黎城，踏上新的征程。

黎城县新华书店旧址

华北书店在黎城的时间虽然短,但出版了大量的各类书籍。这些书籍,一方面丰富了根据地人民的文化生活,另一方面成为教育和鼓舞人民的精神食粮,是中国共产党领导下的出版事业的一个重要的历史时期。

抗日根据地的文艺作品

不论是来自何处的文化人,他们进入根据地,被抗日根据地前线的战斗生活所激励,焕发出极大的创作激情,他们编辑出版多种文艺刊物,作为发表文艺作品的阵地。当时主要的文艺刊物有:《华北文艺》、《华北文化》、《太岳文艺》、《文化动员》、《抗战生活》、《文化哨》、《战场画报》、《文艺轻骑》、《太行诗歌》、《诗风》、《青年与儿童》、《敌后方画报》、《战旗》等等。

赵树理的文学作品,是根据地文学创作的杰出代表。1937年赵树理参加牺盟会上党中心区宣传队,1939年到长治任第五专署民宣科长,后担任《黄河日报》(路东版)的编辑。从1940年起任太行区《抗战生活》编辑,后调入北方局调研室。在根据地期间,赵树理创作了大量的文学作品,其中有戏剧《万象楼》等。这期间他最重要的作品是《小二黑结婚》,小说得到了彭德怀的高度赞赏,并题词:"像这样从群众调查研究中写出来的通俗故事还不多见。"新华书店出版的《小二黑结婚》在根据地乃至全国都产生深刻

人民作家赵树理

的影响。紧接着赵树理又创作完成了《李有才板话》。赵树理的创作是根据地文化的一面旗帜。

从四面八方来到根据地的作家们用他们手中的笔创作了大量的文学作品。这些作品大都是纪实性的，内容真实，影响面大。如刘白羽的《大海——记朱德同志》、陈荒煤的《陈赓将军印象记》、吴伯箫的《潞安城》、杨明的《晋东南的棋局》、华山的《太行山的英雄们》、张香山的《记刘伯承将军》、穆欣的《在太行山上》、林火的《围困沁源》、高沐鸿的《武乡随军杂记》等。这些作品真实地反映敌后根据地的战斗生活，为更多的人了解根据地打开了窗口。

《小二黑结婚》宣传画

从延安来的鲁艺木刻团，以宣传画、年画、连环画、图书插图、制作封面、报刊报头等形式，创作了大量的木刻作品，在中国美术史上留下浓重的一笔。鲁艺木刻工作团还在长治、沁源等地举办巡回展览，扩大了影响。延安鲁艺木刻团在晋东南根据地的重要作品有胡一川的《送子弹》、《开荒》、陈铁耕的《抗日人民大团结》、罗工柳的《一面抗战、一面生产》、杨筠的《织布》和彦涵的《抗日军民》。1941年，由罗工柳率领的一部分木刻工作团的团员在《新华日报》上发表了许多配合当时国内政治军事形势的木刻漫画作品，以及木刻插图，还开始尝试木刻连环画的创作。如赵在青的《崔贵武的家》（共20多幅）、刘韵波的《回家》（约30幅左右）、邹雅的《一支枪》（共21幅）等。

在音乐创作方面，随着晋东南鲁迅艺术学校的成立，学校创办了音乐系，根据地的音乐创作也出现了一个新局面。常苏民创作了歌曲《团结抗战》、《妇女要生产》、《军队向前进》等，张鲁在晋东南搜集整理了许多民歌，为他日后的创作和发展打下了坚实的基础。他在晋东南前线的演出中，修改了和安波二人合作完成的《中国共产党怎么样》（安波词，张鲁曲),二人还亲自上台演唱了这首男、女对唱歌曲。晋东南根据地的音乐创作主要是体现在戏剧方面,他们把音乐创作与戏剧创作紧密地结合起来,使音乐的力量更加直接地为广大群众所接受。

在晋东南抗日文化阵营中,最为活跃的是戏剧。这是因为戏剧是和人民大众联系最为紧密的,它的作用也是最为直接的。戏剧在晋东南有着深厚的民间基础,晋东南也是中国戏剧较早的发源地之一,有"上党歌舞先梨园"之说。早在八路军总部进入晋东南之前,晋东南地区就有了抗日剧团,即赵树理组建的五专署抗日烽火剧团。最早演出的抗日剧目是《平型关大捷》。八路军总部进入晋东南之后,演出了《进军太行山》,那时的抗日戏剧还是"旧瓶装新酒"的演法,虽然穿着是古装,说的却是现代话。例如,演朱德的演员,穿的是古装,道白却说:"咱,八路军总司令朱德是也。"其他的演八路军的戏也是这样。但这种形式老百姓很喜欢,朱德和彭德怀亲自看过演出,并且很赞赏。

1938年,八路军和根据地军民粉碎日军"九路围攻"之后,为庆祝胜利,扩大抗日宣传,建立更广泛的抗日民族统一战线,八路军和抗日政府组织了声势浩大的近百个剧团参加的"百团会演"。参加演出的有八路军的"火星剧团"、"前线剧团"、"先锋剧团"、决死一纵队的政先队、决死三纵队的"前哨剧团"及各县各部队的剧团,还有国民党军的剧团,演出的剧目主要是宣传抗日,歌颂八路军战斗战绩,唤起民众的抗日剧目。

1939年3月,以王震之为团长的延安鲁艺实验剧团来到晋东南抗日根据地。相比较八路军剧团和地方剧团,他们要"洋"一些。他们带来了大型的剧目,如《岳飞》、《雷雨》、《日出》、《钦差大臣》等等。由于文化的差异,根据地的军民虽然欢迎这些剧目,但并不是很欣赏。他们对根据地的影响远不如在此之前随八路总部行动的丁玲所率领的"西北战地服务团"在沁源、武乡等地所演出的短小精悍的小戏和歌舞节目受欢迎。

"百团会演"推动了根据地的戏剧演出和创作,他们创作了大量的戏剧作品,如赵树理的《邺宫图》、《万象楼》、《韩玉娘》,苗培时的《杀宋》,关守耀的《回头看》,从延安传来的《三打祝家庄》、《逼上梁山》、《王贵与李香香》、《兄妹开荒》、《夫妻识字》、《白毛女》等,还有本地创作的剧目《窑洞保卫战》《赵享德大闹正太路》等等，本土的剧作家张万一第一次将赵树理的《小二黑结婚》搬上戏剧舞台，成了常演不衰的剧目。晋东南鲁迅艺术学校创办之后，校长李伯钊就是一位剧作家。她创作了《母亲》《老三》《庆祝百团大战胜利》《一天一夜》等剧本，并由鲁艺实验剧团演出。在晋东南鲁迅艺术学校任教的阮章竞创作了歌剧《赤叶河》等。

当时活跃在晋东南抗日根据地的剧团除八路军的部队剧团和各县剧团外，还有一个特别的剧团，就是沁源难民剧团（后改名为"绿茵剧团"），这是在日军对沁源建立"山岳剿共实验区"，沁源军民进行"沁源围困战"时建立的一个剧团。他们为躲避在山里的群众演出，极大地鼓舞了沁源人民与日寇战斗到底的决心。

根据地的戏剧创作和演出，以一种最直接和最受群众欢迎的形式，扩大了抗日宣传，活跃了根据地的文化生活，发展和丰富了党领导下的新文化运动，是整个中华民族文化发展的一个重要组成部分。

晋东南抗日根据地的文化队伍，是整个中国共产党的文化大军的一个重要组成部分，他们在敌后的严酷环境中，创作了大量的文艺作品，进行空前艰苦的工作，以文化艺术的形式为根据地军民带去鼓舞。

太行群英会

太行抗日根据地在艰苦的斗争和建设中进入到1944年的年末。经过北方局"黎城会议"和太行分局"温村会议"，太行抗日根据地不仅打破了敌人的封锁，站稳了脚跟，而且取得巨大的成就。为总结战斗和生产经验，表彰战斗英雄和劳动模范，太行区于1944年11月20日至12月7日在黎城县南委泉村召开了"太行区杀敌英雄、劳动英雄、战绩展览、生产展览联合大会"。这次大会被称为太行区第一届群英大会。

为了开好这次大会，会前，太行各区经过认真的讨论和评选，先在

太行区第一届英模大会在山西黎城县南委泉村召开

各区、县召开英模大会,评选产生参加太行区的杀敌英雄代表120名、劳动英雄代表206名。

1944年11月20日,展览举行揭幕典礼,同时举行欢迎各地英雄模范大会。主会场设在南委泉村南的关帝庙滩附近。为了扩大影响,太行区除组织各分区各机关参观团外,还专门邀请北平、天津等敌占区的绅士组成参观团,还有太行区参议会的参议员。大会设立了名誉主席团,名誉主席有:毛泽东、朱德、彭德怀、滕代远、罗瑞卿、刘伯承、邓小平、杨尚昆等领导同志;大会主席团为戎伍胜、李达、申伯纯、李雪峰等边区党政领导。大会首先由晋冀鲁豫边区政府副主席戎伍胜报告了太行区军民一年来的生产、战斗成绩,接着由边区临时参议会议长申伯纯向全体英雄模范致欢迎词,最后由太行军区司令员李达讲话。

欢迎大会结束之后,举行了战绩、生产两大展览馆开馆典礼剪彩仪式。战绩展览馆设30余个展览室,主要陈列展览了八路军一二九师与全区民兵的对敌斗争战绩,生产展览馆设立12个展览室,主要是展出太行区军民的生产成果。

第二天,即1944年11月21日,群英会正式开幕。会议以小组讨论座谈为主要形式,在小组的划分上,分为:部队组、腹心区民兵组、边沿区民兵组、生产互助组、度荒打蝗组、纺织组、合作组、工厂组、部队机关组等。邓小平、滕代远、张际春、李雪峰、李达、戎伍胜、申伯纯等党政领导出席了大会和小组座谈。邓小平(时任北方局代理书记)、李雪峰(时任太行区党委书记)、李达(时任太行军区司令员)分别讲话并作报告。经过讨论和大会评选,选出太行区一等和二等杀敌英雄31名,劳动英雄39名。属于晋东南县、区的杀敌英雄有壶关县的徐顺孩、张小保;武

黎城县西井镇南委泉村八路军太行区第一届群英会旧址纪念碑

乡县的关二如和王来法；平顺县的生产互助一等英雄李顺达、劳动英雄郭玉恩、合作英雄张金成；武乡县的合作英雄李马保、黄崖洞兵工厂的劳动英雄甄荣典等。在大会上还有一支引人注目的妇女劳动英雄队伍，她们是武乡县的纺织英雄石榴仙、赵月娥、襄垣县的纺织英雄宋月兰、黎城县的纺织英雄李秀莲等。《新华日报》（太行版）于12月21日发表题为《庆祝全区杀敌劳动英雄战绩生产展览联合大会成功》的社论。大会通过了《太行区第一届杀敌英雄大会宣言》和《太行区第一届劳动英雄大会宣言》。

太行区第一届群英会历时18天。各路英雄充分地交流经验，互相鼓励，精神更加饱满，斗志更加昂扬，英雄主义精神充满会里会外，进一步巩固了根据地的建设，为迎接大反攻的到来奠定了坚实的基础。

太行区第二届群英会召开于1946年12月2日，于1946年12月21日结束，历时19天。这时，上党战役已胜利结束，晋东南根据地全境解放，长治建市，成为中国共产党领导下的市级政权，晋东南地区进入一个新发展时期,所以这次大会有着继往开来的意义。参加这次大会的有来自全区的39个县、3个市的英雄代表427人。其中属于晋东南根据地的长治市、长治县、黎城县、襄垣县、潞城县、壶关县、平顺县、武乡县共选出代表107名。大会的开幕式在莲花池大操场举行,亲临大会的边区党政领导有,晋冀鲁豫边区政府主席杨秀峰、太行行署主任李一清、太行军区副政委王维纲、太行区党委书记李雪峰、太行区党委组织部长赖若愚、太行区党委宣传部长冷楚以及正在长治地区整训的民主建国军领导、边区参议会太行办事处的领导和太岳、冀南的参观团。大会首先由秘书长武光汤报告大会筹备经过,李雪峰致开幕词。

与第一届太行群英会相比,代表们的心里真切地感到"解放区的天是明朗的天"。他们怀着胜利的喜悦和自豪。在他们交流各自的英雄业绩和先进经验时,这种喜悦和自豪更加饱满。大会开设了时事、民兵战绩、翻身、生产四个展览馆。晋东南地区参加展出的有潞城合作社经营的铁匠炉、漫流河合作社的农具、潞城文化合作社印刷的课本、长治市农林局的优种来杭鸡、太行造纸厂的打字机、太行炸弹厂的武器、长治县贾掌煤矿的模型等等。这些展品表明,太行区抗日战争胜利之后,生产力有了质的飞跃。

大会经过认真选举,严格审批,选出了太行区各类英雄110名,其中长治市及属于长治市管辖的各县有25名。他们是:老区一等劳动英雄:石寸金(黎城)、李顺达(平顺)、李马保(武乡);老区二等劳动英雄:王同会(黎城)、王海成(武乡)、魏元盛(潞城);特级农业技术能手:刘聚宝(潞城);小型合作英雄:杨王俏(平顺);新区一等劳动英雄:毕二云(长治县);一等翻身英雄:梁马斗(潞城);二等翻身英雄:王水旺(长治市)、马登喜(长治市);一等合作英雄:李甲魁(黎城);二等合作英雄:牛秋成(壶关)、张金城(平顺);商店模范经理:赵晋卿(长治县);一等纺织英雄:李秀莲(黎城);二等纺织英雄:王桃梅(武乡);二等工人劳动英雄:刘景文、武常海、晋克让(均为长治市);工厂模范工作者:朱西平、李祥兰(均为长治市);村级模范工作者:牛书娥(壶关)、王寅卯(平顺)。

10月21日下午,大会在莲花池举行闭幕式。李一清致闭幕词,并向选出的英雄模范发了奖。奖品是一些实用的生活用品,如布匹、毛巾、皮手套、肥皂等,但奖给农业劳动英雄的是黄牛和黑驴,奖给民兵英雄的是步枪、小炮和手榴弹，奖给合作英雄的有压花机等生产工具。这些奖品，既是荣誉，也有实用价值，别具一格。

为了纪念太行区第二届群英会，太行区将长治市当时最繁华的街——卫前街命名为"英雄街"，还命名了"英雄台"和"英雄广场"。"英雄"成为长治市永久的光荣和永久的记忆。

太行群英会

上党战役

上党战役是抗日战争胜利之后，国共之间的第一个较大的战役。

抗日战争取得胜利，全国人民都期盼着和平。中国共产党也希望国内和平。国民党一方面加紧备战，一方面也做出和平姿态，由蒋介石电邀中国共产党毛泽东主席赴重庆进行和平谈判。为了国内的和平，毛泽东毅然接受蒋介石邀请赴重庆与国民党进行和平谈判。

1945年8月日本投降之后，国民党从各地调集军队向解放区开进，抢占抗战胜利果实。在山西，阎锡山急令史泽波任军长的十九军等部队17000余人，从临汾、浮山、翼城等地出发，进犯我太行、太岳根据地，抢占了我军从敌、伪手中解放的潞城、襄垣、长子、长治、壶关、屯留等地，企图占领整个晋东南地区。

根据党中央和中央军委对侵占上党之敌"必须坚决彻底全部歼灭

黎城县城上党战役指挥部旧址

之"的指示,于1945年8月20日组建的晋冀鲁豫军区集结陈锡联之太行、陈赓之太岳、陈再道之冀南三个主力纵队及地方部队,准备打击进犯之敌,保卫抗战胜利果实。

1945年8月25日,晋冀鲁豫军区司令员刘伯承、政委邓小平及陈赓、陈锡联、陈再道等由延安搭乘美军飞机飞回黎城。刘、邓星夜赶回涉县赤岸一二九师司令部部署指挥上党战役。

上党战役于1945年9月10日发起,整个战役分为三个阶段。第一阶段是先攻打长治周围各县城以求攻城打援,消灭阎军主力。晋冀鲁豫主力部队在地方部队和民兵配合下,在战役发起的首日便攻克襄垣,12日攻克屯留,17日攻克潞城,19日攻克壶关、长子等县城。在我军攻克上述诸城过程中,长治守敌曾出城增援,但遭遇我打援部队后迅即退回长治城,使我打长治援敌作战意图没有实现,但为攻克各个县城创造了条件。参战部队顺利完成了第一阶段的作战任务。第一阶段的战斗胜利之后,于9月20日包围长治城,并攻克城外若干据点。长治成为一座孤城,战役进入第二阶段。为了解救长治城内的部队,阎锡山派彭毓斌率八个师加两个炮兵团2万余人向长治增援,并且扬言:上党必争,潞安必守,援军必到,叛军必败。面对新的敌情,刘、邓首长改打长治出城援敌为打增援长

上党战役主战场老爷山战斗遗址保护标志

治之敌。随即命令留少数部队佯攻长治,继续围困长治城内的敌军,其余主力悄然北上,准备消灭太原援敌。10月2日,我军主力与敌军遭遇于屯留西北的王家堡、白龙坡地区,进而将敌援军合围于屯留老爷山、磨盘垴一带,经过激战,10月7日,敌援军除2000余人逃走外,全部被歼。消灭了敌援军,长治城内之敌已成瓮中之鳖,战役的第三阶段即攻克长治城。城内之敌见太原方向援军被歼,坚守无望,便于10月8日仓皇逃出长治城,企图逃回翼城、浮山一线,我军乘胜追击,将敌追至将军岭、桃川、土落一带全部消灭,敌十九军军长史泽波及部分高级军官也被我军俘获。上党战役共歼灭阎军3.5万多人,缴获山炮24门,轻重机枪2000多挺,长短枪1.6万余支,彻底粉碎了阎军对上党地区的进攻。至此,上党战役以我军取得完全胜利而结束。

　　抗日战争胜利前夕,毛泽东就敏锐地看到,内战的危险是十分严重的,因为蒋介石的方针是已经定了的。他向全党提出:我们的方针是针锋相对,寸土必争。上党战役即是在这样的指导思想下进行并取得胜利的。对于上党战役的结果,毛泽东说,这一回,我们"对"了,我们"争"了,而且我们"对"得很好,"争"得很好。

　　上党战役拉开了全国解放战争的序幕,促进了国共谈判和"双十协定"的签订。虽然这个协定后来被国民党蒋介石破坏了,内战没有避免,但上党战役的历史功绩是永存的。同时,上党战役的胜利,使晋冀鲁豫

野战军有了一个稳固的后方,被解放的晋东南,从人力和物力上有力地支援了刘、邓和陈、谢两支大军东西两个方向的作战,加速了解放战争的进程。

长治建市

石志本像

于一川像

1945年10月初,上党战役已近尾声,我军攻克长治城指日可待,进犯长治的史泽波之十九军连同一些地方部队待援无望,遂于10月8日逃出长治。我太行四分区和太行四地委随即由太行四分区司令员石志本、太行四分区政委于一川、四专署副专志员孙竹庭等组成长治临时军政委员会,为长治最高的行政机关,进行接管城市的工作。中旬,成立长治城市工作委员会,为建立我党的政权机关做准备。

长治临时军政委员会入城之后,宣传我党我军政策,安定人心,严防敌特破坏,召开群众大会,庆祝长治解放。整顿城市秩序,清理隐藏敌特,恢复工商业,救济饥民,使长治很快稳定下来。

1945年11月1日,在长治市城市工作委员会基础上组成的以孟宪德为书记的八路军工作团进驻长治。因为当时中共的领导机关没有完全公开,八路军工作团实际上为中国共产党在长治的最高领导机关。随后党的领导对外公开。1946年1月,中国共产党长治市委(县级市)成立,由孟宪德担任市委书记。1946年6月,长治改为地级市,由王谦任市委书记,孟宪德改任宣传部长。长治是中国共产党最早的解放区,也是最早完全建立自己政权的地方,长治改为地级市,也是中国共产党领导下的地级市党委和政权机关。

中共长治市委和市政府建立之后,新政权不断完善健全,成为坚强有力的领导机关,长治因而成为解放战争的大后方。北方大学等重要机关

孟宪德像

和学校迁往长治,一些重要的工业设施开始建立,新成立的人民政府积极组织恢复生产,稳定社会秩序,发动群众参军参战,支援前线,并组织干部随军南下,支援新区,积累了中国共产党早期城市工作经验。

1949年8月1日,华北人民政府颁布重新调整行政区划的通令,恢复山西省建制,撤销太行区和太岳区,以长治市为中心设立山西长治专区。8月22日,中共长治地委成立。9月1日,山西省人民政府成立后,长治地区专员行政公署随即成立,下辖潞城、黎城、陵川、平顺、壶关、长治、武乡、襄垣、屯留、长子、高平、晋城、阳城、沁源、沁县、长治市等16个县(市)委和16个县(市)政府。王谦任地委书记,张天乙任专署专员。

1949年10月1日,中华人民共和国宣告成立。6日,中共长治地委、长治专署,中共长治市委市政府以及各界群众2万余人在英雄台广场举行盛大集会,庆祝中华人民共和国的诞生。同时,各县也举行了不同形式的庆祝活动。

从此,长治的历史翻开了崭新的一页。

牺牲与奉献

在中国共产党领导的新民主主义革命时期，特别是在抗日战争与解放战争时期，太行、太岳（这里仅述今属长治部分）人民付出了巨大的牺牲，做出了巨大的奉献。

在太行、太岳根据地付出的巨大的牺牲中，一是日军、伪军、顽军对根据地残酷的烧杀抢掠，造成巨大的人员伤亡和财产损失。据不完全统计，从1938年初日军进攻晋东南至1945年8月日本投降，太行根据地之黎城、武乡、平顺、壶关、襄垣、潞城和太岳根据地之沁源、屯留、长子、沁县等地被日军残杀的军民有10万人之多，数十万老百姓流离失所，损失的房屋、粮食、牲畜、农具不计其数。在武乡，日军制造的峪口惨案，一次就屠杀党员、民兵和群众102人；在沁源，日军在曹家沟，一次就烧死群众120多人，这条沟也被当地群众叫作"烧人沟"。除日军的暴行之外，伪军和顽军也给根据地人民带来巨大的灾难。他们配合日军扫荡，与日军一样奸淫掳掠。日本投降之后，驻扎在沁县、武乡的阎军段炳昌

1938年被日军焚毁的沁县城

部还屡次制造惨案,残杀群众数百人。在整个抗日战争和解放战争中,仅武乡被日伪军杀害的军民就达 25000 人之多;在沁源,八年抗战中死亡人数达 19871 人,加上被致残、伤病、被俘等,竟达 57262 人,占全县人口的 70%。

二是太行、太岳人民在抗击日本帝国主义的侵略和解放全中国的斗争中与敌人浴血奋战所做出的巨大牺牲。日本帝国主义的铁蹄踏入太行、太岳。当地人民群众在中国共产党的领导下,组织起来,拿起武器,用各种手段、各种方法与日本侵略者展开殊死搏斗。各

平顺县《全县民兵殉国烈士纪念碑》

级武委会具体领导民兵、游击队断敌交通通讯、捉汉奸、掩护群众、配合主力部队作战。如壶关的常行窑洞保卫战、沁源围困战,就是以当地的民兵和群众为主体取得最后胜利的。在对敌斗争中,涌现出大量民兵英雄,如地雷大王王来法、民兵英雄徐顺孩、杀敌英雄黄小旦等等。斗争是残酷的,根据地人民群众在抗日战争和解放战争中因对敌斗争而牺牲的民兵和群众达数万人。他们或是牺牲于直接的对敌斗争,或是牺牲于宁死不屈,或是牺牲于支前,或是牺牲于掩护八路军和党的干部。例如在武乡县,有一位张大娘,她的家是县区抗日政府和干部的一个联络点和接待站,接待和掩护了许多抗日干部。1943 年,这个联络站被敌人发现,敌人把她抓起来,用尽酷刑,但她没有暴露一个抗日干部和共产党员,最后被敌人折磨而死。在太岳根据地的沁源有三个村庄分别以对敌斗争牺牲的民兵李学孟、赵正中、张法中而命名。在武乡,八年抗战中,

武乡这个仅有14万人口的山区小县,牺牲和致残的县区村各级干部和民兵群众达15300余名,载入烈士英名录的有3200余名。太行、太岳人民群众的斗争精神和牺牲精神可见一斑。

牺牲与奉献是连在一起的。太行、太岳人民在做出巨大牺牲的同时,也为抗日战争和人民解放战争做出了巨大的奉献。首先是参军参战,在艰难的岁月里,为着抗日战争和人民解放战争的胜利,太行、太岳人民把自己的优秀子弟送到部队,体现了根据地人民前赴后继,百折不挠的斗争精神。一二九师进入太行时兵力为9000余人,到抗战结束时,一二九师的兵力已达30余万人。在根据地新的参军参战的热潮中,有一些地方的民兵游击队成建制地编入主力部队。例如沁源游击大队编为独立团,屯留、长子等县的县大队编入主力部队,使主力部队的兵力得到迅猛发展。根据地人民的参军参战,一方面扩大了主力部队,另一方面则把根据地人民的精神带到了全国各地,使其在更广大的地区发扬光大。

太行、太岳人民为抗日战争和解放战争还提供了巨大的物力财力支援。在抗日战争和解放战争期间,根据地人民在各级政府领导下,发展生产,艰苦奋斗,有钱出钱,有力出力,从粮食生产、工业生产直至一双双军鞋的供应,有力地支援了前线将士的奋战。他们宁可自己少吃,也要把公粮交足交够;宁可自己少穿一点,也要把布匹棉花供给前线将士。据财政部门的统计,在抗日战争中,太行区人民的财力负担,最高达到每人平均总收入的16.95%,而村负担相当于区负担的40%左右。所以,邓小平同

宋任穷题词

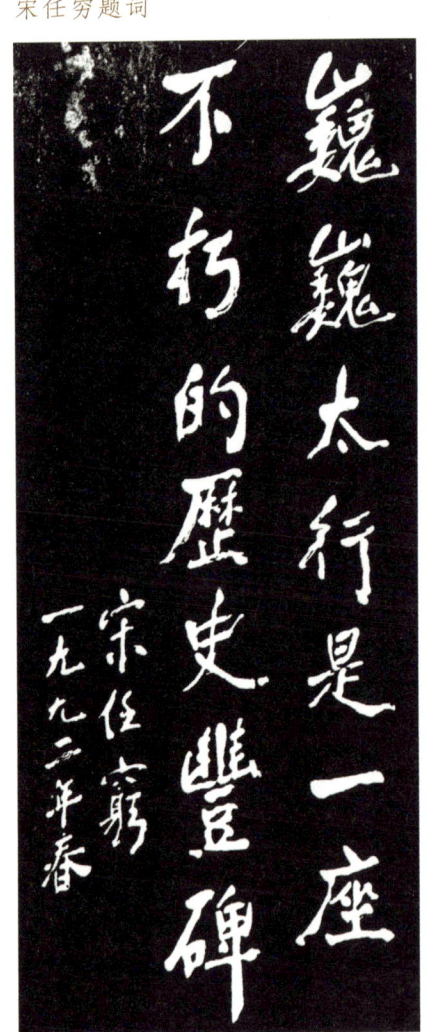

志于1944年11月在太行群英会上感谢太行人民为中国革命"尽了一切力量"。

第三是出色的战勤工作。战勤工作是保障战争胜利的极重要的一环,极其繁重。其重要性和危险性并不亚于战争本身。在抗日战争和解放战争中,根据地人民奋不顾身,竭尽全力地投身到战勤工作中,他们冒着枪林弹雨,出生入死,抬担架、运物质、带路、送信、抢救和看护伤病员。例如沁县的李怀清,1941年响应边区政府的号召组织起运输队,承担战勤任务。他们抢运物资,变工互助,仅1944年,他的运输大队就运输粮食9375石、棉花4.37万斤,在太行群英会上被选为一等合作英雄。抗战胜利之后,刘、邓东出平汉,陈、谢西出同蒲,都有大量的民工随军支前,像著名的劳动模范李顺达就曾支前到河南。从地域上,东出平汉线的以黎城、平顺、潞城、壶关等县民工为主;西出同蒲的以沁源、屯留、长子、沁县为主。支前的民工随主力部队参战。他们不怕牺牲,吃苦耐劳,为主力部队取得各个战役的胜利提供了保障,也做出了巨大的牺牲。

据不完全统计,在抗日战争和解放战争期间,上党地区9万多人参军参战,7万多人为国捐躯,2.5万多名干部南下北上支援新区。仅武乡一县,为部队筹集公粮2.5亿斤,妇女做军鞋49.5万双,做米袋、挎包100.75万条,提供蔬菜、肉类和食油500.75万公斤,提供煤炭、木材等燃料30.7万公斤,提供畜力车辆4300多头(辆)。

毛泽东曾说:"战争最深厚的根源在于民众之中。"八年抗战证明了这一点,解放战争也证明了这一点。

故县铁厂

1945年"上党战役"的胜利,拉开了中国人民解放战争的序幕,随着战争的扩大,对军工生产的需求也越来越大。八路军总后勤部军工部决定,用最快的速度,最短的时间,在太行山革命根据地建立一座炼铁

长治市郊区故县铁厂旧址局部

厂,尽快生产出前方紧需的灰口生铁,以适应日益扩大的军工生产的需求。

1946年,军工部决定在故县建立故县铁厂。

故县村紧邻石圪节煤矿,与之相近的小寒山及壶关、平顺有铁矿资源,东面的黄碾曲里村有坩土,漳河从村东流过,南面也有一条河,水资源丰富。抗日战争初期朱德曾率八路军总部驻扎在故县村,后抗大一分校也在这里办学。群众基础深厚,政治条件好,不论从自然环境还是人文环境,这里都是建立铁厂的理想之地。

时任八路军总后勤部军工部工程处副处长的我党冶金技术专家陆达写出了《关于建设上党钢铁工厂的计划商榷》,这是一个完整而详尽的建厂计划。

1946年11月,晋冀鲁豫边区太行军事工业筹建委员会正式成立,陆达是主要负责人之一。

1947年初,故县铁厂的建设大军开始开进建设工地。这里面有军人、民工,还有从北方大学分配来的学生。这支浩浩荡荡的大军开启了建设中国共产党领导下的第一座钢铁工厂的里程。1947年4月，故县铁厂的建设正式动工。

建立故县铁厂的目的就是为了军工生产。因此最初的建厂计划就是先建一座日产五吨的炼铁高炉，再建设一个大的翻砂厂，就近使用高炉炼制的铁水浇炮弹壳。

冶金技术专家陆达

正在五吨部炉开工建设之际，我人民解放军解放了山西工业重镇阳泉，当时阳泉有一座荣华铁厂，建立于1917年，属于山西保晋公司。阳泉虽然解放，但当时的形势尚不稳定，鉴于上党是老解放区，军工部决定把荣华铁厂的高炉迁入故县。陆达等赶到阳泉，决定将二号高炉及其附属设备搬迁。这座高炉的优越之处在于，主体鼓风机是美国进口的蒸汽鼓风机，适合当时根据地缺电的现状。经过一个多月、四百多里路的艰辛搬迁，终于把阳泉荣华铁厂的二号高炉搬运到了故县，同时来的故县的还有经过动员，自愿来故县铁厂工作的一部分原厂的工人和技术人员。

1948年1月9日，一号高炉点火成功。1月10日，第一炉铁水从高炉中涌出，标志着中国共产党建设的第一座铁厂胜利投产。

当年的建设者曾说：故县铁厂是小车推出来的。确实是这样，在当时的困难条件下，所有的运输几乎都是人拉肩扛，从高炉的搬运到矿石、煤炭、焦炭全都靠人一车一车地推。正是靠着这种精神，这一座红色的铁厂才能够拔地而起。

高炉投产之后，它所生产的灰口生铁在高炉边就可以直接浇铸成炮弹壳，使炮弹生产大幅提高。1947年的炮弹产量为二十余万发，而1948年，炮弹的产量可以达到一百余万发。在支援前线的同时，还为其他的钢铁厂提供铁锭。

1948年3月晋冀鲁豫军区司令部向军工部发出贺信："际发、长勋、贻祥并转铁厂全体职工同志们：欣闻你们积极努力克服困难，创立了巨型化铁厂，使我区能日出灰生铁十五吨，特予奖励并致谢意。望继续努力，发挥创造性，为提高生产量和质量而努力！"

军工部向故县铁厂发了贺信："陆达、林放、熊志、培江、高桐诸同志并转炼铁厂全体职工同志们：为了加紧生产炮弹，早日消灭蒋介石，在极其艰难的农村条件下，由于你们夜以继日，千辛万苦，同心合力，创造了工程浩大近代式的巨型炼铁炉，并于一月十日正式出铁，七十五天至今始终非常顺利，而且用铁各厂反映质量优良。这是一件大事，是你们对革命战争很大的贡献，是你们无上的光荣，我们以无限钦欣与感谢之忱敬贺你们的成功。特决定集体记一大功，并给冀钞一百万元以资慰劳与奖励。希望继续努力，爱护大炉，保持提高产量与质量。"

故县铁厂的建成，不仅为解放战争的最后胜利做出巨大贡献，而且也为我国的钢铁工业发展积累了丰富的经验。故县铁厂建设的主要开创者和领导者陆达，于1977年至1983年任冶金部副部长和总工程师，为新中国钢铁事业的发展做出了卓越的贡献。1965年，周恩来总理在视察太钢耐火材料厂时说："故县铁厂是根据地第一个正式建设的厂，是自力更生，勤俭办企业建成的，是你们亲自建设的。这个厂（太钢耐火材料厂）是我国自己设计，自己制造设备，自己培养技术人员的第一个机械化耐火材料厂，要像战争年代建设故县铁厂那样，自力更生，勤俭办企业，把这个厂管理好。"

站在周恩来总理面前听这番话的太钢耐火材料厂厂长，正是当年建设故县铁厂时耐火砖生产的领导者宋忠恕。

"长江支队"

中国人民解放军长江支队（简称"长江支队"）是一个特殊的建制单位。它特指中共中央华北局从太行和太岳两个老根据地选调一批得力干部组成的南下干部队伍。

1948年下半年，中国人民解放军在东北、中原、华北连续进行了辽沈、淮海、平津三大战役，消灭了国民党的主要军事力量。党中央决定从老解放区选调大批优秀干部随军南下，迅速接管新解放区。1948年12月根据党中央的统一部署，中共中央华北局决定，从太行和太岳两个老根据地选调一批得力干部，组成一个南下干部队伍。

1949年二三月份，中共中央华北局从太行、太岳两区各级党委抽调了4000多名干部，组建了一个南下区组织建制。经过两个多月的动员、报名、审批等程序，太行区的南下干部到河北武安集中，太岳区先到长治集中，尔后于1949年3月22日在河北省武安县与太行区的南下干部会合，进行整编、学习和培训，准备随第三野战军渡江南下，接管苏南地区。

南下区党委、行署下辖6个地委。各地委调来的党政军干部编成6个地委（包括专署、军分区、群团）建制；每个地委辖5个县，各县区委调来的干部编成30个县委，每个县辖5至9个区，每县编120人左右。30个县委和199个区委的党政军群各级干部配套完整的组织建制。地委和县委均设常委。

南下区对外称中国人民解放军长江支队（简称"长江支队"），南下

壶关籍长江支队队员靳铜山南下前与战友和家人合影

部分长江支队南下干部在南平合影

区直机关编为支队部机关,地委编为大队,专员任大队长,地委书记任政委;县委编为中队,县长任中队长,县委书记任教导员;区委编为小队,区长任小队长,区委书记任指导员。

1949年3月30日,南下区党委在武安召开第一次干部大会,并对干部进行整编训练,武安整编训练后,南下区党委委员7人,常委3人。冷楚,1949年3月担任南下区党委书记。刘尚之,任南下区党委常委、组织部长。周璧,任南下区党委常委、宣传部部长。刘裕民,南下区党委委员、行署主任。侯振亚任南下区党委委员、组织部副部长。叶松,南下区党委委员、社会部长。陶国清,南下区党委委员、军区司令员。

1949年4月23日,南下区党委在武安召开第二次南下干部大会。由冷楚同志传达了北平会议对南下干部随军渡江的部署要求,同时传达了北平会议研究确定的南下干部去的地区。太行、太岳这批干部数量多、质量好。中原局要求这批干部到中原局分配工作;饶漱石力争这批干部去华东工作。最后中央决定,这批干部交华东局分配,随三野渡江。饶漱石认为长江支队兵强马壮,预定长江支队接管苏南。

6月初,华东局组织部副部长温仰春来苏州了解长江支队的干部情况,并传达了华东局的四点指示:一是长江支队七月随十兵团进军福建;二是因接管福建干部不够用,从华东地区再抽一批干部随长江支队进福建;三是原从长江支队调给华野后勤支前的六大队,回长江支队,随长江支队南下福建;四是从长江支队抽调一批县主要干部去上海带领上海知识青年随军南下福建。6月12日,华东局组织部长张鼎丞来到苏州,给长江支队干部作《关于当前形势和我们的任务》的报告。在通报了全国的情况后,他代表华东局作了到福建去的动员。他说,华东局报党中央批准,要长江支队去接管福建。福建话难懂,工作不好做,困难比较多。随后,三野十兵团为长江支队每人发了一本《论人民民主专政》和全套中国人民解放军的装备。

1949年7月13日,长江支队从苏州出发,随十兵团进军福建。因沪杭铁路还未正式通车,加上军运任务繁忙,长江支队人马只好水陆并进。一部分同志乘船,一部分同志步行,少数同志乘汽车,陆续于15日到达浙江嘉兴县城。从这里又乘上火车,7月17日下午,到达江山县贺村车站,下车后步行抵达与福建接壤的塘边村,并住在那里。

在塘边村,张鼎丞同志召集开会,宣布中共福建省委成立,张鼎丞同志担任省委书记。会议同时确定了长江支队所属的六个大队入闽后接管的地区:一地委到晋江地区工作,二地委到建阳地区工作,三地委到南平地区工作,四地委到闽侯地区工作,五地委到龙溪地区工作,六地委到福安地区工作。

7月28日,省委机关直属单位同六个地专及三十个县的大队人马,从兴塘边出发,进入福建,于8月1日到达闽北浦城县城,5日到达建瓯县城。省委在此召开了南下干部和坚持地下斗争的干部会师大会。这次,前后进入福建的,有三野十兵团十万多人;有长江支队4100余人;有华东南下干部200多人;有上海南下服务团2300多人;还有长期坚持地下斗争的全体同志,由这五路大军组成了解放福建、接管福建的统一体。

以"长江支队"为代表的太行、太岳南下干部,到达新区后,宣传执行党的政策,领导新区军民发展生产,建立新政权,为新区的建设做出了巨大的贡献。

《南下福建 情系故里》纪念碑

参考文献

王玉哲:《中国上古史纲》,上海人民出版社1959年版。
时墨庄:《化石》,人民出版社1973年版。
山西省图书馆编印:《山西历史地名录》,1977年版。
中国历史博物馆编:《简明中国历史图册》,天津人民美术出版社1978年版。
山西省文物工作委员会编:《山西出土文物》,1980年版。
王怀中、魏填平:《上党史话》,山西人民出版社1981年版。
刘敦桢主编:《中国古代建筑史》,中国建筑工业出版社1984年版。
李玉明主编:《山西古建筑通览》,山西人民出版社1986年版。
山西省古建筑保护研究所编:《山西古建筑木结构模型》,北京燕山出版社1989年版。
刘纬毅编:《山西历史地名通检》,山西教育出版社1990年版。
刘贯文、任茂棠、张海瀛主编:《三晋历史人物》,书目文献出版社1993年版。
马晓东:《历史人物与山西地名》,山西人民出版社1993年版。
朱华:《三晋货币》,山西人民出版社1994年版。
山西省考古研究所编:《山西考古四十年》,山西人民出版社1994年版。
张京华:《燕赵文化》,辽宁教育出版社1995年版。
长治市旧志整理委员会编:《潞州志·明·马暾》,中华书局1995年版。
李镇西主编:《魂系山西》,中国科学技术出版社1995年版。
李元庆:《三晋古文化源流》,山西古籍出版社1997年版。
山西省史志研究院编:《山西通志·气象志》,中华书局1998年版。
长治市城区志编委会编著:《长治市城区志》,陕西人民出版社1999年版。
李孟存、李尚师:《晋国史》,山西古籍出版社1999年版。
山西省博物馆编:《山西省博物馆馆藏文物精华》,山西人民出版社1999年版。
柴建国:《山西书法》,山西人民出版社1999年版。
王怀中、孙舒松、郭生竑编著:《三晋石刻总目·长治卷》,山西古籍出版社2000

年版。

山西省地图集编纂委员会编制:《山西省历史地图集》,中国地图出版社2000年版。

沈长云等编著:《赵国史稿》,中华书局2000年版。

梁思成著,费慰梅编,梁丛诫译:《图像中国建筑史》,百花文艺出版社2001年版。

韦滨、邹跃进:《图说中国雕塑史》,浙江教育出版社2001年版。

侯福兴、郭生竑编著:《文明之光——上党炎帝文化探微》,山西人民出版社2002年版。

(美)伊佩霞著,赵世喻译:《剑桥插图中国史》,山东画报出版社2002年版。

阎凤梧主编:《全辽金文》,山西古籍出版社2002年版。

卢晓中主编:《上党神韵》,山西人民出版社2002年版。

许虹、范大鹏主编:《最新中国考古大发现——中国最近20年32次考古新发现》,山东画报出版社2002年版。

长治市地方志办公室整理:《潞安府志·顺治版·乾隆版》,中华书局2002年版。

景元祥、薛延平:《晋与三晋故事》,方志出版社2002年版。

张宏彦编著:《中国史前考古学导论》,高等教育出版社2003年版。

景元祥:《晋都新田史话》,山西古籍出版2003年版。

降大任:《山西史纲》,山西人民出版社2004年版。

山西省文物局策划:《山西博物院》,山西人民出版社2005年版。

阎晶明编:《表里山河》,山西古籍出版社2005年版。

李亭雨编著:《影响中国的100次战争》,内蒙古文化出版社2005年版。

常福江主编:《长治地名典故》,中华书局2005年版。

郭生竑:《文明寻踪》,北京燕山出版社2005年版。

常福江、郭生竑编著:《长治金石萃编》,山西春秋电子音像出版社2006年版。

程伏舜、葛来保编著:《黎园寻芳》,北京燕山出版社2005年7月。

王连成主编:《潞安府志·明万历版》,山西古籍出版社2006年版。

郭生竑编著:《古潞琉璃》,山西人民出版社2013年版。

中共中央文献研究室:《朱德年谱》,人民出版社1986年版。

中共中央文献研究室:《邓小平年谱》,中央文献出版社2009年版。

彭德怀:《彭德怀自述》,人民出版社1981年版。

中共中央党史研究室:《杨尚昆年谱》,中共党史出版社2007年版。

《中共中央北方局》资料丛书编辑委员会:《中共中央北方局》,中共党史出版社2000年版。

太行革命根据地史总编委会:《太行革命根据地史稿》,山西人民出版社1987年版。

中共山西省委党史研究室:《太岳革命根据地纪事》,山西人民出版社1989年版。

薄一波:《七十年奋斗与思考》,中共党史出版社。

中共长治市委党史研究室:《中国共产党山西省长治市历史大事记述》,中共党史出版社1994年版。

沈琨:《太行寻英》,北京燕山出版社2005年版。

马书岐:《红色寻光》,北京燕山出版社2005年版。

史耀清主编:《太行精神》,山西人民出版社2005年版。

王云亭编:《征程》,山西人民出版社2012年版。

长治市政协文史资料委员会:《长治文史资料选编》,内部资料。

刘潞生、宋国庆:《炉火映太行》,冶金工业出版社2011年版。

李昌钊:《小寨沟纪事》,中国文联出版社2010年版。

后 记

长治地处山西省东南部,雄踞于天下之脊的太行山巅,地势高峻,"与天为党",物华天宝,人杰地灵,古称上党,是中华民族开发较早的地区之一。从远古至今,勤劳智慧的先人们在这块古老的土地上开拓耕耘,繁衍生息,创造了光辉灿烂的历史文化。

根据山西省委宣传部关于做好《三晋史话》编写工作的通知精神,长治市委宣传部对于《三晋史话·长治卷》的编写给予高度重视,成立了编写组。市委宣传部部长、市政府党组成员王辅刚多次召开会议,安排部署。市委宣传部常务副部长郝黎华、市委宣传部副部长王耀多次安排组织专家学者反复论证、认真研讨。市委宣传部调研员韩征天具体牵头,统筹编撰诸项事宜,无论谋篇布局、拟定大纲题目、审看书稿,还是调配人员、提供保障,均不辞辛苦,亲任其事。市文化产业发展中心副主任赵鹏负责具体编务工作,布置开会讨论,还参与了文字修改、图片征集、资料整理、前言与后记的起草等工作。

参加《三晋史话·长治卷》的编撰人员具体分工为,长治市博物馆副研究馆员郭生竑编撰第一章至第六章,长治市作家协会主席郭俊明编撰第七章,长治市市志办副主任马书岐撰写了概论。在本书的编撰过程中,还应提到的是,省委宣传部领导和参与丛书编撰的各位专家以及山西人民出版社的青年编辑,他们从大纲草拟、章节完善、文字修改、书稿确定等许多方面,都给以大力帮助和热情指教,付出了辛勤的劳动。在此一并表示衷心的感谢。

此次撰写《三晋史话·长治卷》,对于我们是一个既熟悉又陌生的写作经历,相对于长治流光溢彩的文明轨迹、缤纷万千的历史华章来说,本史话仅仅是管中窥豹、走马观花,还存在着诸多瑕疵与纰漏。更由于成书时间短促、知识水平有限,本书不足之处,恳请广大读者谅恕并指教。

《三晋史话·长治卷》编写组

编后记

2014年初,中共山西省委宣传部决定编撰《三晋史话》丛书,系统梳理山西地区及所辖各市的历史文化,从历史的、文化的、哲学的层面对山西的历史文化以及文明贡献进行回顾总结。为此,山西省委宣传部组织动员各市委宣传部及各地历史文化学者组成了百数十人的工作团队,力求在较短的时间内高质量地完成这套丛书。

为与已出版的通史类著作、地方志类著作有所区别、互不雷同,我们首先在编撰思路上进行了较大的调整。特别强调在基本勾勒出山西地区及各地历史文化发展基本脉络的同时,突出其在文明发展进程中的重大贡献。思考研究问题的视野不能满足于仅仅说清一时一地一事,还要联系文明发展的大历史进行分析对比,以突出其重要价值与意义。在文体上,既强调可读性,更注重严谨性;既要满足一般读者的阅读需求,做到通俗好看,又要具备历史学科的学术品格,言出有据,并使二者较好地结合起来。为此,特别聘请我省的专家担任学术顾问,全面参与到撰写工作之中。各地也高度重视,组织了本地具有较高学术水平的学者专家承担本地史话的撰写任务。

这套丛书的编撰,从提纲的设定开始就进行了反复研究讨论。首先由各卷的编撰者提出初步纲目,再组织丛书的学术顾问与大家一起讨论,提出修改意见,反复数次才基本确定编撰纲目。仅《三晋史话·综合卷》一书的提纲就修改了九次之多。编撰纲目基本确定后,各卷分头撰写。初稿出来后,由学术顾问组的专家进行审阅,提出修改意见,大部分书稿进行了三次以上修改。编撰工作完成后,再次请学术顾问组的专家进行审读。同时出版社进入审稿程序,以期能够最大可能地消灭不准确、不正确、不严谨的问题。

尽管我们付出了极大的努力,但是这套丛书仍然存在一些问题。首先是撰写风格不够统一。其次是由于同一事件涉及不同地区,各地在编撰中均有涉及,难免有重复叙述的现象。三是限于我们的水平、能力,还有许多地方分析得不够、不准。所以,希望读者能够提出批评指导意见,以期在日后进行修改调整。

胡苏平同志主持了丛书的编撰工作。杜学文同志具体负责丛书的组织工作。王灵善、高春平同志具体负责丛书的审读、出版协调事务。渠传福、李书吉、赵瑞民、王灵善、降大任、高春平、巨文辉同志为学术顾问,负责各卷纲目与书稿的审读研讨。崔力、武献民、谢振中、高小勇同志参与了纲目与书稿的审读,负责组织协调工作。各市委宣传部组织协调了本市分卷的编撰工作与图片提供工作。

《三晋史话》丛书编委会

图书在版编目（CIP）数据

三晋史话丛书.长治卷／王辅刚主编.--太原：山西人民出版社，2015.9
ISBN 978-7-203-09232-2

Ⅰ.①三… Ⅱ.①王… Ⅲ.①长治市—地方史 Ⅳ.①K292.5

中国版本图书馆CIP数据核字（2015）第202087号

三晋史话丛书·长治卷

主　　编：	王辅刚
责任编辑：	崔人杰
印装监制：	赵宏生　李佳音
出 版 者：	山西出版传媒集团·山西人民出版社
地　　址：	太原市建设南路21号
邮　　编：	030012
发行营销：	0351-4922220　4955996　4956039　4922127（传真）
天猫官网：	http://sxrmcbs.tmall.com 电话：0351-4922159
E-mail：	sxskcb@163.com　　发行部
	sxskcb@126.com　　总编室
网　　址：	www.sxskcb.com
经 销 者：	山西出版传媒集团·山西人民出版社
承 印 厂：	山西臣功印刷包装有限公司
开　　本：	787mm×1092mm　1/16
印　　张：	20.75
字　　数：	330千字
印　　数：	1-6000册
版　　次：	2016年5月　第1版
印　　次：	2016年5月　第1次印刷
书　　号：	ISBN　978-7-203-09232-2
定　　价：	90.00元

版权所有　翻印必究

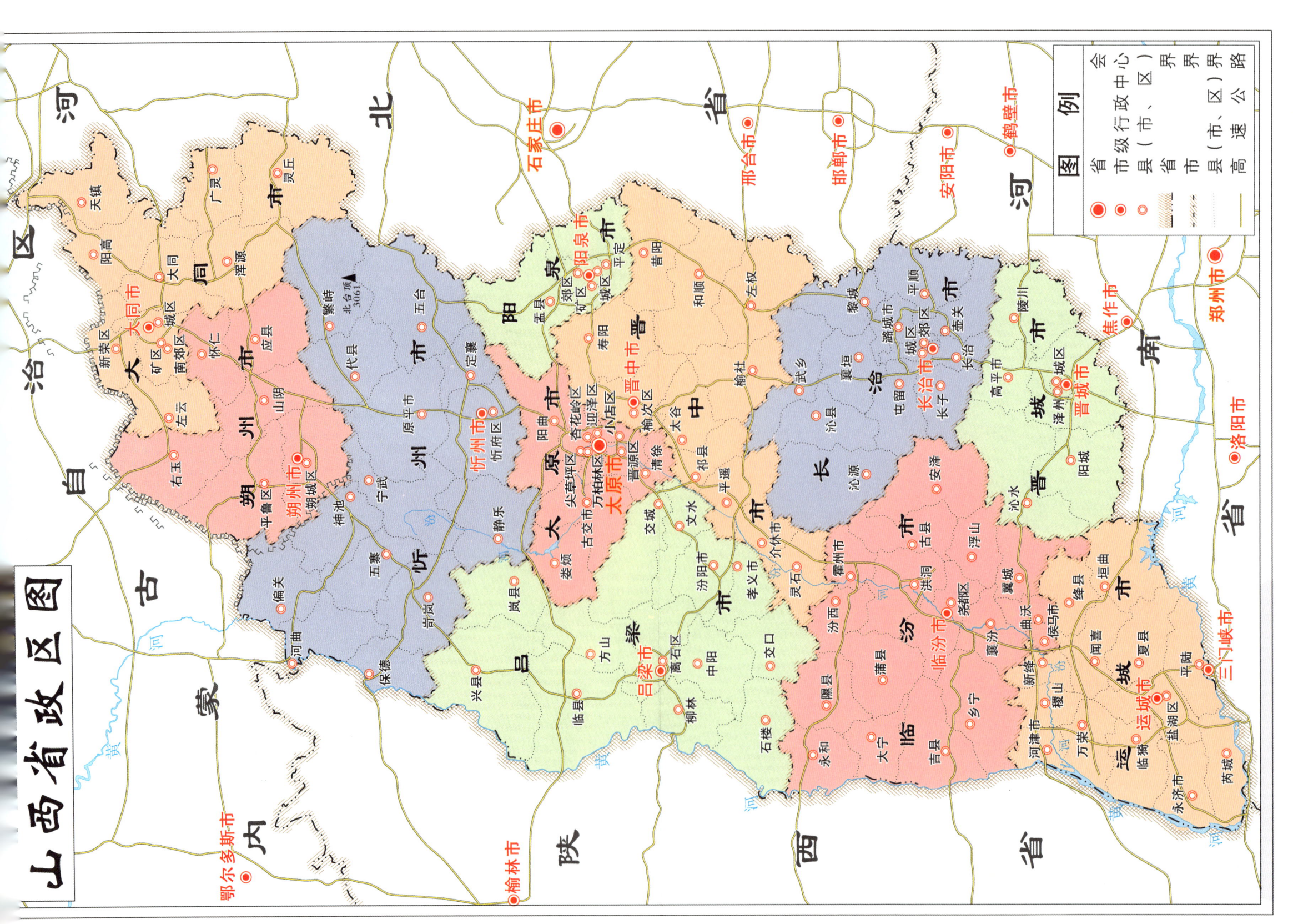